普通高等教育“十二五”规划教材
汽车类高端技能人才实用教材

U0819956

汽车电工技术

李鹏伟　主编

王楠　王静　张运　李翠翠
苟丹丹　金宜南　夏　梅　参编

電子工業出版社
Publishing House of Electronics Industry
北京 · BEIJING

内 容 简 介

本书主要介绍直流电路的基本概念和电路分析定理，正弦交流电路的特点和三相交流电路的相关知识，磁路的基本知识和电磁器件在汽车上的应用，三相异步电动机的结构、工作原理、起动、调速和制动，直流电动机的结构、工作原理、起动、调速、制动、正反转控制及在汽车上的应用，步进电动机的工作原理、驱动方法及在汽车上的应用，电工安全知识和电工仪表的工作原理和使用方法，最后介绍了电阻器、电容器和电感器的基本知识。

本书可作为汽车工程类高职高专的教材，适用于汽车电子技术专业、汽车检测与维修专业、汽车运用与维修专业、新能源汽车方向等专业学生学习，也可作为汽车类工程技术人员、中等职业学校电子专业和汽车专业教师的参考书。

未经许可，不得以任何方式复制或抄袭本书之部分或全部内容。
版权所有，侵权必究。

图书在版编目（CIP）数据

汽车电工技术 / 李鹏伟主编. —北京：电子工业出版社，2013.7
汽车类高端技能人才实用教材
ISBN 978-7-121-20519-4

Ⅰ. ①汽…　Ⅱ. ①李…　Ⅲ. ①汽车—电工—高等学校—教材　Ⅳ. ①U463.6

中国版本图书馆 CIP 数据核字（2013）第 110638 号

责任编辑：竺南直
印　　刷：北京中新伟业印刷有限公司
装　　订：北京中新伟业印刷有限公司
出版发行：电子工业出版社
　　　　　北京市海淀区万寿路 173 信箱　邮编 100036
开　　本：787×1 092　1/16　印张：13.75　字数：352 千字
印　　次：2013 年 7 月第 1 次印刷
定　　价：29.80 元

凡所购买电子工业出版社图书有缺损问题，请向购买书店调换。若书店售缺，请与本社发行部联系，联系及邮购电话：（010）88254888。

质量投诉请发邮件至 zlts@phei.com.cn，盗版侵权举报请发邮件至 dbqq@phei.com.cn。

服务热线：（010）88258888。

出 版 说 明

自2002年起，中国汽车行业开始进入爆发式增长阶段。2009年，中国取代美国成为世界上最大的汽车销售市场，当年中国的汽车产量超过了日本和美国的总和，成为名副其实的汽车产销量双重世界第一。2011年，平均每月产销量突破150万辆，全年汽车销售超过1850万辆，再次刷新全球历史纪录。未来十年自主品牌将完成从“中国制造”到“中国创造”的发展过程。预计未来十年，我国汽车市场年均增长率将达到7.1%，到2020年中国汽车市场的销量有望占据全球汽车总销量的一半以上，中国汽车市场前景非常广阔。汽车行业突飞猛进的发展对汽车专业人才特别是高端技能型人才的培养提出了前所未有的高要求。一个是行业的发展和扩张在人才数量上的要求，全国每年汽车专业高端技能型人才的缺口在数十万人；另一个是技术的进步和发展对于人才培养质量的要求，大量新技术、新工艺的应用对于从业技术人员在学科基础理论和职业技能方面提出了更高的要求。

作为全国最大的汽车类高等职业学校，西安汽车科技职业学院近年来根据汽车行业发展的需要，紧贴职业岗位，引进吸收德国奥迪、瑞典沃尔沃、英国捷豹路虎等世界顶尖企业汽车职业教育的先进理念和思想，深入开展教学改革，形成了一套独特的课程体系和教学模式。《汽车类高端技能人才实用教材》就是我们近年来教学改革成果的总结，是课程改革和新的教学模式的具体体现。

这套系列教材具有以下几个特点：

一是实用性。在编写过程中，从企业岗位需求和学生发展空间两个方面考虑编排内容，既注重专业基础和专业理论的系统性，又重点考虑了职业技能训练的需求，对于学习汽车类专业的学生而言，是一套学习效率很高的教材。

二是通俗性。在编写过程中，充分考虑到高职学生文化基础的现实状况，降低对学生文化基础知识的要求，让大多数学生能够学得懂。

三是系统性。从机械和电子技术基础课程，到汽车的基本理论，汽车的各种技术，再到汽车的最新技术的介绍；从基本的电工、机械实验，到专业实习，再到职业技能实训，形成了一整套较为完备的汽车理论教学和实训教学的体系。

四是适度超前性。除了涉及目前已经应用的各种汽车技术和技能知识之外，还在新能源汽车、先进车载网络技术等方面进行了介绍，为学生开拓了视野，为其将来向行业的深度和广度发展具有一定的引导作用。

五是实践性。力图采用项目教学和任务驱动教学等方法进行编排，强调理论验证实验、基本专业技能实习和职业技能实训的重要性，将实践教学环节贯穿于课程教学的始终。

本套教材紧紧把握高职教育的方向和培养目标，严格按照新的国家职业标准对人才的要求编排内容，贯彻以技能训练为主，着重提高学生操作技能的原则。在技能训练的内容安排上富有弹性，在保证教学的前提下积极培养学生的创新能力。

本套教材内容丰富、图文并茂、体例饱满，选材来源于最新的技术手册；难易适中、应用性强，有利于知识的吸收和技能的迅速提高。可作为高等职业技术院校或应用型本科汽车类各专业的必修课教材，也可作为成人高校汽车类各专业的教材，同时可作为相关从业人员的参考用书。

教材编写过程中，由于各种原因，疏漏和不尽如人意之处在所难免，敬请广大师生提出宝贵意见，以便再版时修订完善。

《汽车类高端技能人才实用教材》编委会

前　言

汽车电工技术是汽车类专业基础课的重要组成部分，在汽车类各个专业发挥着不可替代的作用。近年来随着电工电子技术和汽车工业的迅猛发展，使汽车上的电工知识应用量大增，结合电子知识在汽车上的普遍应用，使汽车的舒适性、安全性、排放性、通过性等性能得到很大的提高。

汽车类专业学生学习电工技术知识，选择电子类电工技术教材，与汽车联系不是很显著，学习完后不懂得在汽车上怎么用，不久就会遗忘；在汽车专业教材里，很多地方都用到了电工技术的知识，由于电工技术知识学习不扎实，所以造成专业课学习吃力，知识不够深入的问题，出现知识脱节。基于这一问题，我们在平时的教学摸索中，总结了电工技术在汽车上的应用，编写了《汽车电工技术》这本教材。

本书的特点是：通俗易懂，淡化了大量的理论推导和数学计算，降低了知识的难度，突出实用，最大特点是把汽车上的一些应用和实例加入本书的相关章节中，学生有了学习兴趣，学习完后就会掌握本部分知识在汽车上是怎么应用的，建立了一个初步的认识，给专业课的学习打下坚实的基础。因此本书可作为汽车工程类高职高专的教材，适用于汽车电子技术专业、汽车检测与维修专业、汽车运用与维修专业、新能源汽车方向等专业学生学习，也可作为汽车类工程技术人员、中等职业学校电子专业和汽车专业教师的参考书。

本书由西安汽车科技职业学院高级工程师李勇担任主审，讲师李鹏伟担任主编，电子工程系讲师王静、金宜南、王楠、李翠翠、张运、苟丹丹、夏梅参编。本书第 1 章由金宜南老师编写，第 2 章由苟丹丹老师编写，第 3 章由李翠翠老师编写，第 4 章由王静老师编写，第 5 章由夏梅老师编写，第 6 章由张运老师编写，第 7 章和附录由王楠老师编写，第 8 章和电工技术在汽车上的应用实例以及全书的统稿工作由李鹏伟老师完成。

本书在编写过程中参阅了大量的电工电子类教材和汽车专业教材，在此表示衷心的感谢。

欢迎广大读者对书中存在的误漏和不足之处提出批评指正，交流讨论，以便我们改正提高。

编　者

2013 年 4 月于西安

目　　录

第 1 章

直流电路

学习目标

1. 了解电路的基本组成、电路的三种工作状态。
2. 理解电流、电压、电动势、电位、电功率、电能等基本概念。
3. 掌握电阻定律、欧姆定律，了解电阻与温度的关系。
4. 理解电容、电感的特性。
5. 学会分析计算电路中各点电位。
6. 掌握电压源与电流源及其等效变换。
7. 掌握基尔霍夫定律、叠加定理、戴维南定理的内容及使用方法。
8. 掌握惠斯登电桥的结构、特点及其在汽车上的应用。

1.1 电路和电路模型

电路在我们的日常生活中无处不在，手电筒就是一种最简单的电路，还有空调、洗衣机、电视机、电冰箱等家用电器。电子电路知识的发展给我们的生活带来了很大的变化，让我们的家庭生活更加舒适、更加健康。随着电子技术的迅猛发展，电子技术广泛应用在航空、航天、航海、汽车、工业生产、家用电器等各行各业，使各个领域的技术不断更新。近些年，电子电路在汽车上的应用，使汽车的性能（经济性、排放性、安全性、舒适性、通过性等）得到较大的发展和提高，给发展智能化、网络化汽车及智能交通系统奠定了良好基础。

1.1.1 电路的基本组成与功能

在日常生活或在生产实践中人们广泛地接触着各种各样的电路，例如，手电筒就是一种非常简单的电路，汽车上的起动系就是汽车上最基本的电路。

电路是由各种元器件（或电工设备）按一定方式连接起来的总体，为电流的流通提供了闭合路径。

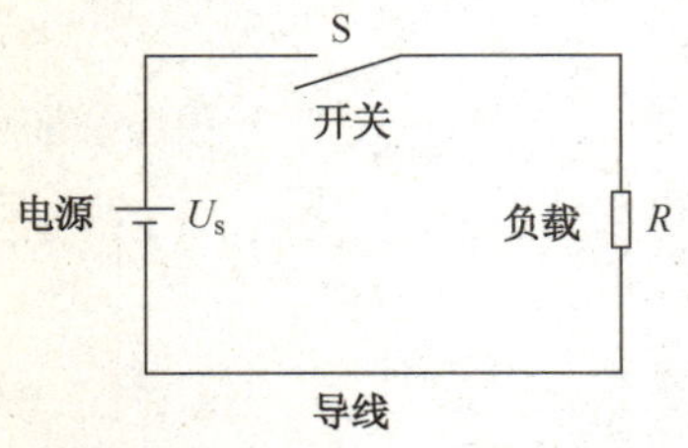

图 1-1　电路的组成图

一般来说，电路由电源、负载、连接导线、控制和保护装置四部分组成，如图 1-1 所示。

（1）电源（供能元件）：为电路提供能量的设备和器件。它能把其他形式的能转换成电能。常见的电源有干电池、蓄电池、发电机等。汽车上的电源有两个，一个是发电机，另一个是蓄电池。发动机不启动时由蓄电池供电，发动机启动后轻负荷下由发电机供电，大负荷下由蓄电池和发电机联合供电。

（2）负载（耗能元件）：使用（消耗）电能的设备和器件的总称。其作用是把电能转换成其他形式的能，如灯泡、电动机等用电器。汽车上的所有灯光，控制车窗升降、雨刮或中控锁的电机，喷油器，油泵，喇叭，所有的电控单元（Electronic Control Unit，ECU）等都是负载。

（3）连接导线：将电源和负载按一定方式连接构成闭合回路，输送和分配电能。如各种铜线、铝线等。

（4）控制和保护装置：用来控制电路的通断，保护电路的安全，使电路能够正常工作，如开关、熔断器、继电器等。汽车上不同参数的保险丝、熔断器，灯光开关，雨刮开关，车窗开关，中控锁开关，点火开关，巡航开关，防盗继电器，启动继电器，油泵继电器，雨刮继电器等，这些都属于控制和保护装置。

汽车上的电路原理图分为整车电路原理图和局部电路原理图，如图 1-2 所示为北京现代伊兰特轿车的喇叭控制电路。

实际电路种类繁多，但就其功能来说可概括为以下四个方面。

（1）进行能量的传输、分配与转换。典型的例子是电力系统中的输电电路，如图 1-3 所示。发电厂的发电机组将其他形式的能量（热能、水能、风能、原子能等）转换成电能，通过变压器、输电线等输送给用户，那里把电能转换成机械能（如负载是电动机）、光能（如负载是灯泡）、热能（如负载是电炉等），为人们生产、生活所利用。

（2）实现信息的传递与处理。典型的例子有电话、收音机、电视机等，如图 1-4 所示。接收天线把载有语言、音乐、图像信息的电磁波接收后，通过电路把输入信号（又称激励）变换或处理为人们所需要的输出信号（又称响应），送到扬声器或显像管，再还原为语言、音乐或图像。

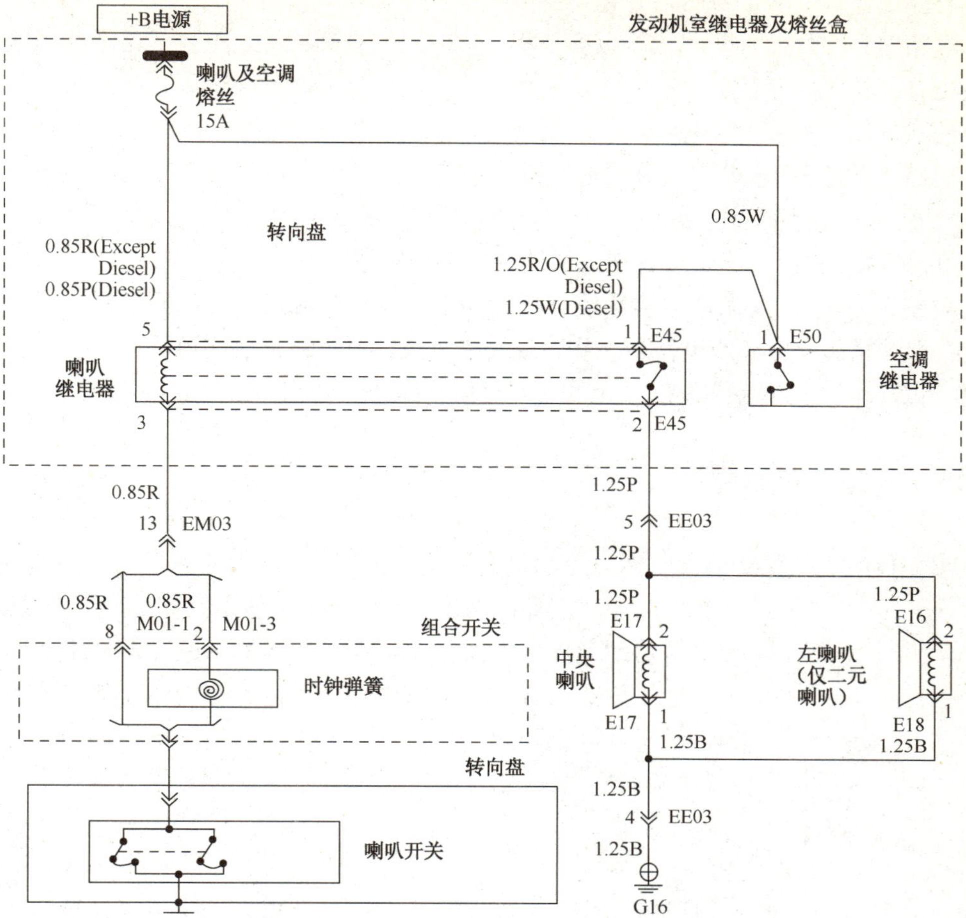

图 1-2　北京现代伊兰特轿车的喇叭控制电路

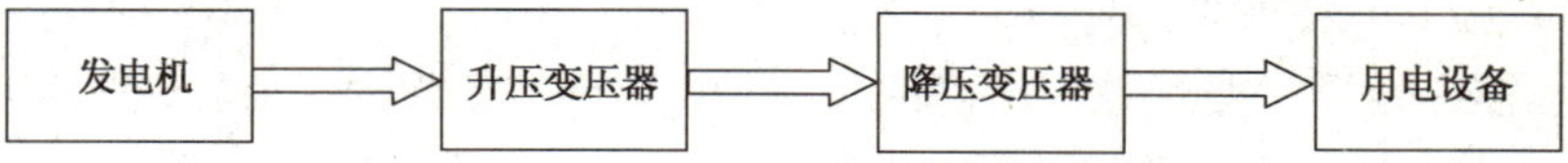

图 1-3　电力系统输电电路原理框图

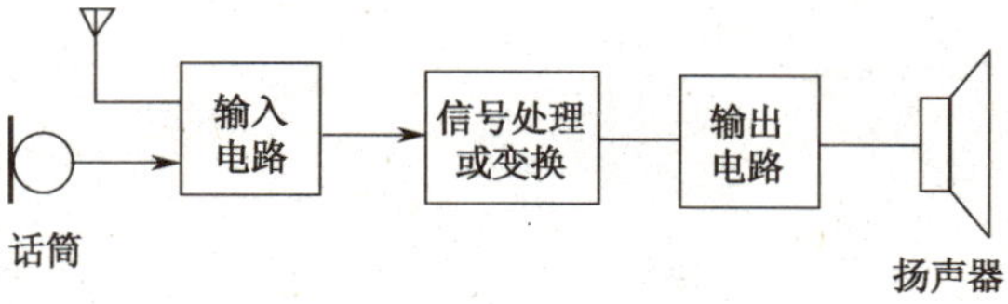

图 1-4　信号处理电路

（3）实现电量的测量。如万用表（数字式、机械式）在测量电阻时，万用表和电阻即连接成完整的测量电路。

（4）存储电路。所有的存储芯片内部都是由电路构成的。

实际电路多种多样，具体的功能也各不相同，但它们有其共性，正是在这种共性的基础上，形成电路理论这一学科。

电路的状态简单可分为三种：

（1）通路（闭路）：电源与负载接通，电路中有电流通过，电气设备或元器件获得一定的电压和电功率，进行能量转换。

（2）开路（断路）：电路中没有电流通过，又称为空载状态。

（3）短路（捷路）：电源两端的导线直接相连接，输出电流过大对电源来说属于严重过载，如没有保护措施，电源或电器会被烧毁或发生火灾，所以通常要在电路或电气设备中安装熔断器、保险丝等保险装置，以避免发生短路时出现不良后果。

1.1.2 电路模型（电路图）

由理想元件构成的电路叫做实际电路的电路模型，也叫做实际电路的电路原理图，简称为电路图。例如，图 1-5 所示的手电筒电路图。

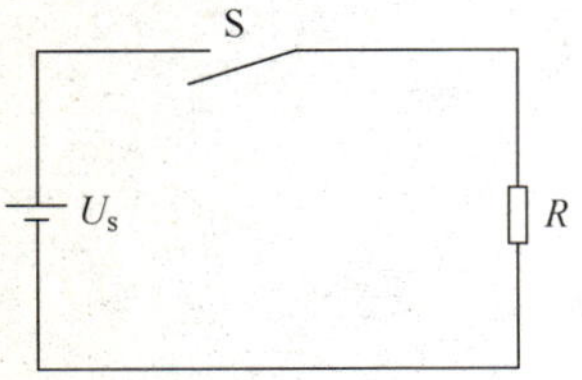

图 1-5　手电筒电路图

理想元件：电路是由电特性相当复杂的元器件组成的，为了便于用数学方法对电路进行分析，可将电路实体中的各种电器设备和元器件用一些能够表征它们主要电磁特性的理想元件（模型）来代替，而对实际上的结构、材料、形状等非电磁特性不予考虑。

在实际电路中使用着各种电气元器件（统称为电路部件），如电阻器、电容器、电感器、灯泡、电池、晶体管、变压器等。实际的电路部件虽然种类繁多，但在电磁现象方面却有许多共同的地方。譬如电阻器、灯泡、电炉等，它们主要是消耗电能的，这样我们可用一个理想电阻来反映消耗电能的特征，即电阻特性。当电流通过它时，在它内部进行着把电能转换为其他形式能量的过程。理想电阻的模型符号如图 1-6（a）所示。类似地，各种实际电容器主要是贮存电能的，用一个理想的二端电容来反映贮存电能的特征，即电容特性，理想电容的模型符号如图 1-6（b）所示。用一个理想二端电感来反映贮存磁能的特征，即电感特性，其模型符号如图 1-6（c）所示。

常用的理想元件名称和符号如表 1-1 所示。

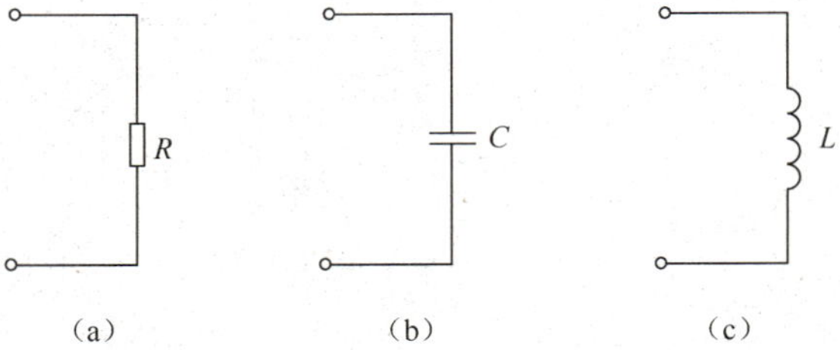

图 1-6　理想电阻、电容、电感元件模型

表 1-1 常用的理想元件及符号

名 称	符 号	名 称	符 号
电阻	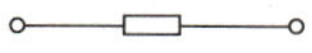	电压表	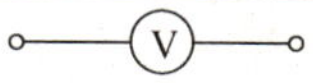
电池	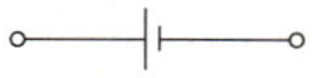	接地	 或 
电灯	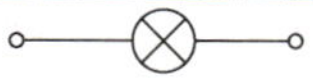	熔断器	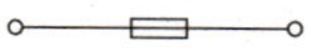
开关		电容	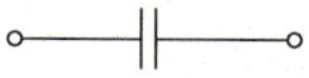
电流表		电感	

1.2 电路中的基本物理量

在电路分析中，我们常用到的物理量有电流、电压、电位和电功率等。在分析电路之前，作为常识，首先要深刻理解这些基本物理量的概念、符号和单位等。

1.2.1 电流

在物理课中已经学过，电荷的定向移动形成电流。电流的方向习惯上指正电荷运动的方向，电流的大小常用电流强度来表示。电流强度是指单位时间内通过导体横截面的电荷量。而我们常说的电流大小就是电流强度的大小。

我们知道，金属导体内含有大量的带负电荷的自由电子，通常情况下，这些自由电子在其内部做无规则的热运动。在这种情况下，金属导体内虽有电荷运动，但由于电荷运动是杂乱无规则的，因而不会形成电流。如果在金属导体的两端连接上电源，那么带负电荷的自由电子就要逆电场方向运动，这样，金属导体内就有电荷做规则的定向运动，于是就形成电流。在其他场合，如电解溶液中的带电离子做规则定向运动也会形成电流。

电流虽然看不见摸不着，但可通过电流的各种效应（如磁效应、热效应）来感觉它的客观存在，这是人们所熟悉的常识。所以，毫无疑问，电流是客观存在的物理现象。为了从量的方面量度电流的大小，引入电流强度的概念。

电流强度是指单位时间内通过导体横截面的电荷量。用 $i(t)$表示，即

$$i(t)=\frac{\mathrm{d}q(t)}{\mathrm{d}t} \qquad (1\text{-}1)$$

式中，$q(t)$为通过导体横截面的电荷量。

若 $\frac{\mathrm{d}q(t)}{\mathrm{d}t}$ 为一常数，说明是直流电流，常用大写字母 I 表示。电流强度的单位是安培（A），简称“安”。常用的单位还有千安（kA），毫安（mA）、微安（μA）等，其换算关系如下：

$$1\text{kA}=10^3\ \text{A}$$

$$1\text{A}=10^3\ \text{mA}=10^6\mu\text{A}$$

常见的几种电流如图 1-7 所示。

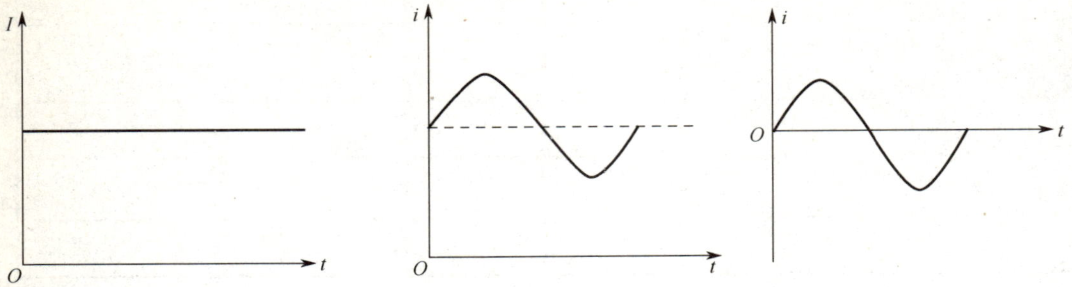

图 1-7　直流电流、脉动电流和交流电流

电流的方向：规定正电荷定向运动的方向为电流方向。在金属导体中，电流的方向与自由电子的运动方向相反。为了计算方便，通常事先假定一个电流方向（假想的电流方向），叫做参考方向。用箭头在电路图中标明电流的参考方向，如果计算的结果电流为正值，那么电流的真实方向与参考方向一致；如果计算的结果电流为负值，那么电流的真实方向与参考方向相反，如图 1-8 所示。若不规定电流的参考方向，电流的正负号是无意义的。电流是一个标量，电流方向只表明电荷的定向运动方向。就像我们以前学的温度这个物理量，数值的正负只表示温度处于 0℃以上或以下。电流的正负只表示实际电流方向与参考方向相同或相反。

图 1-8　电流的参考方向与实际方向

1.2.2　电位和电压

在物理学中已经学过，将单位正电荷自某一点 A 移动到参考点（物理学中习惯选无穷远处作参考点）电场力做功的大小称为 A 点的电位。在电路中，电位的物理意义同物理静电场中所讲的电位是一样的，只不过电路中某点的电位，是将单位正电荷沿电路移至参考点（习惯选电路中某点，通常选接地点）电场力所做功的大小。

因此，在讨论电位问题时，首先要选参考点（假定该点电位为零），电路中各点的电位是相对的，与参考点的选择有关。某点电位等于该点与参考点间的电压。比参考点电位高的电位为正，比参考点电位低的电位为负。在图 1-9 中，若选定 A 点为零电位，$V_A=0$，则 $V_B<0$；若选定 B 点为零电位，$V_B=0$，则 $V_A>0$。不管如何选定参考点，A 点电位永远高于 B 点电位，即 $V_A>V_B$。由此可见，电场力对正电荷做功的方向就是电位降低的方向。因此，规定电压的方向由高电位点指向低电位点，即电位降低的方向。电压的方向可以用高电位点标“+”，低电位点标“−”来表示。

在电路计算时，事先无法确定电压的真实方向，通常事先选定参考方向，用“+”、“−”标在电路图中，如果计算的结果电压为正值，那么电压的真实方向和参考方向一致；如果计算的结果电压为负值，那么电压的真实方向和参考方向相反。

两点之间的电位之差即是两点间的电压。即

$$U_{AB}=V_A-V_B \tag{1-2}$$

从电场力做功的概念来定义，电压就是将单位正电荷从电路中一点移至电路中另一点时电场力做功的大小，如图 1-9 所示。用数学式表示，即为

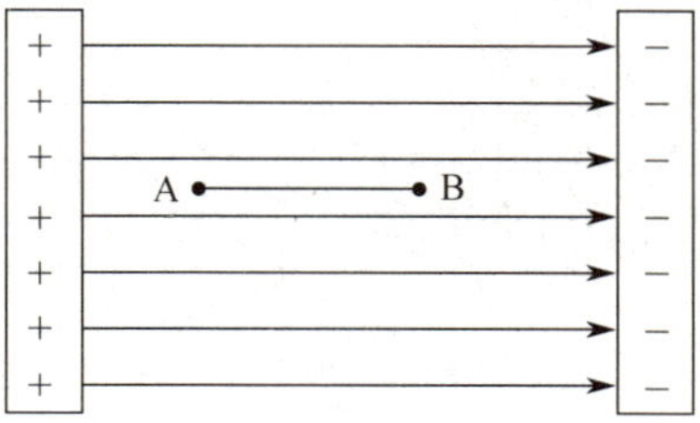

图 1-9　电位与电压的示意图

$$u(t)=\frac{\mathrm{d}w(t)}{\mathrm{d}q(t)} \tag{1-3}$$

式中，$\mathrm{d}q(t)$为由 A 点移至 B 点的电荷量，单位为库仑（C）；$\mathrm{d}w(t)$是移动电荷 $\mathrm{d}q$ 电场力所做的功，单位为焦耳（J）。电位、电压的单位都是伏特（V），lV 电压相当于移动 1C 正电荷电场力所做的功为 1J。

电压大小、方向均恒定不变时为直流电压，常用大写 U 表示。对直流电压的测量，是根据电压的实际方向，将直流电压表并联接入电路，使直流电压表的正极接所测电压的实际高电位端，负极接所测电压的实际低电位端。下面以直流电路为例来判断电压的正负，如图 1-10 所示。

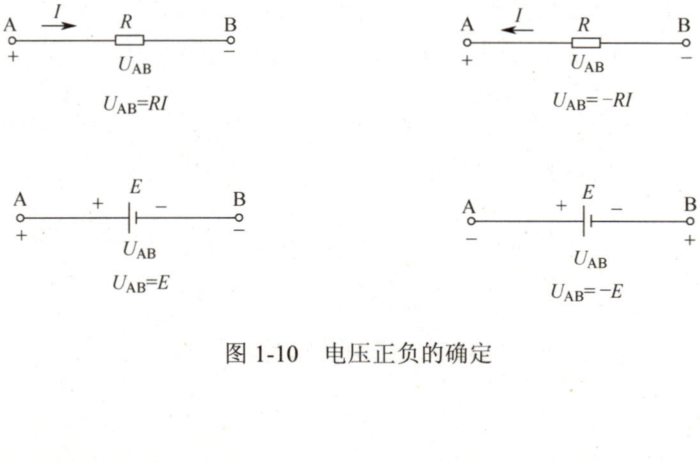

图 1-10　电压正负的确定

注意：电路中各点电位数值随所选参考点的不同而改变，但参考点一经选定，那么各点电位数值就是唯一的，这就是电位的相对性和单值存在性。而电路中任意两点之间的电压数值不随参考点的不同而改变。

例 1-1：在电场中有 A、B、C 三点，某电荷的电荷量 $q=5\times10^{-2}\mathrm{C}$，电荷由 A 点移动到 B 点电场力所做的功为 2J；电荷由 B 点移动到 C 点电场力所做的功为 3J；以 B 为参考点，试求 A 点和 C 点的电位。

解：以 B 点为参考点，则 $V_{\mathrm{B}}=0\mathrm{V}$，根据电压定义式

$$U_{\mathrm{AB}}=\frac{W_{\mathrm{AB}}}{q}=\frac{2}{5\times10^{-2}}\mathrm{V}=40\mathrm{V}$$

又因为 $U_{\mathrm{AB}}=V_{\mathrm{A}}-V_{\mathrm{B}}$，则 $V_{\mathrm{A}}=40\mathrm{V}$

同样

$$U_{\mathrm{BC}}=\frac{W_{\mathrm{BC}}}{q}=\frac{3}{5\times10^{-2}}\mathrm{V}=60\mathrm{V}$$

$$U_{\mathrm{BC}}=V_{\mathrm{B}}-V_{\mathrm{C}}$$

$$V_{\mathrm{C}}=-60\mathrm{V}$$

例 1-2：如图 1-11 所示电路中，$R_1=4\Omega$，$R_2=2\Omega$，$R_3=1\Omega$，$E_1=6\mathrm{V}$，$E_2=3\mathrm{V}$，试求电路中 A、B、C 点的电位。

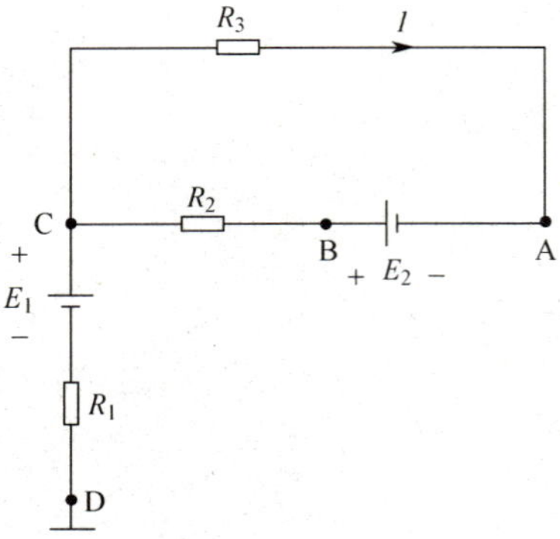

图 1-11　例 1-2 题图

解：图中标明 D 点接地，则 $V_{\mathrm{D}}=0$。闭合回路中只有电动势 E_2，应用欧姆定律可求出回路电流 I（方向如图所示）：

$$I=\frac{E_2}{R_2+R_3}=\frac{3}{2+1}\mathrm{A}=1\mathrm{A}$$

选 C→D 路径计算 C 点电位，R_1 中没有电流，C 点电位为

$$V_{\mathrm{C}}=U_{\mathrm{CD}}=E_1=6\mathrm{V}$$

选 B→C 路径计算 B 点电位，R_2 中电流方向与电压 U_{BC} 参考方向一致，则 B 点电位为

$$V_{\mathrm{B}}=U_{\mathrm{BC}}+V_{\mathrm{C}}=R_2I+V_{\mathrm{C}}=(2\times1+6)\mathrm{V}=8\mathrm{V}$$

选 A→B 路径计算 A 点电位，电压参考方向是由电源负极到正极，则 A 点电位为

$$V_{\mathrm{A}}=U_{\mathrm{AB}}+V_{\mathrm{B}}=-E_2+V_{\mathrm{B}}=(-3+8)\mathrm{V}=5\mathrm{V}$$

以上计算是否正确，可以利用由 A 经 R_3 到 C 这条路径检查验算，即

$$V_{\mathrm{A}}=U_{\mathrm{AC}}+V_{\mathrm{C}}=-R_3I+V_{\mathrm{C}}=(-1\times1+6)\mathrm{V}=5\mathrm{V}$$

沿两条路径计算的 A 点电位都是 5V，证明计算是正确的。

1.2.3 电动势

电源是把其他形式的能转换成电能的装置。电源种类很多，如干电池或蓄电池把化学能转换成电能；光电池把太阳的光能转化成电能；发电机把机械能转化成电能等。如图 1-12 所示为汽车用 12V 铅酸免维护蓄电池。电源正极电位高，负极电位低，接通负载后，在电源外部的电路中电流从高电位点流向低电位点；在电源内部电流则从负极流向正极。

1. 电源力

在电场力的作用下，正电荷总是由高电位点经过负载移动到低电位点，如图 1-13 所示。当正电荷由极板 A 经外电路移到极板 B 时，与极板 B 上的负电荷中和，使 A、B 极板上聚集的正、负电荷数减少，两极板间电位差随之减少，电流随之减小，直至正、负电荷完全中和，电流中断。要保证电路中有持续不断的电流，A、B 极板间必须有一个与电场力 F_2 方向相反的非静电力 F_1 存在，它能把正电荷从 B 极板源源不断地移到 A 极板，保证 A、B 两极板间电压不变，电路中才能有持续不变的电流。这种存在于电源内部的非静电性质的力 F_1 叫做电源力。

图 1-12 汽车用 12V 铅酸免维护蓄电池

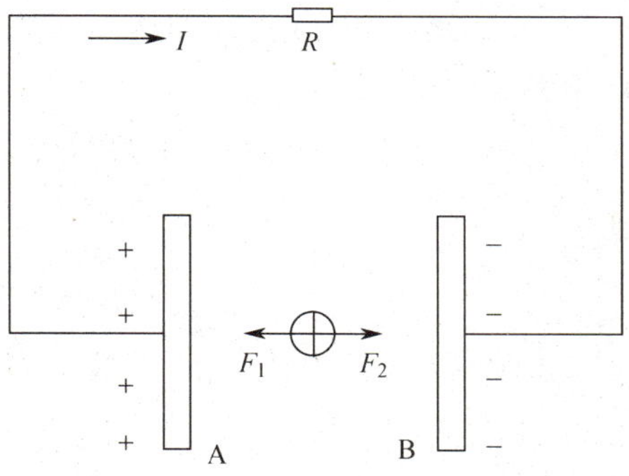

图 1-13 电场力与电源力

2. 电动势

在电源内部，电源力不断地把正电荷从低电位点移到高电位点。在这个过程中，电源力要反抗电场力做功，这个做功过程就是电源将其他形式的能转换成电能的过程。对于不同的电源，电源力做功的性质和大小不同，为此引入电动势这个物理量。

在电源内部，电源力把正电荷从低电位点（负极板）移到高电位点（正极板）反抗电场力所做的功与被移动电荷的电荷量之比，叫做电源的电动势。用公式表示为

$$E=\frac{W}{q} \qquad (1\text{-}4)$$

式中，W 是电源力移动正电荷所做的功，单位是焦[耳]，符号为 J；

q 是电源力移动的电荷量，单位是库[仑]，符号为 C；

E 是电源电动势，单位是伏[特]，符号为 V。

电源内部电源力的方向由负极指向正极，因此，电源电动势的方向规定为由电源的负极（低电位点）指向正极（高电位点）。在电源内部的电路中，电源力移动正电荷形成电流，电流的方向是从负极指向正极；在电源外部的电路中，电场力移动正电荷形成电流，电流方向是从正极指向负极。

特别应当指出的是电动势与电压是两个物理意义不同的物理量。电动势存在于电源内部，是衡量电源力做功本领的物理量；电压存在于电源的外部，是衡量电场力做功本领的物理量。电动势的方向从负极指向正极，即电位升高的方向；电压的方向是从正极指向负极，即电位降低的方向。

1.2.4 电能和电功率

1. 电能

电流能使照明器具发光，电动机转动，电炉发热等，这些都是电流做功的表现。导体内的电荷在电场力作用下发生定向运动形成的电流所做的功叫做电能。电流做功的过程就是将电能转化成其他形式能的过程。

如果导体两端的电压为 U，在时间 t 内通过导体横截面的电荷量为 q，导体中的电流 $I=q/t$，根据电压的定义式 $U=W/q$，可知电流所做的功，即电能为

$$W=Uq=UIt \tag{1-5}$$

式中，U 是加在导体两端的电压，单位是伏[特]，符号为 V；

I 是导体中的电流，单位是安[培]，符号为 A；

t 是通电时间，单位是秒，符号为 s；

W 是电能，单位是焦[耳]，符号为 J。

式（1-5）表明，电流在一段电路上所做的功，与这段电路两端的电压、电路中的电流和通电时间成正比。

对于纯电阻电路，欧姆定律成立，即 $U=IR$，$I=U/R$。代入式（1-5）得：

$$W=I^2Rt=\frac{U^2}{R}t \tag{1-6}$$

2. 电功率

单位时间做功的大小称为功率，或者说做功的速率称为功率。在电路问题中涉及的电功率即是电场力做功的速率，以符号 $p(t)$表示。功率的数学定义式可写为

$$p(t)=\frac{\mathrm{d}w(t)}{\mathrm{d}t} \tag{1-7}$$

在电路中，人们更关注的是功率与电流、电压之间的关系。下面以图 1-14 所示电路为例进行分析。图中矩形框代表任意一段电路，其内可以是电阻，可以是电源，也可以是若干电路元件的组合。电流的参考方向设成从 a 流向 b，电压的参考方向设成 a 为高电位端，b 为低电位端，这样所设的电流、电压参考方向称为关联参考方向。设在 dt 时间内在电场力作用下由 a 点移动到 b 点的正电荷量为 dq，a 点至 b 点电压 u 意味着单位正电荷从 a 点移动到 b 点电场力所做的功，那么移动 dq 正电荷电场力做的功为 dw=udq。电场力做功说明电能损耗，损耗的这部分电能被 ab 这段电路所吸收。下面具体推导出 ab 这段电路吸收的电功率与其电压、电流之间的关系。

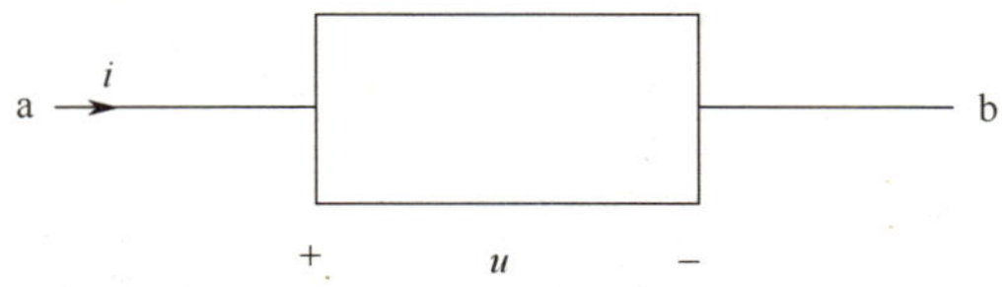

图 1-14　电压电流参考方向关联情况

由
$$u=\frac{\mathrm{d}w}{\mathrm{d}q} \tag{1-8}$$

得
$$\mathrm{d}w=u\mathrm{d}q \tag{1-9}$$

再由
$$i=\frac{\mathrm{d}q}{\mathrm{d}t} \tag{1-10}$$

得
$$\mathrm{d}t=\frac{\mathrm{d}q}{i} \tag{1-11}$$

根据功率定义可得，
$$p=ui \tag{1-12}$$

需要强调的是，在电压、电流参考方向关联的条件下，一段电路所吸收的电功率为该段电路两端电压、电流之乘积。代入 u、i 数值，经计算，若 p 为正值，该段电路吸收功率；p 为负值，该段电路吸收负功率，即该段电路向外提供功率，或者说产生功率。如果遇到电路中电压电流参考方向非关联情况，在计算吸收功率的公式中需冠以负号，即

$$p=-ui \tag{1-13}$$

应特别注意根据电压、电流参考方向是否关联，来选用相应计算吸收功率的公式。u、i 参考方向关联，产生功率用$-ui$ 计算；u、i 参考方向非关联，产生功率用 ui 计算。这是因为“吸收”与“供出”二者就是相反的含义，所以计算吸收功率与供出功率的公式符号相反是理所当然的事。

例 1-3：试求图 1-15 中各元件的功率。

图 1-15　例 1-3 题图

解：（a）电流和电压为关联参考方向，元件吸收的功率为

$$P = UI = 12 \times 2 = 24\text{W}$$

（b）电流和电压为非关联参考方向，元件吸收的功率为

$$P = -UI = -12 \times 2 = -24\text{W}$$

3．电气设备的额定值

为了保证电气设备和电路元件能够长期安全地正常工作，规定了额定电压、额定电流、额定功率等铭牌数据。

额定电压——电气设备或元器件在正常工作条件下允许施加的最大电压。

额定电流——电气设备或元器件在正常工作条件下允许通过的最大电流。

额定功率——在额定电压和额定电流下消耗的功率，即允许消耗的最大功率。

额定工作状态——电气设备或元器件在额定功率下的工作状态，也称满载状态。

轻载状态——电气设备或元器件在低于额定功率的工作状态，轻载时电气设备不能得到充分利用或根本无法正常工作。

过载（超载）状态——电气设备或元器件在高于额定功率的工作状态，过载时电气设备很容易被烧坏或造成严重事故。

轻载和过载都是不正常的工作状态，一般是不允许出现的。

1.3　电阻、电容、电感元件及其 VCR 特性

电阻、电容、电感元件是构成电路的最基本的三种元器件，掌握这三种元件的基础知识和 VCR 特性尤为重要。

1.3.1　电阻元件

1．电阻

电阻元件是对电流呈现阻碍作用的耗能元件，例如灯泡、电热炉等电器，都可用电阻元

件来表示。

电阻定律：

$$R = \rho \frac{l}{S} \tag{1-14}$$

式中：ρ 是制成电阻的材料电阻率，单位为欧姆·米（Ω·m）；l 是绕制成电阻的导线长度，单位为米（m）；S 是绕制成电阻的导线横截面积，单位为平方米（m^2）；R 是电阻值，单位为欧姆（Ω）。

经常用的电阻单位还有千欧（kΩ）、兆欧（MΩ），它们与 Ω 的换算关系为：

$$1\ \text{k}\Omega = 10^3\ \Omega;$$
$$1\ \text{M}\Omega = 10^3\ \text{k}\Omega = 10^6\ \Omega$$

2. 线性电阻与非线性电阻

电阻值 R 与通过它的电流 I、其两端的电压 U 无关（即 $R=$ 常数）的电阻元件叫做线性电阻，其伏安特性曲线在 I–U 平面坐标系中为一条通过原点的直线。如图 1-16 所示为线性电阻的伏安特性曲线。伏安特性曲线表示某一元件上的电压与流过的电流之间的关系。

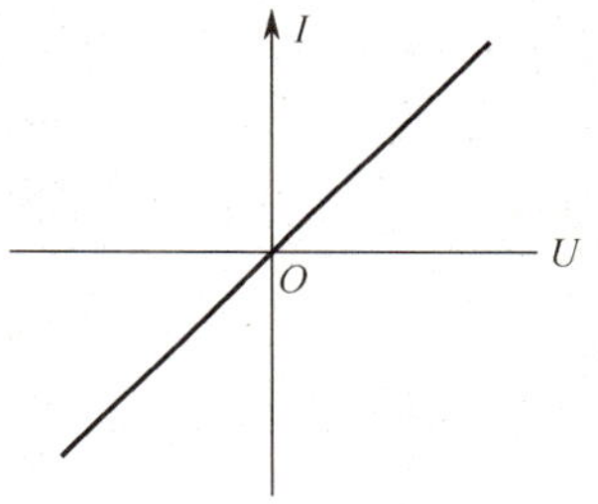

图 1-16　线性电阻的伏安特性曲线

电阻值 R 与通过它的电流 I、其两端的电压 U 有关（即 $R\neq$ 常数）的电阻元件叫做非线性电阻，其伏安特性曲线在 I–U 平面坐标系中为一条通过原点的曲线。

通常所说的“电阻”，如不作特殊说明，均指线性电阻。

3. 电阻元件上消耗的功率与能量

将 $I=\dfrac{U}{R}$ 代入到 $P=UI$，可得电阻 R 上吸收电功率为

$$P = UI = RI \times I = RI^2 \tag{1-15}$$

$$\text{或} P = UI = U \times \frac{U}{R} = \frac{U^2}{R} \tag{1-16}$$

从物理概念看，电阻吸收的电能转换为其他形式的能（热能、光能、风能等），基于这一点，通常把电阻吸收的电能说成电阻消耗的电能。与此相应，把电阻吸收的功率也说成电阻消耗的功率。

实际用电器的额定值就是为保证安全、正常使用用电器，制造厂家所给出的电压、电流或功率的限制数值。例如，一只灯泡上标明 220V、40W，即说明这样的含义：这只灯泡接额定电压 220V，消耗的额定功率为 40W。如果所接电压超过 220V，灯泡消耗功率会大于

40W，会减少灯泡的使用寿命甚至将灯泡烧坏（不安全）；如果所接电压低于 220V，灯泡消耗功率小于 40W（较暗），工作不正常，这样使用也是不合理的。市售的碳膜、金属膜、线绕电阻，除标明电阻值以外，通常还标有额定功率，线绕电阻额定功率较大。在实际设计装配电路时，不但应按所需电阻值大小来选电阻，还应根据电阻在电路中所消耗的功率适当选择电阻型号。

4. 电阻与温度的关系

电阻元件的电阻值大小一般与温度有关，衡量电阻受温度影响大小的物理量是温度系数，其定义为温度每升高 1℃时电阻值发生变化的百分数。

如果设任一电阻元件在温度 t_1 时的电阻值为 R_1，当温度升高到 t_2 时电阻值为 R_2，则该电阻在 t_1～t_2 温度范围内的（平均）温度系数为 R_2-R_1 与 $R_1(t_2-t_1)$ 的比值，用 α 表示：

$$\alpha=\frac{R_2-R_1}{R_1(t_2-t_1)}$$

如果 $R_2>R_1$，则 $\alpha>0$，将 R 称为正温度系数电阻，即电阻值随着温度的升高而增大；如果 $R_2<R_1$，则 $\alpha<0$，将 R 称为负温度系数电阻，即电阻值随着温度的升高而减小。显然 α 的绝对值越大，表明电阻受温度的影响也越大，$R_2=R_1[1+\alpha(t_2-t_1)]$。

1.3.2 电容元件

在工程技术中，电容器的应用极为广泛。电容器虽然品种、规格各异，但就其构成原理来说，电容器都是由间隔以不同电介质（如云母、绝缘纸、电解质等）的两块金属极板组成的。当在极板上加电压后，极板上分别聚集起等量的正、负电荷，并在介质中建立电场而具有电场能量。将电源移去后，电荷可继续聚集在极板上，电场继续存在。所以电容器是一种能储存电荷或者说储存电场能量的部件，电容元件就是反映这种物理现象的电路模型。

电容元件是储存电能的元件，它是实际电容器的理想化模型。

简而言之，一个二端元件，如果在任意时刻，其端电压 u 与其储存的电荷 q 之间的关系能用 u-q 平面上一条曲线所确定，就称其为电容元件，简称电容，表示符号如图 1-17（a）所示。

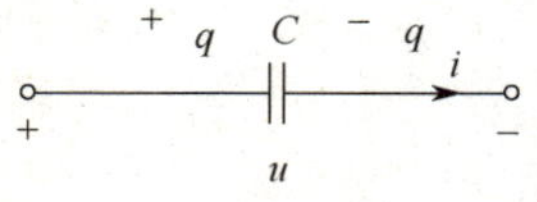

（a）

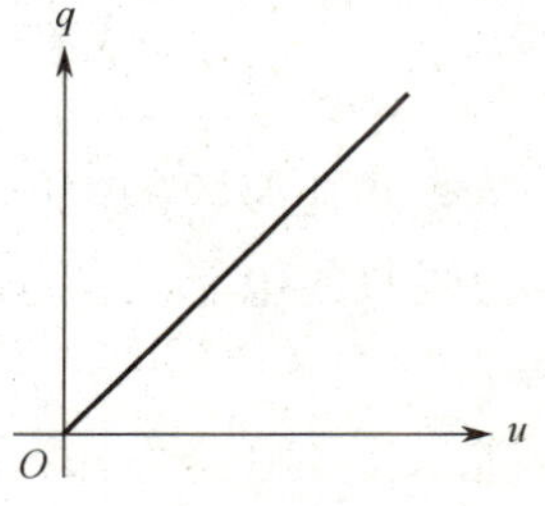

（b）

图 1-17 线性时不变电容元件及其库伏特性

电容元件按其特性可分为时变的和时不变的，线性的和非线性的。本书主要涉及线性时不变电容元件。

线性时不变电容元件外特性是 u-q 平面上一条通过原点的直线，如图 1-16（b）所示。在电容元件上电压与电荷的参考极性一致的条件下，在任意时刻 t，电荷量与其端电压的关系为

$$q(t)=Cu(t) \tag{1-17}$$

如果加在两个极板间的电压是 1V，每个极板储存的电荷量是 1C 时，则电容器的电容是 1F。F（法拉）是个比较大的单位，在实际应用中，常用较小的单位微法（μF）和皮法（pF）。

$$10^{-6}\text{F}=10^{-3}\text{mF}=1\mu\text{F}=10^{-3}\text{nF}=10^{-6}\text{pF}$$

一般情况下，说“电容”一词及其符号 C 时既表示电容元件也表示电容量的大小。

电路理论关心的是元件端电压与电流的关系。如图 1-17（a）所示，电压 u 的参考方向由正极板指向负极板，这时 $q=Cu$。当电流 i 与电压 u 的参考方向一致时，则由 $i=\mathrm{d}q/\mathrm{d}t$ 得

$$i=\frac{\mathrm{d}q}{\mathrm{d}t}=C\frac{\mathrm{d}u}{\mathrm{d}t} \tag{1-18}$$

式（1-18）称为电容元件电压与电流的约束关系（VCR）。由式（1-18）可知：

（1）当 $\mathrm{d}u/\mathrm{d}t>0$ 时，即 $\mathrm{d}q/\mathrm{d}t>0$，$i>0$，说明电容极板上电荷量增加，电容器充电。

（2）当 $\mathrm{d}u/\mathrm{d}t=0$ 时，即 $\mathrm{d}q/\mathrm{d}t=0$，$i=0$，说明电容两端电压不变，电流为零，即电容在直流稳态电路中相当于开路，故电容器有隔直流的作用。

（3）当 $\mathrm{d}u/\mathrm{d}t<0$ 时，即 $\mathrm{d}q/\mathrm{d}t<0$，$i<0$，说明电容极板上电荷量减少，电容器放电。

当电压和电流取关联参考方向时，线性电容元件吸收的功率为

$$p=ui=Cu\frac{\mathrm{d}u}{\mathrm{d}t} \tag{1-19}$$

电容元件吸收的能量以电场能量的形式储存在元件中。电容元件在任何时刻 t 储存的电场能量等于它吸收的能量，可写为

$$W_{\mathrm{C}}(t)=\frac{1}{2}Cu^2(t) \tag{1-20}$$

电容元件是一种储能元件。电容元件放电时，不会释放出多于它所吸收或储存的能量，因此它是一种无源元件，即自身不能向外提供能量。

对于一个实际电容元件，其元件参数主要有三个：一个是电容值，一个是耐压值，另一个是工作温度。电容的耐压是指安全使用时所能承受的最大电压。在使用时，如果超过其耐压，则电容内的电介质将被击穿，电容被烧毁。

电容器的额定工作电压是指使电容器能长时间地稳定工作，并且保证电介质性能良好的直流电压的数值。额定工作电压一般叫做耐压。电容器上所标的电压就是额定工作电压。如果把电容器接到交流电路中，必须保证电容器的额定工作电压不低于交流电压的最大值，否则电容器易被击穿。

电容器上所标明的电容量的值叫做标称容量。电容器在批量生产过程中，受到诸多因素的影响，实际电容值与标称容量之间总有一定的误差。国家对不同的电容器，规定了不同的误差范围，在此范围之内的误差叫做允许误差。

常见电容在电路图中的符号如图 1-18 所示。

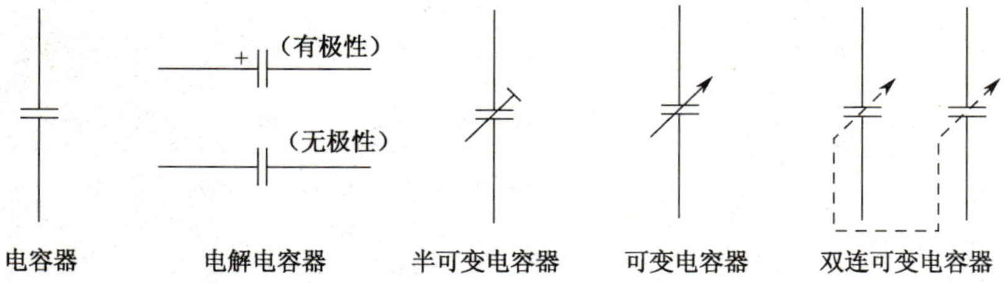

图 1-18　常见电容在电路图中的符号

1.3.3　电感元件

电感元件是实际电路中储存磁场能量这一物理性质的科学抽象，凡是电流及其磁场存在的场合总可以用电感元件来加以描述。

一个二端元件，如果在任意时刻，通过它的电流 i 与其磁链 Ψ 之间的关系可用 Ψ-i 平面上的曲线所确定，就称其为电感元件，简称电感。其电路模型如图 1-19（a）所示。

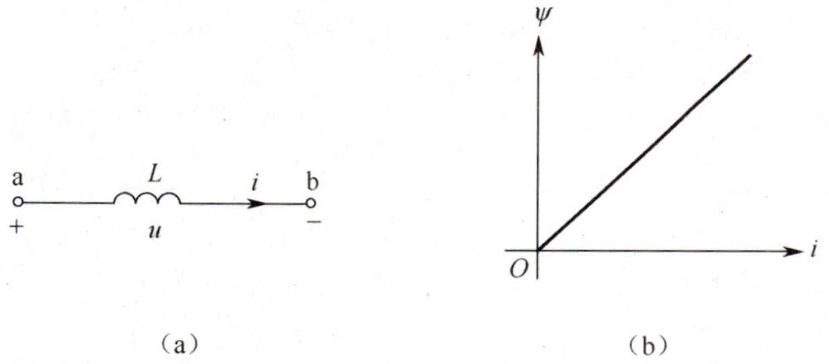

图 1-19　线性时不变电感元件

电感元件也分为时变的和时不变的，线性的和非线性的。本书只讨论线性时不变的电感元件。

线性时不变的电感元件的外特性（韦安特性）是 Ψ-i 平面上一条通过原点的直线，如图 1-19（b）所示。当规定磁通量和磁链 Ψ 的参考方向与电流 i 的参考方向之间符合右手螺旋定则时，在任意时刻 t，磁链与电流的关系为

$$\Psi(t)=Li(t) \tag{1-21}$$

式中，L 称为元件的电感。电感的单位为亨利，简称亨，其符号为 H。

一般情况下，说“电感”一词及其符号 L 既表示电感元件也表示元件的参数。

当磁链 Ψ 随时间变化时，在线圈的两端将产生感应电压。如果感应电压的参考方向与磁链满足右手螺旋定则（如图 1-19 所示），则根据电磁感应定律，有

$$u=\frac{\mathrm{d}\psi}{\mathrm{d}t} \tag{1-22}$$

如果电感上电流的参考方向与磁链满足右手螺旋定则，则 $\Psi=Li$，代入式（1-22）得

$$u=L\frac{\mathrm{d}i}{\mathrm{d}t} \tag{1-23}$$

式（1-23）称为电感元件的电压与电流的约束关系（VCR）。由于电压和电流的参考方向与磁链都满足右手螺旋定则，因此电压和电流为关联参考方向。

由式（1-23）可知，当电流 i 为直流稳态电流时，$\mathrm{d}i/\mathrm{d}t=0$，故 $u=0$，说明电感在直流稳态电路中相当于短路，有“通直流”的作用。

在电压和电流的关联参考方向下，线性电感元件吸收的功率为

$$p=ui=Li\frac{\mathrm{d}i}{\mathrm{d}t} \tag{1-24}$$

线性电感元件在任何时刻的磁场能量表达式为

$$W_{\mathrm{L}}(t)=\frac{1}{2}Li^2(t) \tag{1-25}$$

电感元件不是把吸收的能量消耗掉，而是以磁场能量的形式储存。所以，电感元件是一种储能元件。同时，它不会释放出多于它所吸收或储存的能量，因此它也是一种无源元件。

1.4　欧姆定律

1.4.1　部分电路欧姆定律

如图 1-20 所示电路中，电路中的电流 I 与电阻两端的电压 U 成正比，与电阻 R 成反比。用公式表示为

$$I=\frac{U}{R} \tag{1-26}$$

图 1-20 中电阻 R 上的电压参考方向与电流参考方向是一致的，故为关联参考方向。若电压参考方向与电流参考方向不一致时，为非关联参考方向。

注意：线性电阻中电流的实际方向总是从电压的正极性端流向负极性端，即从高电位点流向低电位点，所以式（1-26）只在关联参考方向时才能成立。

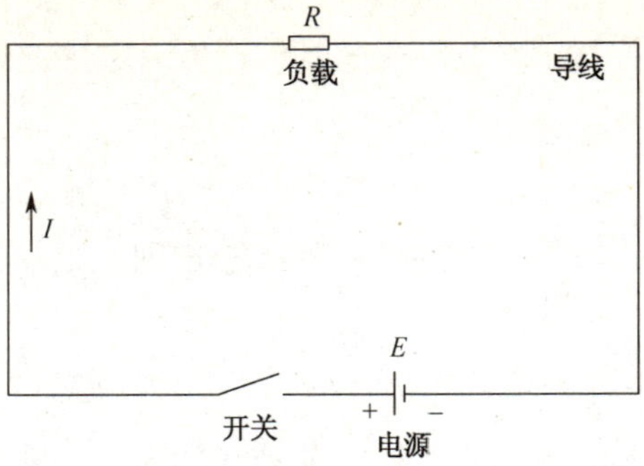

图 1-20　简单电路模型

例 1-4：某段电路的电压是一定的，当接上 10Ω的电阻时，电路中产生的电流是 1.5A；若用 25Ω的电阻代替 10Ω的电阻，电路中的电流为多少？

解：电路中电阻为 10Ω时，由欧姆定律得

$$U=IR=10\times1.5\text{V}=15\text{V}$$

用 25Ω的电阻代替 10Ω的电阻，电路中电流 I' 为

$$I'=\frac{U}{R'}=\frac{15}{25}\text{A}=0.6\text{A}$$

1.4.2　全电路欧姆定律

1．全电路欧姆定律

一个由电源和负载组成的闭合电路叫做全电路。

在前面学了电源电动势，也知道电源内部也有电阻，但在部分电路欧姆定律中，不考虑电源的内阻，而在全电路中就要考虑到这个问题了。

如图 1-21 所示，R 为负载电阻、E 为电源电动势、R_0 为电源的内阻。电路闭合时，电路中有电流 I。电源力做功把其他形式的能转化为电能 W，其中一部分能量 W_1 消耗在电源内部（内电路），另一部分能量 W_2 消耗在电源外部（外电路）。

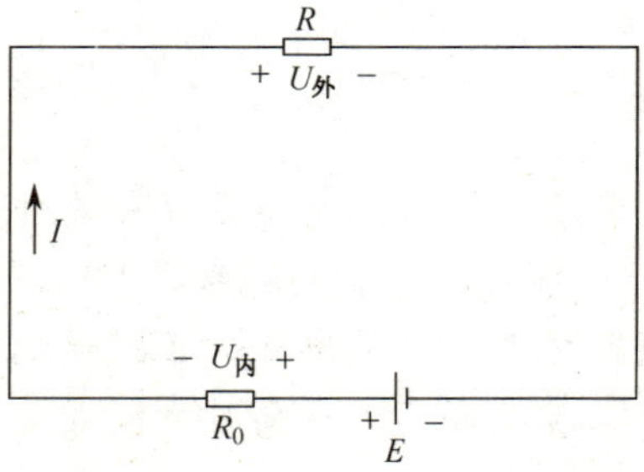

图 1-21　全电路模型

电源做的功：

$$W=qE=EIt \tag{1-27}$$

在纯电阻电路中，电能全部转化为内、外电路上的热力学能：

$$EIt=I^2Rt+I^2R_0t \tag{1-28}$$

所以根据能量转换与守恒定律及部分电路欧姆定律，得

$$I=\frac{E}{R_0+R} \tag{1-29}$$

式中，E 为电源电动势，单位是伏特，符号为 V；R 为负载电阻，单位是欧姆，符号为Ω；R_0 为电源内阻，单位是欧姆，符号为Ω；I 为闭合电路的电流，单位是安培，符号为 A。

式（1-29）说明，闭合电路中的电流与电源电动势成正比，与电路的总电阻（内电路电阻与外电路电阻之和）成反比，这一规律叫做全电路欧姆定律。

2．端电压

外电路两端的电压 $U_{外}$ 称为端电压。

$$U_{外}=E-R_0I \tag{1-30}$$

（1）当外电阻 R 增大时，I 减少，R_0I 减小，则 $U_{外}$增大；当 $R\to\infty$（断路）时，$I\to 0$，则 $U_{外}=E$，断路时端电压等于电源电动势。

（2）当 R 减小时，I 增大，则 $U_{外}$减小；当 $R=0$，则 $U_{外}=0$，这种情况叫短路。此时 $I=E/R_0$，由于 R_0 很小，所以短路电流 I 很大，可能烧毁电源，甚至引起火灾，为此电路中必须有短路保护装置。

例 1-5：有一闭合电路，电源电动势 E=12V，其内阻 R_0=2Ω，负载电阻 R=10Ω，试求电路中的电流、负载两端的电压、电源内阻上的电压降。

解：根据全电路欧姆定律：

$$I=\frac{E}{R+R_0}=\frac{12}{10+2}\text{A}=1\text{A}$$

由部分电路欧姆定律，可求负载两端电压：

$$U_{外}=RI=10\times1\text{V}=10\text{V}$$

电源内阻上的电压降为 $U_{内}=R_0I=2\times1\text{V}=2\text{V}$。

1.5　电压源与电流源及其等效变换

只要电路中有耗能元件消耗电能，电路中就必须有提供能量的元件。我们把提供电能的元件叫电源。常用的电源有干电池、蓄电池、直流稳态电源、发电机、信号源等。电压源和

电流源是从实际电源中抽象出来的电路模型。

1.5.1 电压源

端电压可以按照某给定规律变化而与其电流无关的二端元件，称为理想电压源，简称电压源。我们把端电压为常数的电压源称为直流电压源。电压源及其伏安特性如图 1-22 所示。其中图（a）为理想电压源模型；图（b）为理想电压源的外特性曲线；图（c）为实际电压源模型；图（d）为实际电压源的伏安特性曲线。

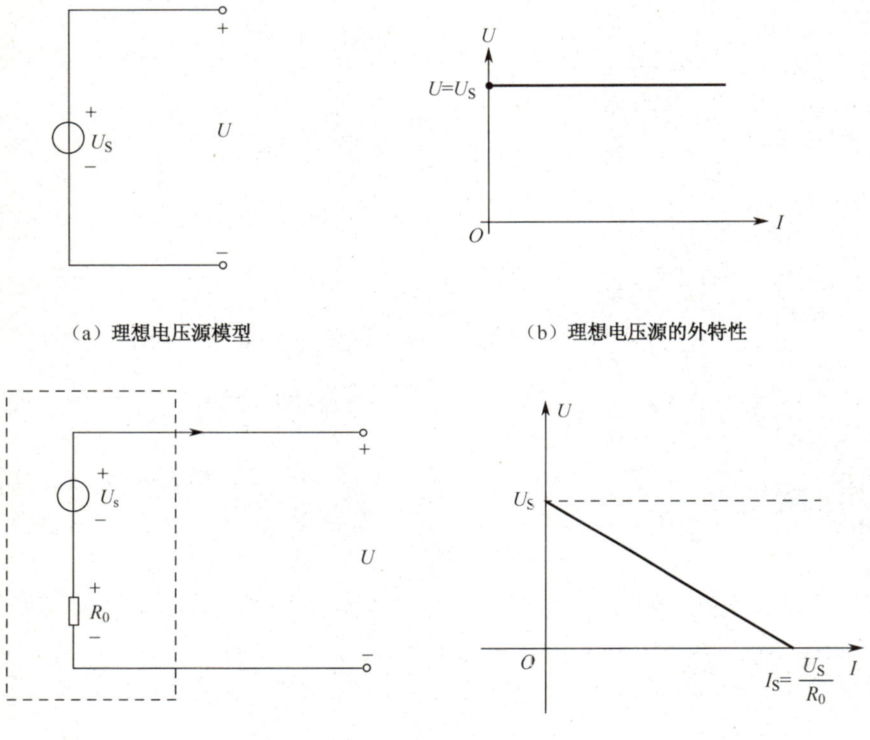

（a）理想电压源模型　（b）理想电压源的外特性

（c）实际电压源模型　（d）实际电压源的伏安特性曲线

图 1-22　电压源及其伏安特性

电压源具有以下特点：

（1）电压源的端电压“U”是一个固定的函数，与所连接的外电路无关；

（2）通过电压源的电流随外接电路的不同而改变。

电压源连接外电路时有以下几种工作情况：

（1）当外电路的电阻 $R=\infty$ 时，电压源处于开路状态，$I=0$，其对外提供的功率为 $P=U_SI=0$。

（2）当外电路的电阻 $R=0$ 时，电压源处于短路状态，$I=\infty$，其对外提供的功率为 $P=U_SI=\infty$。这样短路电流可能使电源遭受机械的过热损伤或毁坏，因此电压源短路通常是一种严重事故，应该尽力预防。

（3）当外电路的电阻为一定值时，电压源对外输出的电流为 $I=U_S/R$，对外提供的功率等于外电路电阻消耗的功率，即 $P=\frac{U_S^2}{R}$，R 越小，则 P 越大。对于一个实际电源来说，它对外提供的功率是有一定限度的，因此在连接外电路时，要考虑电源的实际情况，详细阅读说明书。

1.5.2　电流源

元件电流可以按照某给定规律变化而与其端电压无关的二端元件，称为理想电流源。我们常把电流为常数的电流源称为直流电流源。一般电源可用一个理想电流源与内阻并联表示为实际电流源，如图 1-23 所示。其中图（a）为理想电流源模型；图（b）为理想电流源的特性曲线。图（c）为实际电流源。

电流源具有以下特点：

（1）电流源的电流 I_s 是一个固定的函数，与所连接的外电路无关。

（2）电流源的端电压随外接电路的不同而改变。

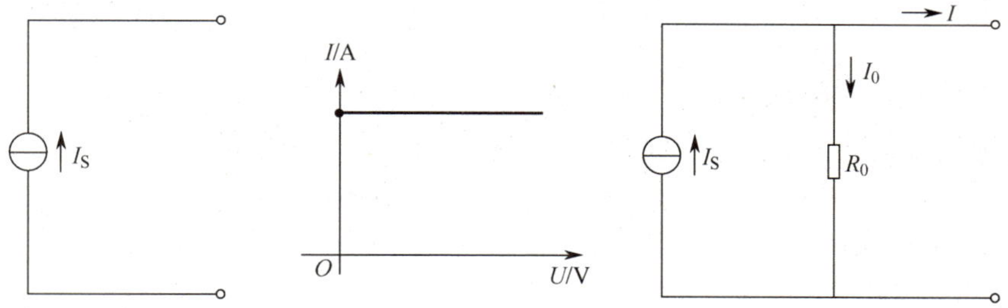

（a）理想电流源模型　（b）理想电流源特性曲线　（c）实际电流源模型

图 1-23　电流源

1.5.3　电流源与电压源的等效变换

在学习了电压源和电流源之后，我们知道，电压源模型是电压源和电阻串联，而电流源模型是电流源和电阻并联，如图 1-24 所示。

实际电压源可以用电压为 U_S 的电源和内阻 R_0 串联起来表示，它以输出电压的形式向负载供电，输出电压（端电压）的大小为

$$U=U_S-R_0I \tag{1-31}$$

（1）如果电源内阻 R_0 越大，则在输出相同电流的条件下，端电压越小。

（2）若电源内阻 $R_0=0$（相当于短路），则端电压 $U=U_S$ 与输出电流的大小无关。（理想电压源）

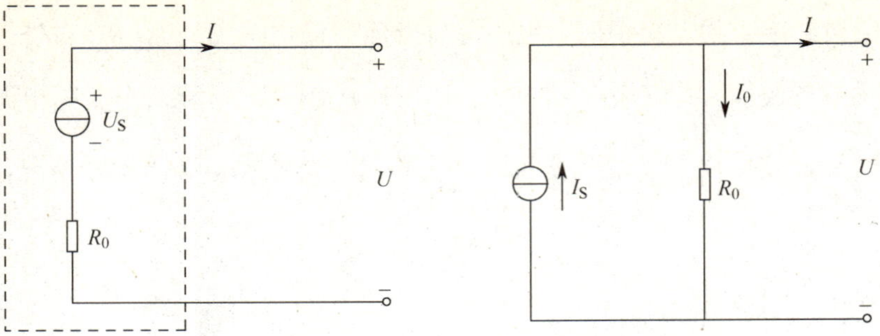

（a）电压源模型　　　　（b）电流源模型

图 1-24　两种电源模型

（3）如果电源的内阻极小，可近似看成理想电压源，如稳压电源。

实际电流源以输出电流的形式对负载供电，如图 1-24 所示，恒定电流 I_S 在内阻上的分流为 I_0，在负载 R 上的分流为 I，有

$$I=I_S-I_0 \tag{1-32}$$

式中，I_S 为电源的短路电流，$I_S=\dfrac{U_S}{R_0}$；I_0 为内阻上的电流，$I_0=\dfrac{U}{R_0}$；I 为电源的输出电流。

可见，电源的输出电流 I 总是小于电源的短路电流 I_S，当电源的内阻 R_0 远大于负载电阻 R 时，内阻上的电流 I_0 减小，输出电流加大，接近 I_S 值。一般电源可用一个理想电流源与内阻 R_0 并联表示，叫做实际电源的电流源模型，其符号如图 1-24（b）所示。

在电路分析和计算中，电压源和电流源可以等效变换。等效变换是指对外电路等效，即把它们与相同的负载连接，负载两端的电压，负载中的电流，负载消耗的功率都相同，如图 1-25 所示。

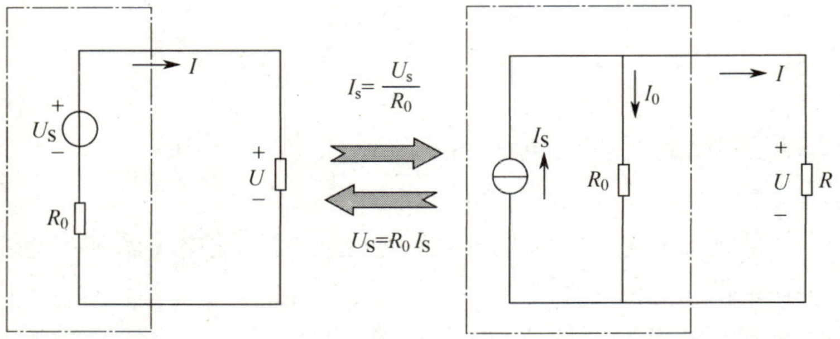

图 1-25　电压源和电流源的等效变换

$$I_S=\frac{U_S}{R_0} \tag{1-33}$$

$$U_S=R_0 I_S \tag{1-34}$$

应用式（1-33）可将电压源等效变换成电流源，内阻串联变并联。

应用式（1-34）可将电流源等效变换成电压源，内阻并联变串联。

例 1-6：在图 1-26（a）所示电路中，已知 U_{S1}=12V，U_{S2}=24V，R_1=R_2=20kΩ，R_3=50kΩ，试求流过 R_3 的电流 I。

解：（1）将图 1-26（a）中的含源支路作为电压源，根据公式将其等效变换成电流源，如图（b）所示。由等效变换公式可得

$$I_{S1}=\frac{U_{S1}}{R_1}=\frac{12}{20\times10^3}\text{A}=0.6\text{mA}$$

$$I_{S2}=\frac{U_{S2}}{R_2}=\frac{24}{20\times10^3}\text{A}=1.2\text{mA}$$

（2）将两个并联电流源合并成一个电流源，两个电阻 R_1、R_2 合并成一个电阻 R，如图（c）所示。

$$I_S=I_{S2}-I_{S1}=(1.2-0.6)\text{mA}=0.6\text{mA}$$

$$R=\frac{R_1R_2}{R_1+R_2}=\frac{R_1}{2}=10\text{k}\Omega$$

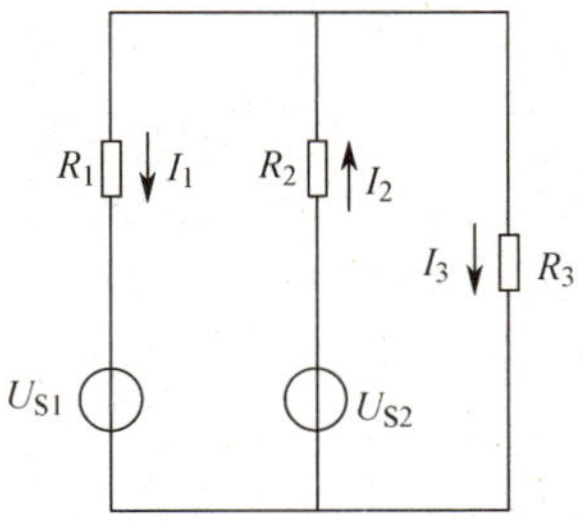

（a）

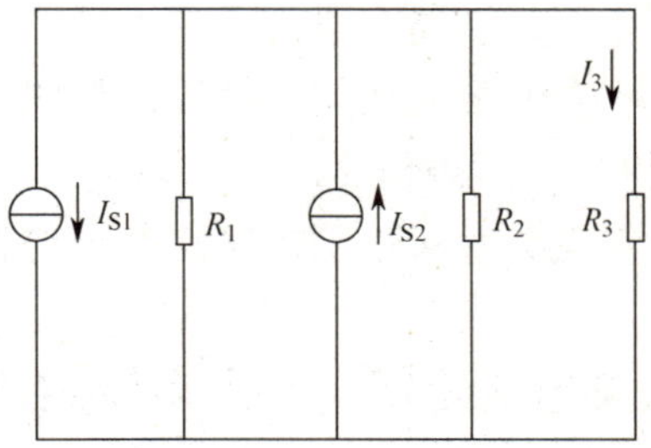
（b）

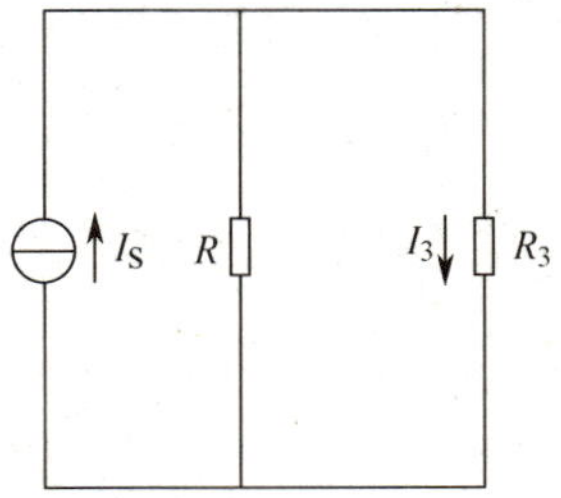

（c）

图 1-26　例 1-6 图

（3）根据等效概念，图（c）中流过 R_3 的电流与图（a）中流过 R_3 的电流相等。应用分流公式求出

$$I_3=\frac{R}{R+R_3}I_S=\frac{10}{10+50}\times0.6\text{mA}=0.1\text{mA}$$

1.6 基尔霍夫定律

基尔霍夫定律是由德国物理学家基尔霍夫（Gustav Robert Kirchhoff，1824～1887）提出的。他提出了稳恒电路网络中电流、电压和电阻关系的两条电路定律，即著名的基尔霍夫电流定律（KCL）和基尔霍夫电压定律（KVL），解决了电路设计中的难题。

1.6.1 基本概念

以图 1-27 所示电路为例说明常用的电路名词。

（1）支路：电路中具有两个端钮且通过同一电流的无分支电路。如图 1-27 电路中的 ED、AB、FC 均为支路，该电路的支路数目为 $b=3$。

（2）节点：电路中三条或三条以上支路的连接点。如图 1-27 电路的节点为 A、B 两点，该电路的节点数目为 $n=2$。

（3）回路：电路中任一闭合的路径。如图 1-27 电路中的 CDEFC、AFCBA、EABDE 路径均为回路，该电路的回路数目为 $l=3$。

（4）网孔：不含有分支的闭合回路。如图 1-27 电路中的 AFCBA、EABDE 回路均为网孔，该电路的网孔数目为 $m=2$。

（5）网络：在电路分析范围内网络是指包含较多元件的电路。

1.6.2 基尔霍夫电流定律（节点电流定律）

1. 基尔霍夫电流定律

在任何时刻，电路中流入任一节点中的电流之和，恒等于从该节点流出的电流之和，即

$$\sum I_{流入}=\sum I_{流出} \tag{1-35}$$

例如图 1-28 中，在节点 A 上：$I_1+I_3=I_2+I_4+I_5$。

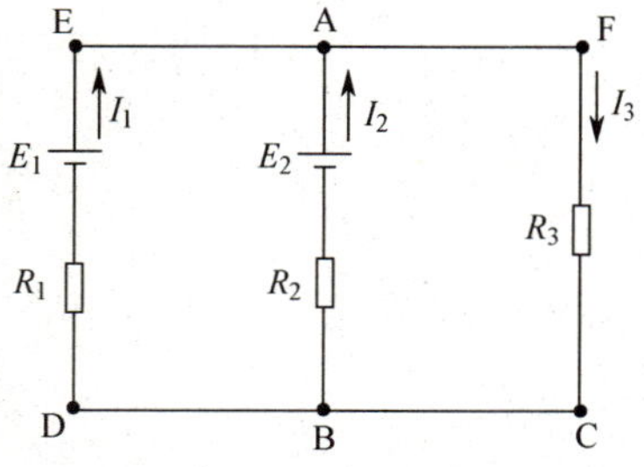

图 1-27 常用电路名词的说明

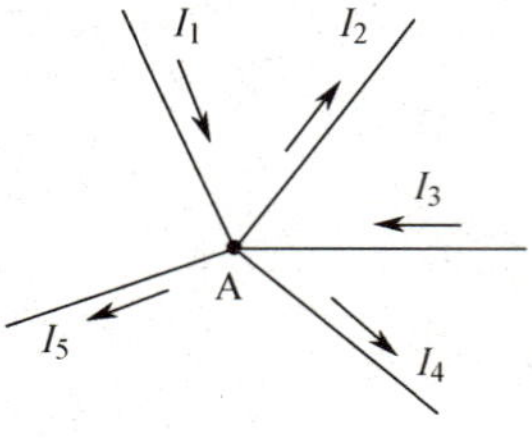

图 1-28 电流定律的举例说明

由于 $\sum I_{流入} - \sum I_{流出} = 0$，所以基尔霍夫电流定律又可表述为：在电路中，流入和流出某一节点的所有电流的代数和等于零，即

$$\sum I = 0 \tag{1-36}$$

一般可在流入节点的电流前面取"+"号，在流出节点的电流前面取"–"号，反之亦可。例如图 1-28 中，在节点 A 上：$I_1 - I_2 + I_3 - I_4 - I_5 = 0$。

在使用节点电流定律时，必须注意：

（1）对于含有 n 个节点的电路，只能列出（$n-1$）个独立的电流方程。

（2）列节点电流方程时，只需考虑电流的参考方向，然后再代入电流的数值。

为分析电路的方便，通常需要在所研究的一段电路中事先选定（即假定）电流流动的方向，叫做电流的参考方向，通常用"→"号表示。

电流的实际方向可根据数值的正、负来判断，当 $I > 0$ 时，表明电流的实际方向与所标定的参考方向一致；当 $I < 0$ 时，则表明电流的实际方向与所标定的参考方向相反。

2. KCL 的应用举例

（1）对于电路中任意假设的封闭面来说，基尔霍夫电流定律仍然成立。如图 1-29 中，对于封闭面 S 来说，有 $I_1 + I_2 = I_3$。

（2）对于网络（电路）之间的电流关系，仍然可由基尔霍夫电流定律判定。如图 1-30 中，流入电路 B 中的电流必等于从该电路中流出的电流。

（3）若两个网络之间只有一根导线相连，那么这根导线中一定没有电流通过。

（4）若一个网络只有一根导线与地相连，那么这根导线中一定没有电流通过。

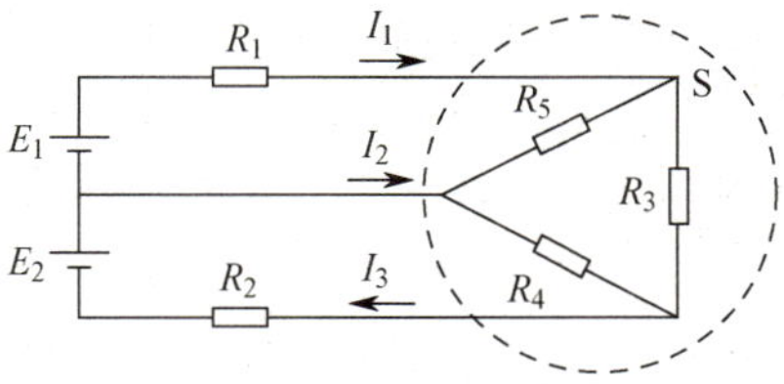

图 1-29 电流定律的应用举例（1）

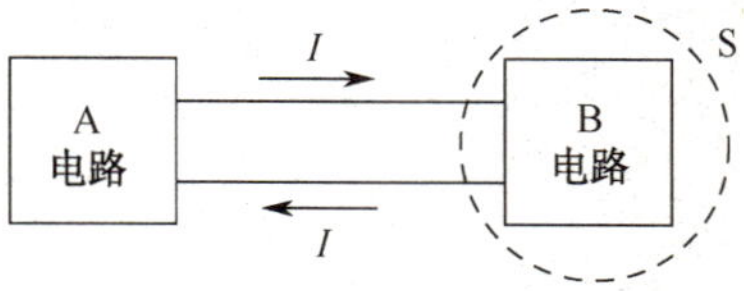

图 1-30　电流定律的应用举例（2）

例 1-7：如图 1-31 所示电桥电路，已知 $I_1 = 25$ mA，$I_3 = 16$ mA，$I_4 = 12$ mA，试求其余电阻中的电流 I_2、I_5、I_6。

解：在节点 a 上：　　$I_1 = I_2 + I_3$，则 $I_2 = I_1 - I_3 = 25 - 16 = 9$ mA

在节点 d 上：　　$I_1 = I_4 + I_5$，则 $I_5 = I_1 - I_4 = 25 - 12 = 13$ mA

在节点 b 上：　　$I_2 = I_6 + I_5$，则 $I_6 = I_2 - I_5 = 9 - 13 = -4$ mA

电流 I_2 与 I_5 均为正数，表明它们的实际方向与图中所标定的参考方向相同，I_6 为负数，表明它的实际方向与图中所标定的参考方向相反。

1.6.3 基夫尔霍电压定律（回路电压定律）

1. 基尔霍夫电压定律

在任何时刻，沿着电路中任一回路的绕行方向绕行一周，回路中各段电压的代数和恒等于零，即

$$\sum U = 0 \tag{1-37}$$

下面以图 1-32 电路为例说明基尔霍夫电压定律。

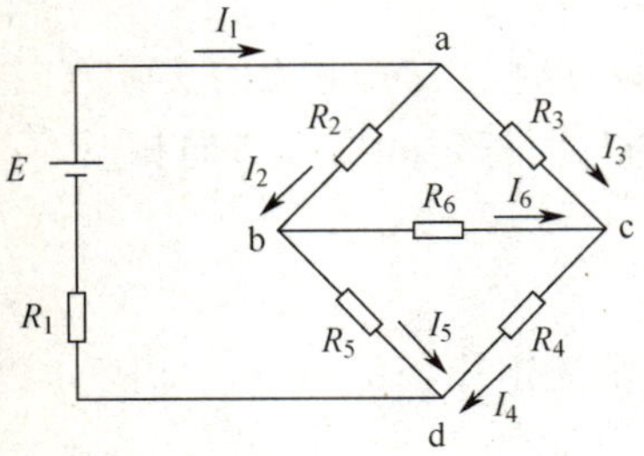

图 1-31　例 1-7 题图

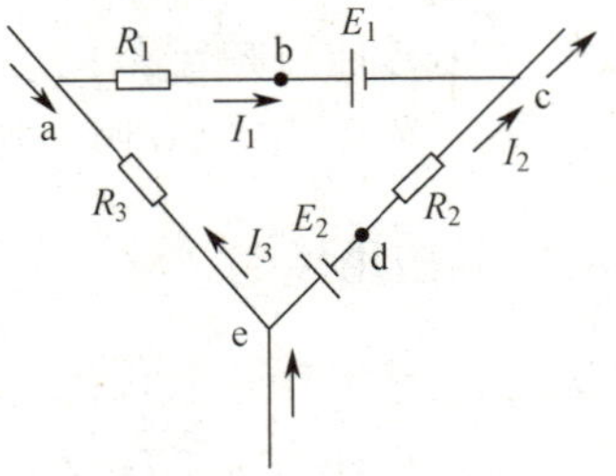

图 1-32　基尔霍夫电压定律的举例说明

沿着回路 abcdea 绕行方向，有

$$U_{ac} = U_{ab} + U_{bc} = R_1I_1 + E_1, \qquad U_{ce} = U_{cd} + U_{de} = -R_2I_2 - E_2, \qquad U_{ea} = R_3I_3$$

则

$$U_{ac} + U_{ce} + U_{ea} = 0$$

即

$$R_1I_1 + E_1 - R_2I_2 - E_2 + R_3I_3 = 0$$

上式也可写成

$$R_1I_1 - R_2I_2 + R_3I_3 = -E_1 + E_2$$

基尔霍夫电压定律的另一种表述：对于电阻电路来说，任何时刻，在任一闭合回路中，各段电阻上的电压降代数和恒等于各电源电动势的代数和，即

$$\sum RI = \sum E \tag{1-38}$$

利用式（1-38）列基尔霍夫电压方程的原则如下：

① 标出各支路电流的参考方向并选择回路绕行方向（既可沿着顺时针方向绕行，也可沿着逆时针方向绕行）；

② 电阻元件的端电压为$\pm RI$，当电流 I 的参考方向与回路绕行方向一致时，选取“+”号；反之，选取“–”号；

③ 电源电动势为 $\pm E$，当电源电动势的标定方向与回路绕行方向一致时，选取“+”号，反之应选取“–”号。

2．KVL 应用举例

例 1-8：在图 1-33 所示电路中，列出各网孔的回路电压方程。

解：该电路中有三个网孔，即网孔Ⅰ、网孔Ⅱ和网孔Ⅲ。标定绕行方向及各支路电流的参考方向如图 1-33 中所示。

网孔Ⅰ的回路电压方程：

$$R_1I_1-R_2I_2+u_{s2}+u_{s1}=0$$

网孔Ⅱ的回路电压方程：

$$R_2I_2+U_{AB}-R_3I_3+u_{s3}-u_{s2}=0$$

网孔Ⅲ的回路电压方程：

$$R_3I_3-R_4I_4+u_{s4}-u_{s3}=0$$

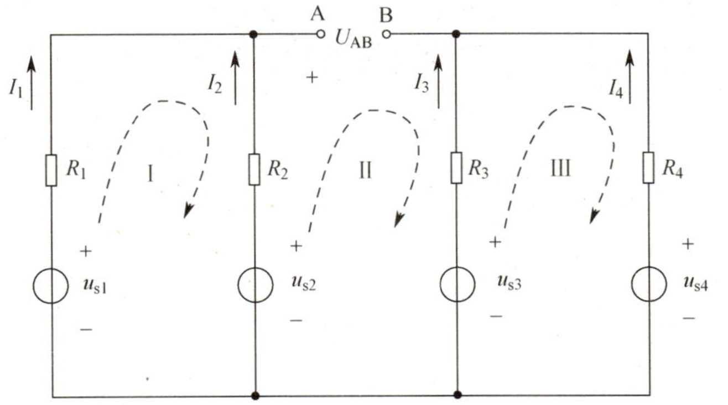

图 1-33　例 1-8 题图

1.7　叠加定理

1．线性电路

仅由线性电路元件和独立电源（电压源和电流源）组成的电路称为线性电路。线性电路的参数不随外加电压及通过其中的电流而变化，即电压和电流成正比。

2．叠加定理

在线性电路中，几个电源共同作用下的各支路电流或各元件上的电压，等于这几个电源分别单独作用下的各支路电流或各元件上电压的代数和。

叠加定理是反映线性电路基本性质的一个重要定理。具体应用时需要注意以下几点：

（1）叠加定理只适用于线性电路，只能用来计算电流和电压，不能计算功率。

（2）当某个电源单独作用时，其他电源视为零值。即将理想电压源短路，理想电流源开路。

（3）当电源单独作用时，各电流方向应取实际方向。叠加时，若单独作用下的实际方向与原电路的参考方向一致，对应项前取正号，反之对应项前取负号。

例 1-9：如图 1-34（a）所示电路，已知 $E_1 = 17\ \text{V}$，$E_2 = 17\ \text{V}$，$R_1 = 2\ \Omega$，$R_2 = 1\ \Omega$，$R_3 = 5\ \Omega$，试应用叠加定理求各支路电流 I_1、I_2、I_3 。

解：（1）当电源 E_1 单独作用时，将 E_2 视为短路（见图（b）），设

$$R_{23} = R_2 /\!/ R_3 = 0.83\ \Omega$$

则

$$I_1' = \frac{E_1}{R_1 + R_{23}} = \frac{17}{2.83} = 6\ \text{A}$$

$$I_2' = \frac{R_3}{R_2 + R_3} I_1' = 5\ \text{A}$$

$$I_3' = \frac{R_2}{R_2 + R_3} I_1' = 1\ \text{A}$$

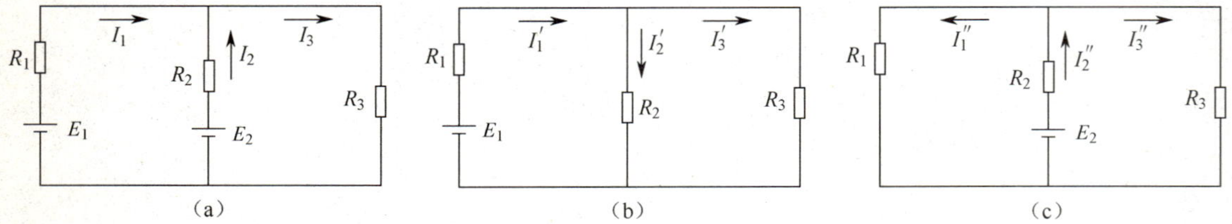

图 1-34　例 1-9 题图

（2）当电源 E_2 单独作用时，将 E_1 视为短路（见图（c）），设

$$R_{13} = R_1 /\!/ R_3 = 1.43\ \Omega$$

$$I_2'' = \frac{E_2}{R_2 + R_{13}} = \frac{17}{2.43} = 7\ \text{A}$$

则

$$I_1'' = \frac{R_3}{R_1 + R_3} I_2'' = 5\ \text{A}$$

$$I_3'' = \frac{R_1}{R_1 + R_3} I_2'' = 2\ \text{A}$$

（3）当电源 E_1、E_2 共同作用时（叠加），若各电流分量与原电路电流参考方向相同，在电流分量前面选取“+”号，反之，则选取“−”号：

$$I_1 = I_1' - I_1'' = 1\ \text{A},\qquad I_2 = -I_2' + I_2'' = 1\ \text{A},\qquad I_3 = I_3' + I_3'' = 3\ \text{A}$$

例 1-10：在图 1-35（a）所示电路中，E_1=12V，E_2=6V，R_1=R_2=R_3=2Ω，用叠加定理求各支路电流 I_1、I_2 和 I_3。

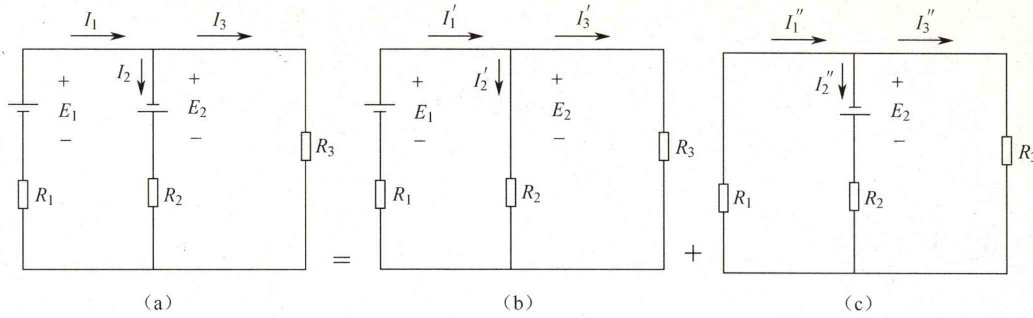

图 1-35　例 1-10 题图

解：（1）将复杂电路分解成几个简单电路，有几个电动势就分解为几个具有单一电动势的简单电路，并标出电流参考方向，如图 1-35（b）、（c）图所示。

（2）对简单电路分析、计算，求出单一电动势作用时的各支路电流。在图 1-35（b）中，E_1 单独作用时

$$I_1' = \frac{E_1}{R_1 + \dfrac{R_2 R_3}{R_2 + R_3}} = \frac{12}{2 + \dfrac{2\times 2}{2+2}}\text{A} = 4\text{A}$$

应用分流公式求出

$$I_2' = \frac{R_3}{R_2 + R_3} I_1' = \frac{2}{2+2} \times 4\text{A} = 2\text{A}$$

$$I_3' = I_1' - I_2' = (4-2)\text{A} = 2\text{A}$$

在图 1-35（c）中，E_2 单独作用时

$$I_2'' = \frac{E_2}{R_2 + \dfrac{R_1 R_3}{R_1 + R_3}} = \frac{6}{2 + \dfrac{2\times 2}{2+2}}\text{A} = 2\text{A}$$

应用分流公式求出

$$I_1'' = \frac{R_3}{R_1 + R_3} I_2'' = \frac{2}{2+2} \times 2\text{A} = 1\text{A}$$

$$I_3'' = I_2'' - I_1'' = (2-1)\text{A} = 1\text{A}$$

（3）应用叠加定理求 E_1、E_2 共同作用时各支路电流

$$I_1 = I_1' + I_1'' = (4+1)\text{A} = 5\text{A}$$

$$I_2 = I_2' + I_2'' = (2+2)\text{A} = 4\text{A}$$

$$I_3 = I_3' + I_3'' = (2-1)\text{A} = 1\text{A}$$

1.8　戴维南定理

1.8.1　戴维南定理

1. 二端网络

具有两个引出端与外电路相联的网络，又叫做一端口网络，如图 1-36 所示。

（1）无源二端网络：内部不含有电源的二端网络。

（2）有源二端网络：内部含有电源的二端网络。

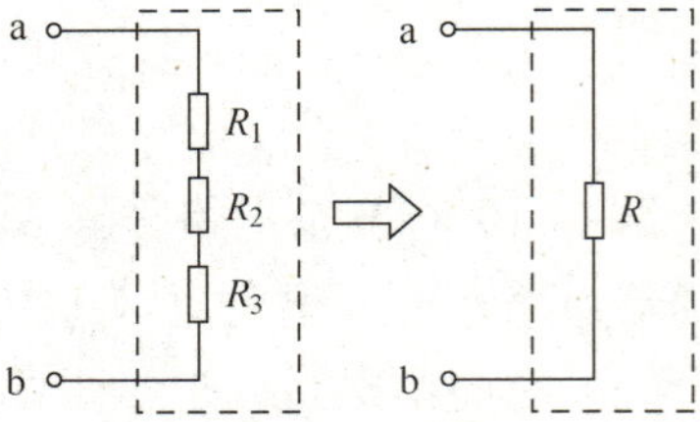

图 1-36　二端网络

2. 戴维南定理

任何一个线性有源二端网络，对外电路来说，总可以用一个电压源 E_0 与一个电阻 r_0 相串联的电压源模型来替代。电压源的电动势 E_0 等于该二端网络的开路电压，电阻 r_0 等于该二端网络对应的无源二端网络（即理想电压源视为短路、理想电流源视为开路）的等效电阻，r_0 也叫做该二端网络的等效内阻。该定理又叫做等效电压源定理。

例 1-11：如图 1-37 所示电路，已知 $E_1 = 7$ V，$E_2 = 6.2$ V，$R_1 = R_2 = 0.2\ \Omega$，$R = 3.2\ \Omega$，试应用戴维南定理求电阻 R 中的电流 I。

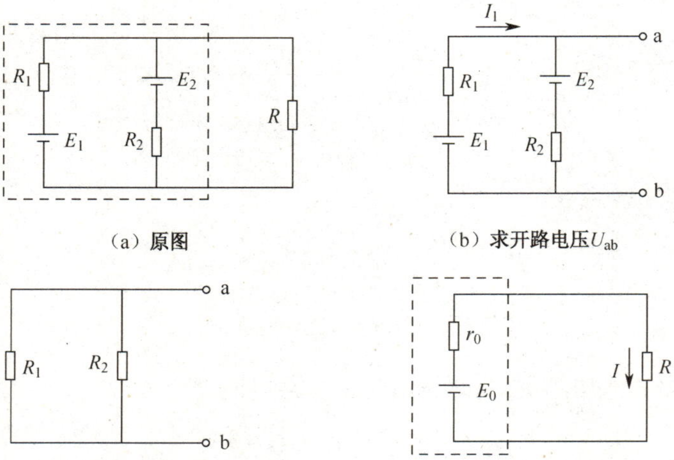

（a）原图　（b）求开路电压U_{ab}

（c）求等效电阻R_{ab}　（d）求电阻R中的电流I

图 1-37　例 1-11 题图

解：（1）将 R 所在支路开路，如图 1-37（b）所示，求开路电压 U_{ab}：

$$I_1=\frac{E_1-E_2}{R_1+R_2}=\frac{0.8}{0.4}=2\text{ A}$$

$$U_{ab}=E_2+R_2I_1=6.2+0.4=6.6\text{ V}=E_0$$

（2）将理想电压源短路，如图 1-37（c）所示，求等效电阻 R_{ab}：

$$R_{ab}=R_1/\!/R_2=0.1\ \Omega=r_0$$

（3）画出戴维南等效电路，如图 1-37（d）所示，求电阻 R 中的电流 I：

$$I=\frac{E_0}{r_0+R}=\frac{6.6}{3.3}=2\text{ A}$$

例 1-12：如图 1-38 所示的电路，已知 $E=8$ V，$R_1=3\ \Omega$，$R_2=5\ \Omega$，$R_3=R_4=4\ \Omega$，$R_5=0.125\ \Omega$，试应用戴维南定理求电阻 R_5 中的电流 I。

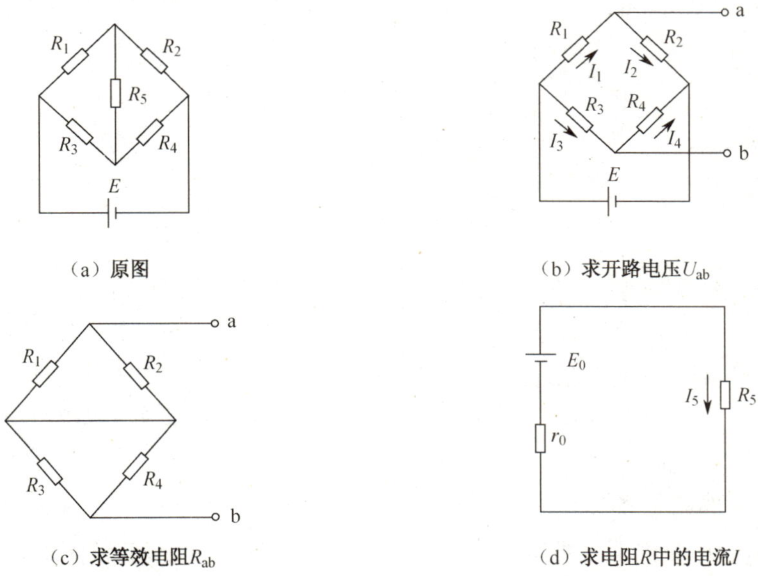

图 1-38　例 1-12 题图

解：（1）将 R_5 所在支路开路，如图 1-38（b）所示，求开路电压 U_{ab}：

$$I_1=I_2=\frac{E}{R_1+R_2}=1\text{ A},\qquad I_3=I_4=\frac{E}{R_3+R_4}=1\text{ A}$$

$$U_{ab}=R_2I_2-R_4I_4=5-4=1\text{ V}=E_0$$

（2）将电压源短路，如图 1-38（c）所示，求等效电阻 R_{ab}：

$$R_{ab}=(R_1/\!/R_2)+(R_3/\!/R_4)=1.875+2=3.875\ \Omega=r_0$$

（3）根据戴维南定理画出等效电路，如图 1-38（d）所示，求电阻 R_5 中的电流

$$I_5=\frac{E_0}{r_0+R_5}=\frac{1}{4}=0.25\text{ A}$$

1.8.2 惠斯登电桥

惠斯登电桥是一种可以准确测量电阻的仪器，如图 1-39 所示为一个通用的惠斯登电桥电路。它是测量技术中常用的一种电路，也是许多汽车传感器电路中常用的电桥电路。

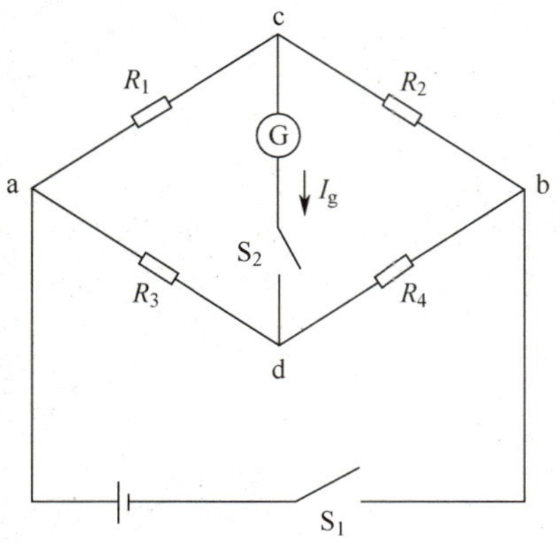

图 1-39 惠斯登电桥电路

图 1-39 是用比较法测量电阻的电路，又叫做单臂电桥。R_1、R_2、R_3、R_4 为四个桥臂的电阻，灵敏电流计（检流计）好像在 c、d 两点间架设的一架桥，用来检测它所在的支路有无电流通过。若检流计中无电流通过，说明电桥处于平衡状态；若检流计中有电流通过，说明电桥不再平衡。电桥电路既不是串联电路，也不是并联电路。电桥电路有两种应用方式：平衡方式和不平衡方式。

（1）电桥平衡的必要条件

调节电阻 R_3、R_4 的比值，使检流计中电流为零，这时电桥处于平衡状态，c、d 两点的电位相等，c、d 之间无电流，$I_g=0$，可以得到

$$\frac{R_1}{R_2}=\frac{R_3}{R_4} \tag{1-39}$$

（2）电桥平衡时测量电阻

若选用三个（R_1、R_2、R_3）很精确的定值电阻，再采用高灵敏度的检流计组成上面的电桥电路，调节电桥使其处于平衡状态，这样就可根据式（1-39）求另外一个桥臂的电阻 R_4，这种方法比伏安法测电阻要精确许多。

（3）电桥的不平衡

电桥不平衡是指 c、d 间有电流通过。这时，也可以测量电阻，但它和电桥平衡时测量电阻有原则上的区别，将图 1-39 中的检流计 G 改为电流计，它的作用不是检测该支路有无电流，而是测量该支路电流的大小。

采用电桥电路，不仅可以测量电阻，还可以测量一些非电学量。例如，可用它来测量温

度。电阻温度计就是用不平衡电桥来测量温度的，不平衡电桥还可用于自动控制电路。

如图 1-40 所示，为汽车电控燃油喷射系统的热线式空气流量计的电桥电路。图中热线电阻 R_H 和温度补偿电阻 R_K 分别是惠登斯电桥的一个桥臂，精密电阻 R_A 也是电桥的一个桥臂，R_A 上的电压即是热线式空气流量计的输出信号电压。发动机不工作时，电桥是平衡的。启动发动机，空气从热线电阻流过，温度降低，R_H、R_K 阻值也降低，电桥不再平衡。集成运算放大器 A 将对电桥电路进行自动调节，增大通过热线电阻 R_H 的电流，同时，精密电阻 R_A 两端的电压也会发生变化，直到电桥重新平衡为止。这样传感器就把吸入的空气量转变成 R_H 的变化，使电桥不再平衡，转变为 R_A 上的电压变化，即转换成了电信号 U_0 输送给电控单元，电控单元将该信号作为确定发动机基本喷油量的信号之一。

常用空气流量传感器还有热模式空气流量传感器，其实物如图 1-41 所示。

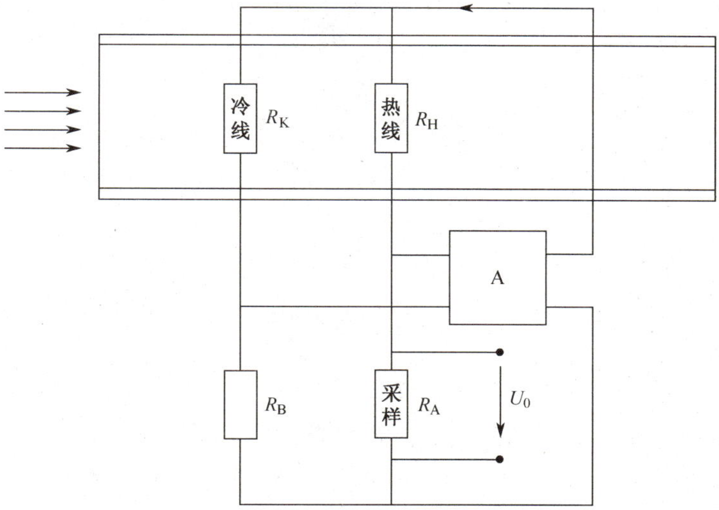

图 1-40　热线式空气流量计的电桥电路

图 1-41　热膜式空气流量计

汽车上很多传感器都用到了电桥电路，如半导体压敏电阻式进气歧管绝对压力传感器的电路和电阻应变计式碰撞传感器的电路都采用了电桥电路，这里不再一一讲解。

本章小结

本章需要着重理解和掌握的几个问题如下：

（1）电路和电路模型

电路由电源、负载和中间环节三部分组成，它的作用是实现电能的输送和转换、电信号的传递和处理。电路有空载、短路、有载三种状态，使用电路元件一定要注意其额定值，使其工作在额定状态。

（2）电流、电压、电位、电动势、电功和电功率电流和电压是电路中的基本物理量，要注意其参考方向和关联方向。分析计算电路时，必须首先选定电流和电压的参考方向。参考方向一经选定，不能更改。

电路中某点的电位等于该点与“参考点”之间的电压。电位随参考点选择的不同而不同，但任意两点间的电压（电位差）恒定不变。因此有“电位是相对的，电压是绝对的”。

电功率在计算时需注意电压、电流两物理量的参考方向。若在关联参考方向下，功率 $P=UI$；在非关联参考方向下，功率 $P=-UI$。结果若 $P<0$，表示电路提供功率；若 $P>0$，表示电路消耗功率。

（3）电阻、电感、电容元件

理想电路元件有电阻元件、电感元件、电容元件，学习中要理解它们的伏安特性。

（4）电流源和电压源

一个实际的直流电源可采用两种理论模型，即电压源模型和电流源模型，两者之间可以进行等效变换，但要注意，变换对外电路而言是等效的，对内电路则是不等效的。

（5）基尔霍夫定律

基尔霍夫定律是分析电路的基本定律，它分为电流定律（KCL）和电压定律（KVL）。

KCL 用于分析节点电流，应用时先找节点，再根据 $\Sigma I=0$ 列节点电流方程，体现了电流的连续性。

KVL 用于分析回路电压，选一闭合回路，根据 $\Sigma U=0$ 列回路电压方程，体现了能量守恒。

基尔霍夫定律具有普遍性，它不仅适用于直流电路，也适用于由不同电路元件构成的交流电路。

（6）叠加定理

叠加定理反映了线性电路的基本性质。在线性电路中，多个独立电源同时作用时，在任一支路产生的电压或电流，等于这些电源单独作用在该支路所产生电压或电流的代数和。使用时注意，叠加定理只适用于计算电压和电流，不能用于计算电功和电功率。

（7）戴维南定理

戴维南定理是将任一个有源二端线性网络都可以用一个电动势为 E 的理想电压源和内阻 R_0 串联的有源支路来等效代替，而对外电路的作用不变。常用于求解某一支路的电流。

（8）惠斯登电桥

惠斯登电桥是一种可以准确测量电阻的仪器，常用在汽车传感器中。

本章习题与思考题

一、填空题。

1．电路主要由________、________和________三部分组成。

2．电路中 A、B 两点的电位分别为 V_A、V_B，则 A、B 两点间的电压 U_{AB}=________。

3．基尔霍夫电流定律简写为________，一般形式为________；基尔霍夫电压定律简写为________，一般形式为________。

4．电流源等效变换为电压源时，I_S=________，内阻 R_0 数值________，由并联改为________。

5．在图 1-42 所示电路中，有________个节点，________个网孔，________条回路。

6．电阻 R_1=3Ω和 R_2=6Ω并联起来，总电阻为________；如果串联的话，总电阻为________。

7．电路的三种工作状态：________、________、________。

二、选择题。

1．两个白炽灯，分别为“220V，40W”和“110V，60W”，则两灯的额定电流之比是（　）。

A．1∶1　　B．1∶2

C．1∶3　　D．1∶4

2．三个电阻 $R_1=300\Omega$，$R_2=200\Omega$，$R_3=100\Omega$，串联后接到 $U=6$V 的直流电源上，三个电阻上的压降分别是 $U_1=$____V，$U_2=$________V，$U_3=$________V（　）。

A．3、2、1　　B．1、2、3

C．4、5、6　　D．6、7、8

3．如图 1-43 所示，已知 $R_1=5\Omega$，$R_2=10\Omega$，可变电阻 R_P 的阻值在 0～25Ω之间变化。A、B 两端点接 20V 恒定电压，当滑动片上下滑动时，CD 间能得到的电压变化范围是（　）。

A．0～15V　　B．5～17.5V

C．0～12.5V　　D．2.5～12.5V

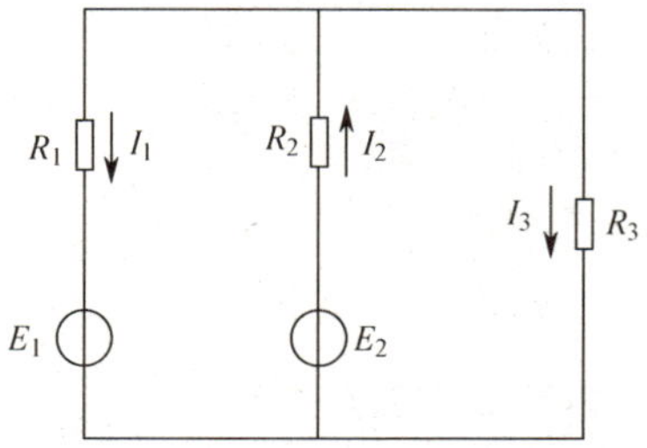

图 1-42

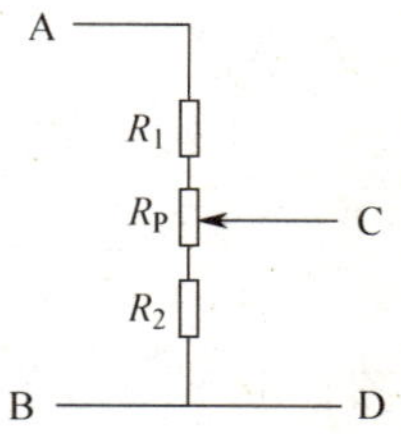

图 1-43

4．熔断器在电路中的作用是（　）。

A．短路保护　　B．过载保护

C．失压保护　　D．欠电压保护

5．把图 1-44（a）所示的电路图用图 1-44（b）所示的等效电路代替，该等效电流源的参数为（　）。

A．2A　　B．−2A

C．12A　　D．−12A

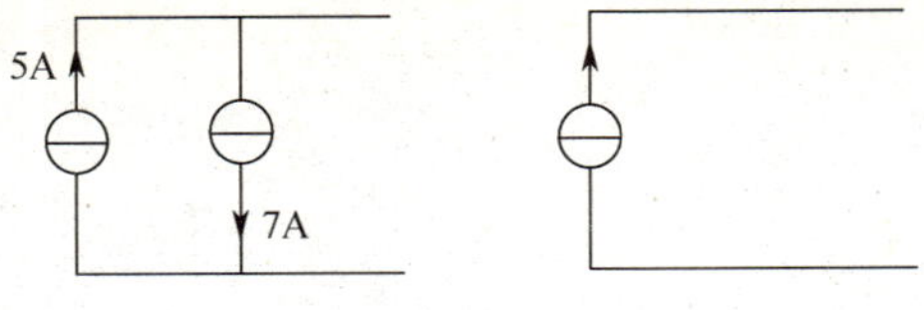

（a）　　　（b）

图 1-44

三、简答题。

1．简述基尔霍夫定律，并写出表达式。

2．简述电压与电动势的区别。

3．电压源与电流源如何进行等效变换？

4．两盏“220V，40W”“220V，60W”灯并联起来接到 220V 的电压下，哪盏灯更亮？若串联起来接到 220V 的电压下，哪盏灯更亮？

四、计算题。

1．图 1-45 所示电路中，若以 B 为参考点，求 A、C、D 三点的电位及 U_{AC}，U_{AD}，U_{CD}。若改 C 点为参考点，再求 A、C、D 三点的电位及 U_{AC}，U_{AD}，U_{CD}。

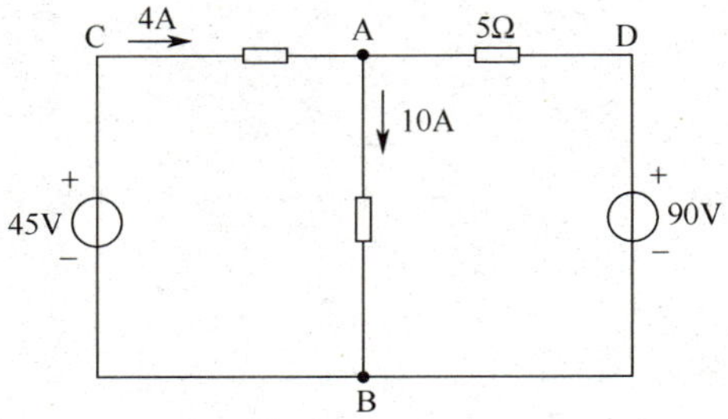

图 1-45

2．在图 1-46 所示电路中，U_{AB}=6V，R_1=1Ω，R_2=2Ω，R_3=3Ω。当 S_1、S_2 都闭合时，求 $I_总$、$R_总$。若将 S_1、S_2 改为电流表 A_1、A_2，求 A_1、A_2 的示数。

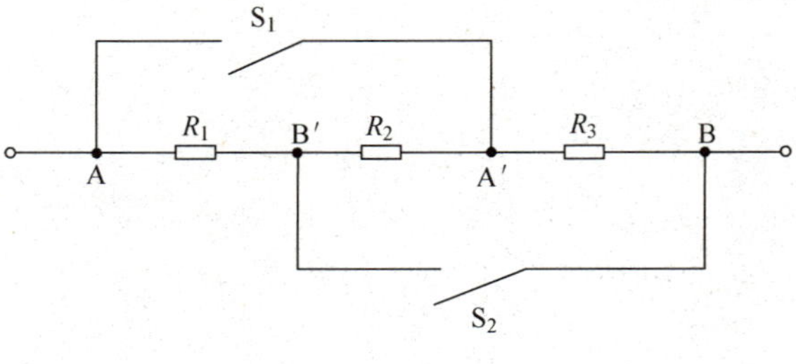

图 1-46

3．求图 1-47 所示各电路中的电压 U 和电流 I。

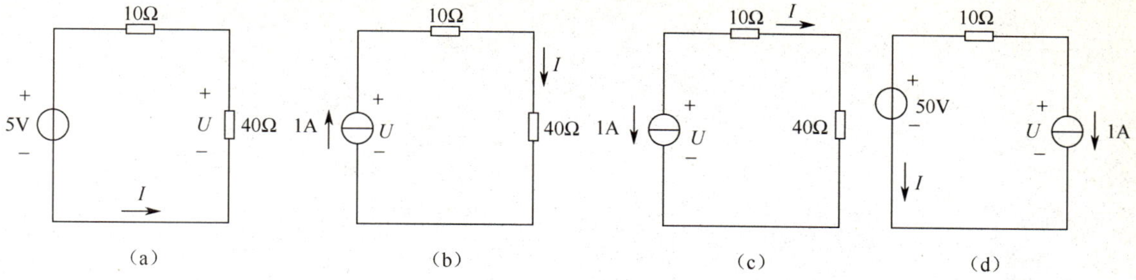

图 1-47

4．如图 1-48 所示，已知 $R_1 = R_3 = 10\Omega$ ，$R_2 = 30\Omega$ ，$E_1 = 50\text{V}$ ，$E_2 = 20\text{V}$ ，求 I_2 。

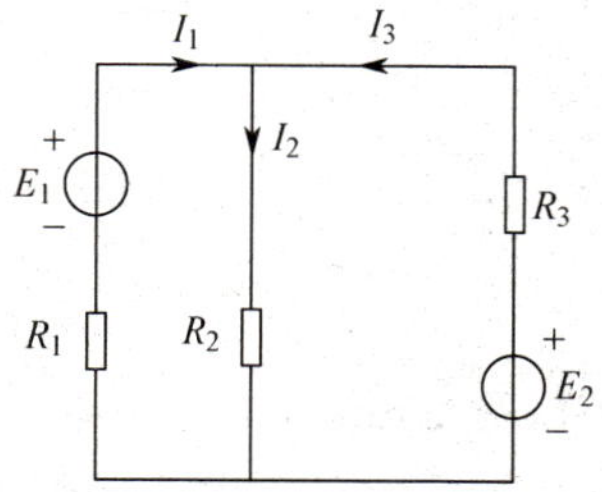

图 1-48

第 2 章

正弦交流电路

学习目标

1. 认识电力电路的电能生产和传输过程。
2. 了解交流发电机的结构，掌握工作原理，理解交流电与直流电的区别。
3. 掌握用相量方法分析和计算交流电路。
4. 掌握电路的谐振特点及应用。
5. 掌握在实际应用中提高功率因数的方法。

幅值随着时间而周期性变化的电称为交流电，交流电在人们生产生活中无处不在。汽车上的发电机就是三相交流发电机。因为汽车上的发电机内部制作有整流器和调节器，因此发电机可直接输出电压稳定的直流电。对于汽车专业的学习，对交流电的认识和研究具有很大的实际意义。正弦交流电是按照正弦规律变化的交流电，作为本课程的重要内容之一，正弦交流电路的学习也是学习电动机、变压器等相关知识及汽车电器、汽车电子控制技术等课程的重要基础。

2.1 交流电路的基本概念

2.1.1 电力生产过程介绍

电力生产中，有火力发电，水能发电，风能发电，潮汐能发电，核能发电等多种发电方式。图 2-1 所示为火力发电电力传输过程示意图。

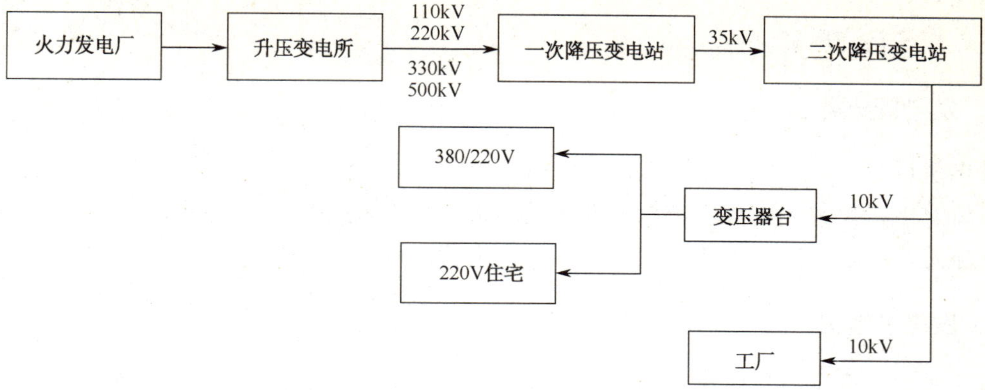

图 2-1　火力发电电力传输过程

（1）电力系统

由发电厂发出电能，升压后通过输电线传送，最后降压分配给各单位及用户。由发电、输电、配电三个部分组成。

发电：由发电机将其他形式的能转换为电能的过程，经升压变压器升压后传输至电网。

输电：由变电所以高压电传输出来，在用电区将高压电进行降压，然后传输到配电网。

配电：电压需要经过多次降压变换后，将电能分配给不同的区域。

（2）电力网

输送、变换和分配电能的网络。由输电线路和变配电所组成，分为输电网和配电网。

输电线路：由 35kV 以上的输电线路和与其连接的变电所组成，其作用是将电能输送到配电网或大型企业用户。

配电线路：由 10kV 及以下的配电线路和配电变压器组成，其作用是交接电能，送给各类用户。一般将 3kV、6kV、10kV 的电压称为配电电压。

（3）电力网的电压等级

低压：1kV 以下；中压：（1～10）kV；高压：（10～330）kV；超高压：（330～1000）kV；特高压：1000kV 以上。

（4）电力生产的特点

① 可以把水能、核能和风能等一次能源转换为便于输送和分配的电能。

② 电能可以方便地转换成机械能、热能、光能和化学能等多种其他形式的能。

③ 电能的生产、输送、分配直接到用户使用是在同一瞬时完成的，不能大规模储存。

2.1.2　发电机的工作原理

1. 发电机概述

发电机是将其他形式的能转换成电能的装置，它由水轮机、汽轮机、柴油机或其他动力机械驱动，将水流、气流、燃料燃烧或原子核裂变产生的能量等转化为机械能传给发电机，再由发电机转换为电能。

2. 发电机分类

发电机可分为直流发电机和交流发电机。

交流发电机可分为同步发电机和异步发电机（很少采用）。

交流发电机还可分为单相发电机与三相发电机。

3. 发电机结构

发电机通常由定子、转子、端盖及轴承等部件构成，如图 2-2 所示为汽车发电机内、外部实物图。

图 2-2　汽车发电机内、外部实物图

发电机外面固定不动的部分称为定子，定子由定子铁芯、定子绕组、机座以及固定这些部分的其他结构件组成。在定子的铁芯槽内分别嵌入三组结构完全相同的线圈。

转子由转子铁芯、转子绕组、护环、中心环、滑环、风扇及转轴等部件组成。

汽车发电机的端盖上集成有二极管整流电路，类型有 6 管的、8 管的、9 管的和 11 管的，整流电路的主要作用是将三相交流电转变成脉动的直流电，发电机内的电压调节器可以将输出电压调节成恒定电压。

4. 工作原理

如图 2-3 所示，图（a）为交流发电机的工作原理示意图，图（b）为发电机在磁场中的运动示意图，其工作原理基于电磁感应定律和电磁力定律。

由轴承及端盖将发电机的定子、转子连接组装起来，使转子能在定子中旋转，发电机线圈 a、b 边做切割磁力线的运动，从而产生感应电动势，通过接线端子引出，接在回路中，便产生了电流。

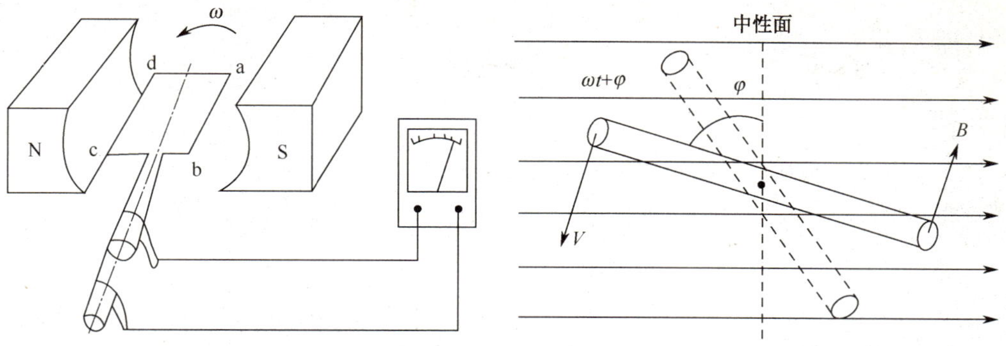

（a）　　（b）

图 2-3　交流发电机的工作原理

2.1.3　瞬时值、有效值、最大值

随时间按正弦规律变化的电压和电流称为正弦电压和正弦电流，也称正弦量。正弦电流的数学表达式为

$$i(t) = I_{\mathrm{m}} \sin(\omega t + \varphi_{\mathrm{i}}) \tag{2-1}$$

式中，I_{m}为幅值，ω为角频率，φ_{i}为初相位。

（1）瞬时值

正弦量在任一瞬时的值称为瞬时值，用小写字母 i 和 u 分别表示瞬时电流和瞬时电压。

（2）有效值

根据电流的热效应原理来规定：在数值相同的电阻 R 上分别通以周期电流 i 和直流电流 I。如果在一个周期 T 的时间内，这两个电阻所消耗的电能相等，则把这一等效的直流电流 I 称为交流电流 i 的有效值。经计算可以得出

$$I = \frac{I_{\mathrm{m}}}{\sqrt{2}} \tag{2-2}$$

同理可得周期电压 U 的有效值为

$$U = \frac{U_{\mathrm{m}}}{\sqrt{2}} \tag{2-3}$$

（3）最大值

正弦电压和正弦电流的峰值即为最大值，也称为幅值，如 U_{m}、I_{m}。

交流电的电压、电流有效值等于其最大值除以 $\sqrt{2}$ 。

注意：交流测量仪表所指示的读数、电气设备铭牌上的额定值都是指有效值；而各种器件和电气设备的绝缘水平——耐压值则指最大值。

2.1.4 周期、频率、角速度

（1）周期

随时间变化的电压和电流的每一个值经过相等的时间后重复出现，这种时变的电压和电流便是周期性的，称为周期电压和电流。以电流为例，周期电流的表达式为

$$i(t)=i(t+kT) \tag{2-4}$$

式中，k 为任意正整数。式（2-4）表明，在时刻 t 和时刻（$t+kT$）的电流值是相等的，我们将 T 称为周期，单位为秒（s）。

（2）频率

单位时间内周期波形重复出现的次数称为频率，用符号 f 表示，频率与周期互成倒数关系，即

$$f=\frac{1}{T} \tag{2-5}$$

频率的单位为赫兹（Hz）。我国工业和民用电的频率是 50Hz，称为工频。

（3）角频率

正弦量在单位时间内变化的角度称为角频率，用ω表示，单位是弧度/秒（rad/s），它是反映正弦量变化快慢的要素，它与正弦量的周期 T 和频率 f 有如下关系：

$$\omega T=2\pi \tag{2-6}$$

$$\omega=\frac{2\pi}{T}=2\pi f \tag{2-7}$$

2.1.5 相位、初相、相位差

（1）相位

正弦电流的数学表达式为

$$i(t)=I_{\mathrm{m}}\sin(\omega t+\varphi_{\mathrm{i}}) \tag{2-8}$$

式中的三个常数 I_{m}、ω、φ_{i}，称为正弦量的三要素。

正弦量随时间变化的核心部分是（$\omega t+\varphi_{\mathrm{i}}$），称为正弦量的相角或相位，它反映了正弦量的变化进程。

（2）初相

式（2-8）中的φ_{i}称为正弦电流 i 的初相角（初相），它是正弦量 t=0 时刻的相位角，它的大小与计时起点的选择有关。通常取小于或等于 π 的数值。

以横坐标为轴，$\varphi>0$，计时起点位于原点左侧；$\varphi<0$，计时起点位于原点右侧；$\varphi=0$，计时起点位于原点。

（3）相位差

在正弦交流电路的分析中，经常要比较同频率正弦量的相位。设任意两个同频率的正弦量

$$i_1(t) = I_{m1}\sin(\omega t + \varphi_1) \tag{2-9}$$

$$i_2(t) = I_{m2}\sin(\omega t + \varphi_2) \tag{2-10}$$

则它们之间的相位之差称为相位差，用φ表示，即

$$\varphi = (\omega t + \varphi_1) - (\omega t + \varphi_2) = \varphi_1 - \varphi_2 \tag{2-11}$$

结论：任意两个同频率的相位差等于它们的初相差。

如图 2-4 所示，若$\varphi>0$，称 i_1 超前 i_2，或者说 i_2 滞后 i_1 一个相位角φ;

若$\varphi=0$，表明 i_1 与 i_2 同时达到最大值，则它们是同相位的，简称同相;

若$\varphi=\pm180^\circ$，则它们的相位相反，简称反相;

若$\varphi<0$，表明 i_1 滞后 i_2 一个相位角φ。

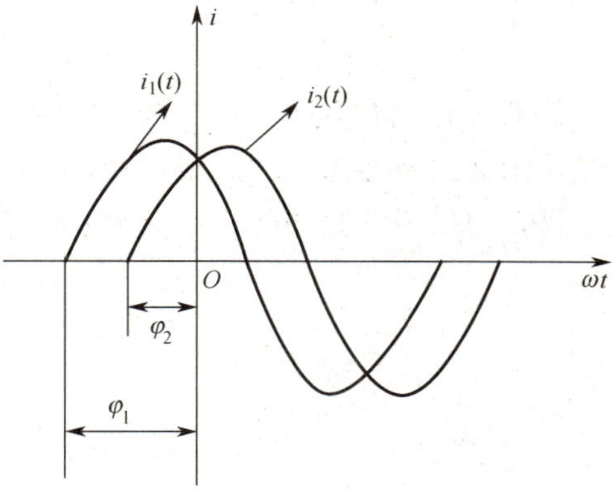

图 2-4 两个同频率正弦量的相位差

对于两个同频率的正弦量，即使相位和初相角不同，但其相位差不变。通常研究多个同频率正弦量之间的关系时，假定其中某一正弦量初相为零（即为参考正弦量），其他各正弦量的初相即为该正弦量与参考正弦量的相位差。

例 2-1：已知正弦电压 u 和电流 i_1、i_2 的瞬时值表达式分别为

$$u = 310\sin(\omega t - 30^\circ)\text{V}$$
$$i_1 = 10\sin(\omega t - 60^\circ)\text{A}$$
$$i_2 = 20\sin(\omega t + 45^\circ)\text{A}$$

试以电流 i_1 为参考量重新写出 u 和电流 i_1、i_2 的瞬时值表达式。

解：以电流 i_1 为参考量，则电流 i_1 的表达式为

$$i_1 = 10\sin\omega t\ \text{A}$$

由于 i_1 与 u 的相位差为

$$\varphi_1=\varphi_{i_1}-\varphi_u=-60^\circ-(-30^\circ)=-30^\circ$$

即 u 比 i_1 超前 30°

故电压 u 的瞬时值表达式为

$$u=310\sin(\omega t+30^\circ)\text{V}$$

由于 i_1 与 i_2 的相位差为

$$\varphi_2=\varphi_{i_1}-\varphi_{i_2}=-60^\circ-45^\circ=-105^\circ$$

即 i_2 比 i_1 超前 105°

故电流 i_2 的瞬时值表达式为

$$i_2=20\sin(\omega t+105^\circ)\text{A}$$

2.2 正弦交流电的相量表示法

正弦交流电常用的表示方法有三角函数式表示法、波形图表示法、指数式表示法和波形图表示法等。正弦交流电用三角函数式及波形图表示很直观，但不便于计算。对电路进行分析与计算时经常采用相量表示法，即采用复数式或相量图来表示正弦交流电，表示方便且易于计算。

2.2.1 复数

1. 复数的表示法

（1）复平面

以横轴为实轴，纵轴为虚轴的平面坐标即为复平面，如图 2-5 所示，P 点的坐标为 $P(a, b)$。

（2）复数的代数表示

复数 z 的代数表达式为

$$z=a+\text{j}b \tag{2-12}$$

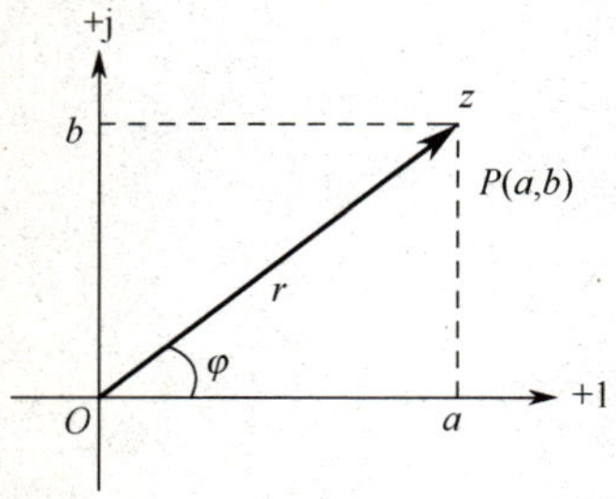

图 2-5 复平面上复数的点表示法

式中，j 为虚部的单位（同数学中的 i，$i^2=-1$），a 称为实部，表示 P 点在实轴上的投影，b 称为虚部，表示 P 点在虚轴上的投影。

（3）向量表示

复数 $z=a+\text{j}b$ 也可以用复平面内的一条有向线段 Oz 来表示，如图 2-5 所示。

① 模——向量的长度，记为 | z |，根据几何知识有

$$|z| = r = \sqrt{a^2 + b^2} \tag{2-13}$$

式中，a 表示向量在实轴上的投影；b 表示向量在虚轴上的投影。

② 辐角——向量与横轴正向的夹角φ，根据几何知识有

$$\varphi = \arctan\frac{b}{a} \tag{2-14}$$

则任意一个复数可写成

$$z=r\angle\varphi$$

该式称为复数的极坐标形式。

（4）三角函数（或极坐标）表示

由向量 $z=a+\mathrm{j}b$ 所构成的直角三角形可得

$$a = r\cos\varphi\text{，}\quad b = r\sin\varphi$$

那么
$$r = \sqrt{a^2 + b^2} \tag{2-15}$$

则
$$z = r\cos\varphi + \mathrm{j}r\sin\varphi \tag{2-16}$$

式（2-15）和式（2-16）即为代数式与三角函数式的转化公式。

（5）指数表示

根据欧拉公式 $\mathrm{e}^{\mathrm{j}\theta}=\cos\theta+\mathrm{j}\sin\theta$

式（2-16）可改写为

$$z = r\mathrm{e}^{\mathrm{j}\varphi} \tag{2-17}$$

2．复数的四则运算

若 $z_1 = a_1 + \mathrm{j}b_1 = r_1\angle\varphi_1$， $z_2 = a_2 + \mathrm{j}b_2 = r_2\angle\varphi_2$

（1）复数的加减法

$$z_+ = z_1 + z_2 = (a_1 + \mathrm{j}b_1) + (a_2 + \mathrm{j}b_2) = (a_1 + a_2) + \mathrm{j}(b_1 + b_2) \tag{2-18}$$

$$z_- = z_1 - z_2 = (a_1 + \mathrm{j}b_1) - (a_2 + \mathrm{j}b_2) = (a_1 - a_2) + \mathrm{j}(b_1 - b_2) \tag{2-19}$$

运算法则：实部相加减，虚部相加减。

（2）复数的乘除

$$z_\times = z_1 \cdot z_2 = r_1 \cdot r_2\angle(\varphi_1 + \varphi_2) \tag{2-20}$$

$$z_\div = \frac{z_1}{z_2} = \frac{r_1}{r_2}\angle(\varphi_1 - \varphi_2) \tag{2-21}$$

运算法则：模相乘（除），角度相加（减）。

注意：通常加减法用代数形式，而乘除法用极坐标形式。

2.2.2 相量

能表示正弦量的复数称为相量。用大写字母上加一点来表示，以示与一般复数的区别，即相量不是一般的复数，它对应于某一正弦的时间函数。

正弦电压可以表示为

$$u = u_{m}\sin(\omega t + \varphi) \tag{2-22}$$

根据正弦量的三要素，可以作一个复数让它的模为 U_{m}，幅角为 $\omega t + \varphi$，即

$$U_{m}\angle(\omega t + \varphi) = U_{m}\cos(\omega t + \varphi) + \mathrm{j}U_{m}\sin(\omega t + \varphi) \tag{2-23}$$

用一个复数表示一个正弦量，目的是把正弦量的三角函数运算变成复数的运算，从而使正弦交流电路的计算变得简单。

由于正弦交流电路中的 u、i 都是同频率的正弦量，因此在分析时，只需考虑最大值和初相两个要素。故表示正弦量的复数可简化成

$$U_{m}\angle\varphi \tag{2-24}$$

把该复数也称为相量，以“$\dot{U}$”表示，其有效值相量形式为

$$\dot{U} = U\angle\varphi \tag{2-25}$$

正弦量的相量表示即在表示相量的大写字母上打“●”。

注意：相量只能表示正弦量，与正弦量不能画等号，它们属于一一对应的关系；只有同频率的正弦量，其相量才能画在同一个复平面上相互运算。如电压相量

$$U_{m}\sin(\omega t + \varphi_{u}) \leftrightarrow U_{m}\angle\varphi_{u} \tag{2-26}$$

2.2.3 相量图

画在同一个复平面上表示相量的图称为相量图，只要确定相量的模 r 和幅角 φ 即可准确画出相量图。如图 2-6 所示为电压相量图。

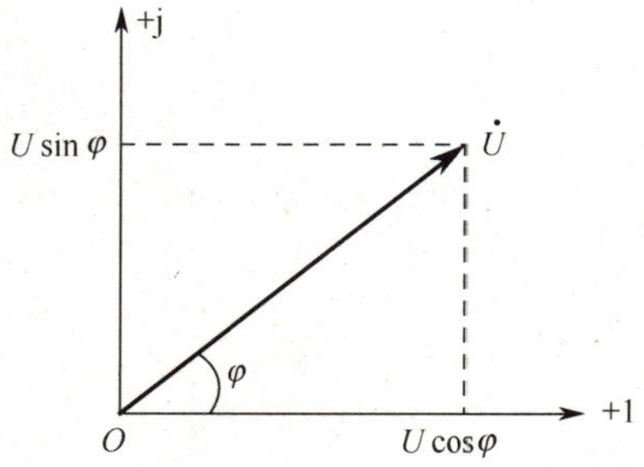

图 2-6　电压相量图

2.3　单一参数的正弦交流电路

实际电路中主要有三种参数元件：电阻、电感和电容。严格来说，只包含单一参数的理想电路元件是不存在的。当一个实际元件中只有一个参数起主要作用时，可以近似地把它看成单一参数的理想电路元件，其他参数可以忽略，这样便于电路研究。

2.3.1　纯电阻电路

1. 电压与电流的关系

纯电阻电路如图 2-7（a）所示。当 u、i 参考方向设为一致时，两者的关系为

$$u = Ri \tag{2-27}$$

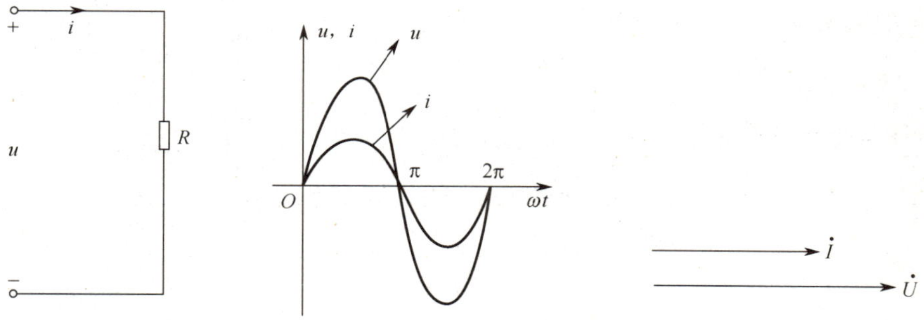

（a）电路　（b）波形图　（c）相量图

图 2-7　纯电阻元件的交流电路

设电流为参考正弦量，即

$$i = I_m \sin \omega t \tag{2-28}$$

则

$$u = Ri = RI_m \sin \omega t = U_m \sin \omega t \tag{2-29}$$

u、i 的波形图和相量图如图 2-7（b）、（c）所示。

通过以上分析得出如下结论：

① 电压与电流是两个同频率的正弦量，角频率都为 ω；

② 电压与电流的有效值关系为 $U=RI$，符合欧姆定律；

③ 在关联参考方向下，电阻上的电压与电流同相位，相位差为 0。

2. 电阻元件上的功率

（1）瞬时功率

电路任一瞬时所吸收的功率称为瞬时功率，用小写字母 p 表示：

$$p = ui = U_m I_m \sin 2\omega t = UI(1-\cos 2\omega t) \tag{2-30}$$

由此可见，电阻从电源吸收的瞬时功率是由两部分组成的：第一部分是恒定值 UI；第二部分是幅值为 UI、以 2ω的角频率随时间变化的交变量 $UI\cos 2\omega t$ 。

电阻为耗能元件，通常研究它的有功功率。

（2）有功功率

一个周期内吸收功率的平均值，称为平均功率或有功功率，用大写字母 P 表示。

$$P = UI = RI^2 = \frac{U^2}{R} \tag{2-31}$$

电阻电路实际消耗的电能等于平均功率乘以通电时间。

2.3.2 纯电感电路

1. 电压与电流的关系

纯电感电路如图 2-8（a）所示。如果 u、i 为关联参考方向，则其关系为

$$u = L\frac{\mathrm{d}i}{\mathrm{d}t} \tag{2-32}$$

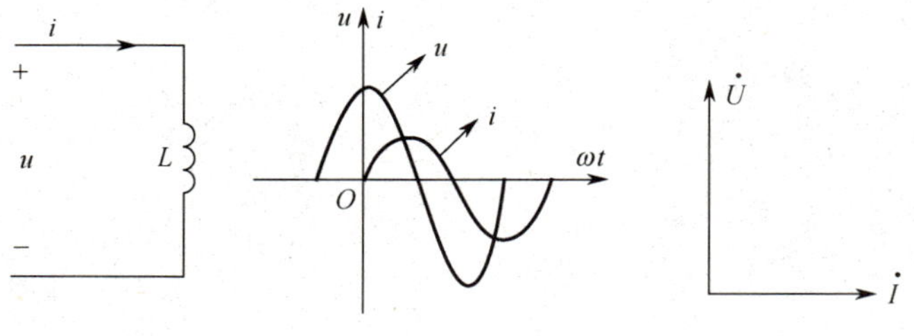

（a）电路　（b）波形图　（c）相量图

图 2-8　电感元件的交流电路

设电流 i 为参考正弦量，

$$i = I_m \sin\omega t \tag{2-33}$$

则

$$u = L\frac{\mathrm{d}i}{\mathrm{d}t} = X_L I_m \cos\omega t = U_m \sin(\omega t + 90^\circ) \tag{2-34}$$

式中，

$$X_L = \omega L = 2\pi fL \tag{2-35}$$

X_L 称为感抗，反映电感阻碍电流的性质，单位为欧姆（Ω）。

u、i 的波形图和相量图如图 2-8（b）、（c）所示。

通过以上分析得出如下结论：

① 电压与电流是两个同频率的正弦量，角频率和频率相同；

② 电压与电流的有效值关系为 $U=X_L I$，符合欧姆定律；

③ 在关联参考方向下，电压的相位 φ_u 比电流的相位 φ_i 超前 90°。

同一个电感线圈其电感值为定值，它对不同频率的正弦电流体现出不同的感抗，其感抗与频率成正比。若 f=0，则 $X_L=0$，即电感在直流电路中相当于短路线；若 $f\to\infty$，$X_L\to\infty$，即通入交流电的频率越高，电感所呈现的感抗越大，即阻碍电流流通的能力越强。其特性可归纳为：通低频，阻高频；通直流，隔交流。

2. 电感元件上的功率

电感电路所吸收的瞬时功率为

$$p = ui = U_m \sin(\omega t + 90^\circ)\cdot I_m \sin\omega t = UI\sin 2\omega t \tag{2-36}$$

电感从电源吸收的瞬时功率是幅值为 UI、以 2ω的角频率随时间变化的正弦量。

纯电感元件不消耗有功功率，即 P=0。电感与电源之间存在着能量交换，是一种储能元件，先将电能转化为磁场能，再由磁场能转化为电能，它在电路中起着能量的“吞吐”作用。

电感与电源之间功率交换的最大值用 Q_L 表示，称为无功功率，单位是乏尔（var），简称乏。

$$Q_L = UI = I^2 X_L = \frac{U^2}{X_L} \tag{2-37}$$

2.3.3 纯电容电路

1. 电压与电流关系

电容元件的交流电路如图 2-9 所示。如果 u、i 为关联参考方向，则其关系为

$$i = \frac{\mathrm{d}Q}{\mathrm{d}t} = C\frac{\mathrm{d}u}{\mathrm{d}t} \tag{2-38}$$

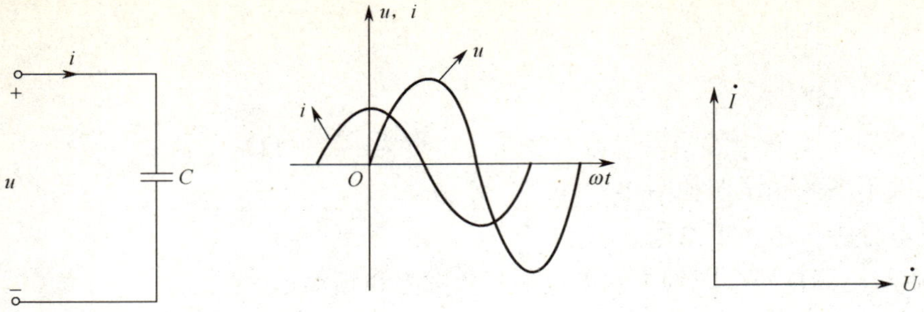

（a）电路　　（b）波形图　　（c）相量图

图 2-9　电容元件的交流电路

设电压为参考正弦量，即

$$u = U_{\mathrm{m}} \sin \omega t \tag{2-39}$$

则

$$\begin{aligned} i &= C\frac{\mathrm{d}u}{\mathrm{d}t} = \omega C U_{\mathrm{m}} \cos \omega t \\ &= \omega C U_{\mathrm{m}} \sin(\omega t + 90^{\circ}) = I_{\mathrm{m}} \sin(\omega t + 90^{\circ}) \end{aligned} \tag{2-40}$$

电压和电流的幅值的关系为

$$I_{\mathrm{m}} = \omega C U_{\mathrm{m}}$$

或

$$U_{\mathrm{m}} = \frac{1}{\omega C} I_{\mathrm{m}} = X_{\mathrm{C}} I_{\mathrm{m}}$$

式中，

$$X_{\mathrm{C}} = \frac{1}{\omega C} = \frac{1}{2\pi f C} \tag{2-41}$$

X_{C} 称为容抗，反映电容阻碍电流的性质，单位为欧姆（Ω）。

u、i 的波形图和相量图如图 2-9（b）、（c）所示。

通过以上分析得出如下结论：

① 电压与电流是两个同频率的正弦量，角频率和频率相同；

② 电压与电流的有效值关系为 $U=X_{\mathrm{C}}I$，符合欧姆定律；

③ 在关联参考方向下，电压的相位 φ_{u} 比电流的相位 φ_{i} 滞后 90°。

一定容量的电容器，对于不同频率的交流电体现不同的容抗，其容抗与频率成反比。若 $f\to\infty$，则 $X_{\mathrm{C}}\to 0$，此时电容可视为短路；若 $f=0$（直流），则 $X_{\mathrm{C}}=\infty$，此时电容可视为开路；其特性可归纳为：通高频，阻低频；通交流，隔直流。

2．电容元件上的功率

电容电路所吸收的瞬时功率为

$$p = ui = U_m \sin\omega t \times I_m \sin(\omega t + 90°) = UI\sin 2\omega t \qquad (2\text{-}42)$$

在一个周期内充放电能量相等，平均值为零，说明电容不消耗有功功率，但电容与电源之间仍存在着能量交换，是一个储能元件，在电路中也起着能量的“吞吐”作用。

电容与电源功率交换的最大值称为无功功率，用 Q_C 表示，单位是乏尔（var），简称乏。

$$Q_C = UI = I^2 X_C = \frac{U^2}{X_C} \qquad (2\text{-}43)$$

单一参数正弦交流电路的比较如表 2-1 所示。

表 2-1　单一参数正弦交流电路的比较

电路参数	电路图	基本关系	阻抗	电压、电流关系				功率	
				瞬时值	有效值	相量关系	相量图	有功功率	无功功率
R	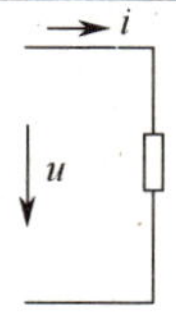	$u = iR$	R	设 $i = I_m \sin\omega t$ 则 $u = U_m \sin\omega t$	$U = RI$	$\dot{U} = R\dot{I}$	 u，i 同相	$P=UI$	0
L		$u = L\frac{di}{dt}$	$X_L = \omega L$	设 $i = I_m \sin\omega t$ 则 $u = U_m \sin(\omega t + 90°)$	$U_L = IX_L$	$\dot{U}_L = jX_L\dot{I}$	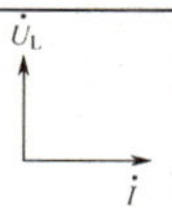 u 超前 i 90°	0	$Q_L = U_L I = I^2 X_L$
C	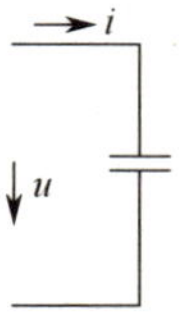	$u = C\frac{du}{dt}$	$X_C = \frac{1}{\omega C}$	设 $u = U_m \sin\omega t$ 则 $i = I_m \sin(\omega t + 90°)$	$U_C = IX_C$	$\dot{U}_C = -jX_C\dot{I}$	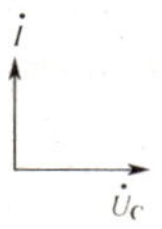 u 滞后 i 90°	0	$Q_C = U_C I = I^2 X_C$

2.4　RLC 串联电路及串联谐振

在分析实际电路时，我们一般将复杂电路抽象为由若干理想电路元件串并联组成的典型电路模型，然后进行简化处理，因此需要讨论 RLC 串联电路的电路特性。谐振电路应用广泛，如收音机的接收电路即为谐振电路，转动收音机的调台旋钮，就是在改变内部接收电路的固有频率，当电路的频率和空气中某一电磁波的频率相等时它们发生了谐振，声音从收音机中经过一些处理后再放大传出来。在汽车上都配置有收音机功能，它的内部电路也是谐振电路。谐振可分为串联谐振和并联谐振，本节主要讨论串联谐振电路的特性，关于并联谐振电路及其特性可查阅相关资料。

2.4.1 RLC 串联电路

RLC 串联电路如图 2-10 所示。设通过 RLC 串联电路的正弦交流电流 $i=I_m\sin\omega t$，根据 2.3 节的分析，该电流在电阻、电感和电容上的电压降分别为

$$u_R = U_{Rm}\sin\omega t \tag{2-44}$$

$$u_L = U_{Lm}\sin(\omega t + 90^\circ) \tag{2-45}$$

$$u_C = U_{Cm}\sin(\omega t - 90^\circ) \tag{2-46}$$

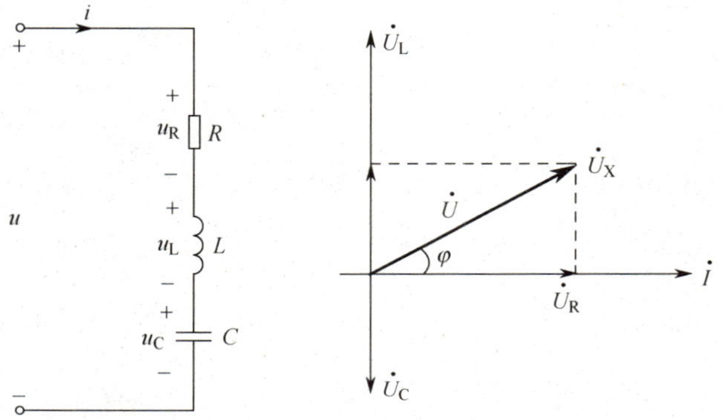

图 2-10　RLC 串联交流电路及其相量图

根据基尔霍夫电压定律，总电压为

$$u = u_R + u_L + u_C \tag{2-47}$$

1. 电压的有效值

将 $\dot{U}_L$ 与 $\dot{U}_C$ 的相量和定义为 $\dot{U}_X$，由相量图可知外接电压相量 $\dot{U}$、相量 $\dot{U}_R$ 与 $\dot{U}_X$ 构成一个直角三角形，称为电压三角形，如图 2-11 所示。

由电压三角形可得

$$U = \sqrt{U_R^2 + (U_L - U_C)^2} \tag{2-48}$$

将 $U_R=RI$，$U_L=X_LI$，$U_C=X_CI$ 代入式（2-48），得

$$U = \sqrt{(RI)^2 + (X_LI - X_CI)^2} = I\sqrt{R^2 + (X_L - X_C)^2} = I|Z| \tag{2-49}$$

式中

$$|Z| = \sqrt{R^2 + (X_L - X_C)^2} \tag{2-50}$$

$|Z|$ 称为电路的阻抗，具有阻碍电流的性质，单位是欧姆（Ω）。

2．电压 u 与电流 i 有效值之间的关系

阻抗中的（X_L-X_C）被称为电抗，用符号 X 表示，即

$$X=X_L-X_C \tag{2-51}$$

将式（2-51）代入式（2-50），则

$$|Z|=\sqrt{R^2+X^2} \tag{2-52}$$

阻抗$|Z|$、R 与 X 的关系也可用直角三角形表示，称为阻抗三角形，与电压三角形相似，如图 2-12 所示。

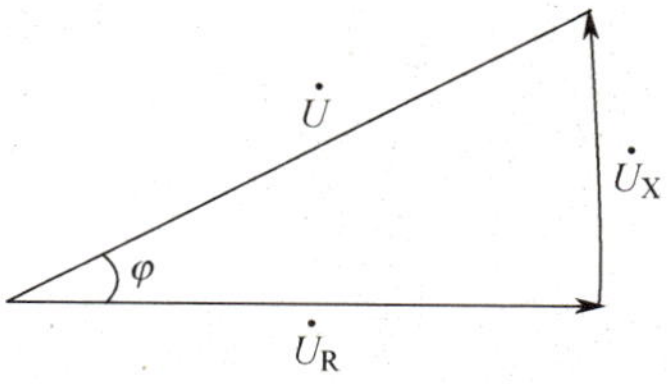

图 2-11　电压三角形

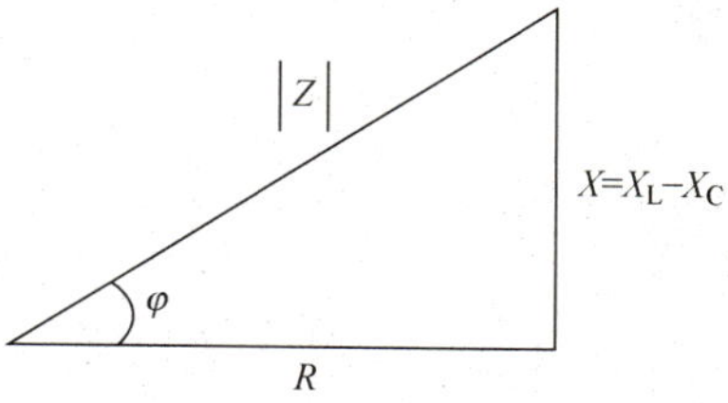

图 2-12　阻抗三角形

电压 u 与电流 i 的有效值关系为

$$U=|Z|I \tag{2-53}$$

3．电压 u 与电流 i 的相位关系

以 $\dot{I}$ 为参考相量，$\varphi_i=0$，所以 u、i 的相位差 $\varphi=\varphi_u-\varphi_i=\varphi_u$，由图（2-11）可知

$$\varphi=\arctan\frac{U_L-U_C}{U_R}=\arctan\frac{X_L-X_C}{R} \tag{2-54}$$

可见，当电源频率一定时，电压 u 与电流 i 的相位关系和有效值关系都取决于电路参数 R、L、C。

4．电压 u 与电流 i 的相量关系

电压 u 与电流 i 的相量关系可表示为

$$\frac{U\angle\varphi_u}{I\angle\varphi_i}=|Z|\angle\varphi \tag{2-55}$$

式中，

$$Z=|Z|\angle\varphi \tag{2-56}$$

当 $\varphi>0$ 时，说明电压超前于电流 φ 角，这种电路称为感性电路，相量图如图 2-13（a）所示。

当$\varphi<0$时，说明电压滞后于电流φ角，这种电路称为容性电路，相量图如图 2-13（b）所示。

当$\varphi=0$时，说明电压与电流同相位，这种电路称为电阻性电路，相量图如图 2-13（c）所示。

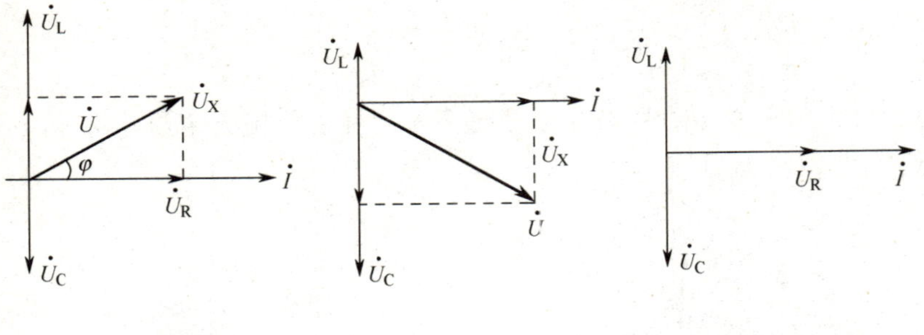

（a）感性电路　　（b）容性电路　　（c）电阻性电路

图 2-13　RLC 串联电路三种电路性质的相量关系

5. R、L、C 串联电路的功率

（1）瞬时功率

$$p=ui$$

（2）平均功率（有功功率）

$$P=\frac{1}{T}\int_0^T p\mathrm{d}t+\frac{1}{T}\int_0^T[UI\cos\varphi-UI(2\omega T+\varphi)]\mathrm{d}t=UI\cos\varphi \tag{2-57}$$

式中，φ为电压 u 与电流 i 的相位差，$\cos\varphi$被称为功率因数，这时φ又被称为功率因数角。由电压三角形可知

$$U\cos\varphi=U_R \tag{2-58}$$

所以

$$P=UI\cos\varphi=U_R I=I^2 R \tag{2-59}$$

结论：R、L、C 串联正弦交流电路的平均功率就是电阻元件消耗的平均功率，因为电感元件和电容元件的平均功率为零。

（3）无功功率

由于 u_L 和 u_C 反相，因此当 $p_L>0$ 时，$p_C<0$，即电感元件取用能量时，电容元件正放出能量；反之，当 $p_L<0$ 时，$p_C>0$，即电感元件放出能量时，电容元件正取用能量，因此 R、L、C 串联正弦交流电路中总的无功功率为

$$Q=Q_L-Q_C=U_L I-U_C I=U_X I=I^2 X \tag{2-60}$$

由电压三角形可知

$$U_X = U\sin\varphi \tag{2-61}$$

所以总的无功功率为

$$Q = UI\sin\varphi \tag{2-62}$$

若电路为感性电路，$X_L > X_C$，则 $Q>0$；

若电路为容性电路，$X_L < X_C$，则 $Q_C<0$。

（4）视在功率

把电流和电压有效值的乘积定义为视在功率，用 S 表示，单位为伏安（VA）即

$$S = UI \tag{2-63}$$

由 P、Q、S 的表达式可以得出这三者也构成直角三角形，称为功率三角形，如图 2-14 所示。

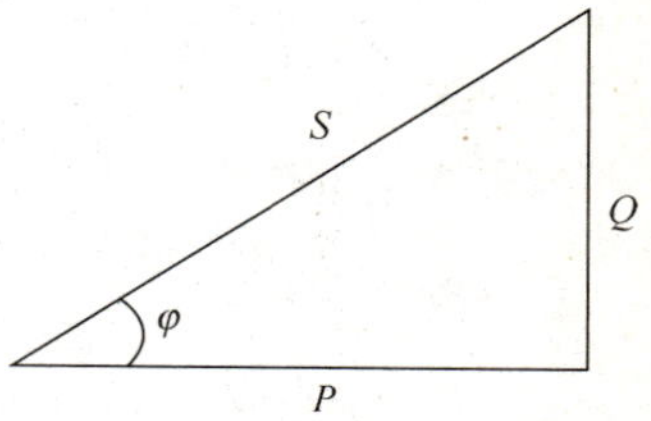

图 2-14 串联电路的功率三角形

2.4.2 串联电路的谐振

由电感L和电容C串联而组成的谐振电路称为串联谐振电路。在 R、L、C 串联电路中，当感抗和容抗相等，电路呈现电阻性，总电压和总电流相位相同，电路的功率因数 $\cos\varphi=1$，此时称该 R、L、C 串联电路发生谐振。

发生谐振的条件为 $X_L=X_C$，设发生谐振时激励的频率为 ω_0，则

$$\omega_0 L - \frac{1}{\omega_0 C} = 0 \tag{2-64}$$

由式（2-64）可得

$$\omega_0 = \frac{1}{\sqrt{LC}} \tag{2-65}$$

由于 $\omega_0=2\pi f_0$，所以有

$$f_0 = \frac{1}{2\pi\sqrt{LC}} \tag{2-66}$$

f_0 称为谐振频率，它只与 L 和 C 的参数有关，反映了串联电路一种固有的性质。对于每一个 R、L、C 串联电路，总有一个对应的谐振频率，而且改变 ω、L 或 C 都可使电路发生谐振或消除谐振。

串联谐振电路的特性如下：

① 电流与电压同相位，电路呈电阻性。

② 电路的阻抗最小，电流最大。

因为

$$|Z| = \sqrt{R^2 + (2\pi fL - \frac{1}{2\pi fC})^2} \tag{2-67}$$

则当电源输入电压不变，当电源频率 $f>f_0$ 或 $f<f_0$ 时，$|Z|$ 都要增加，I 都要下降。$|Z|$ 与 I 随 f 变化的关系曲线 $|Z|=f(f)$、$I=f(f)$ 分别称为阻抗特性曲线与电流响应曲线，如图 2-15（a）、2-15（b）所示。

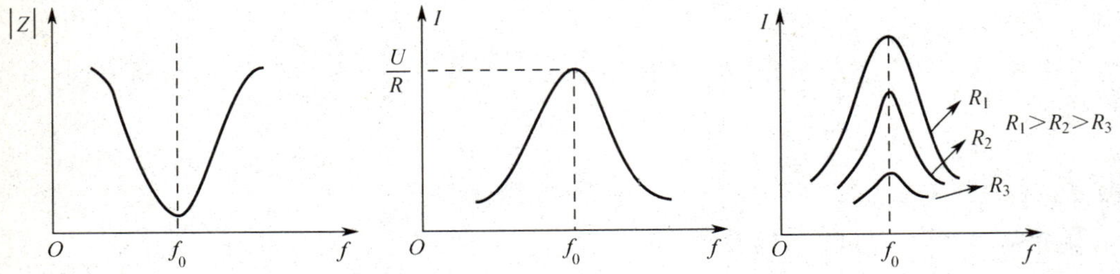

（a）阻抗特性曲线　（b）电流响应曲线　（c）阻值与电流响应曲线关系图

图 2-15　阻抗特性曲线与电流响应曲线

③ 电感端电压与电容端电压大小相等，相位相反；电阻电压等于外加电压，即 $U=U_R$。

$$U_L = U_C \tag{2-68}$$

④ 电感和电容的端电压有可能远超过外加电压。

谐振时，电感或电容的端电压与外加电压的比值为 Q，称为谐振回路的品质因数或谐振系数。

$$Q = \frac{U_L}{U} = \frac{X_L I}{RI} = \frac{X_L}{R} = \frac{X_C}{R} = \frac{\omega_0 L}{R} = \frac{1}{\omega_0 RC} \tag{2-69}$$

$$U_L = U_C = QU \tag{2-70}$$

当 X_L 远大于 R 时，Q 值一般可达几十至几百，所以串联谐振时电感和电容的端电压有可能远超过外加电压。在电子线路中，从多个频率中选择所需频率信号的能力称为选择性。频率特性中将工作频率划分为低频、中频、高频三个频段。在图 2-16 所示幅频特性曲线中，f_L 称为下限截止频率，f_H 称为上限截止频率，在上限频率与下限频率之间的频率范围称为通频带，用 f_{BW} 表示。

$$f_{BW} = f_H - f_L \tag{2-71}$$

通频带宽的电路选择性差，通频带窄的电路选择性好。但是决定选择性好坏的实质因素并不是通频带，而是品质因数 Q，Q 值越大，电流响应曲线越尖锐，电路的选择性越好。电路的阻值越小，电流响应曲线就越尖锐，如图 2-15（c）所示。

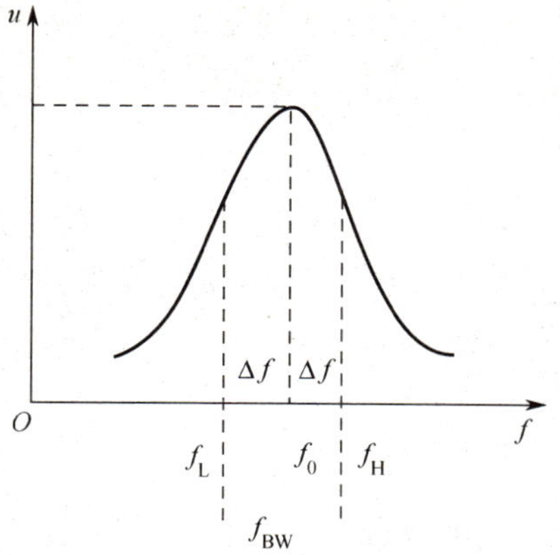

图 2-16　幅频特性曲线

在电力系统中，电路发生谐振可能会引起某些电气设备的损坏，应避免；谐振在无线电技术中应加以利用。例如收音机的接收电路，如图 2-17 所示。

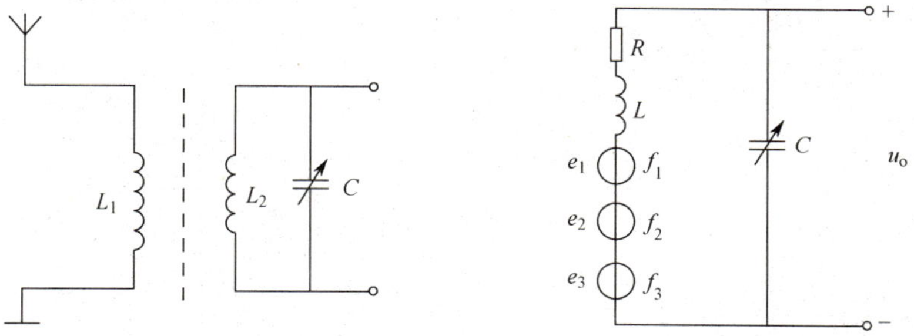

（a）电路图　　（b）等效电路

图 2-17　收音机接收电路

图 2-17 中，L_1 为接收天线，L_2 和 C 组成并联型谐振电路，e_1、e_2、e_3 为来自 3 个不同电台（不同频率）的电动势信号。

当谐振电路中的元件参数确定后，该谐振电路的谐振频率就已经确定。空中的不同频率电磁波信号都会在并联谐振电路中产生感应电动势，当某一信号的频率和电路的谐振频率一致时，该频率的信号就会感应到较强的感应电动势，而频率与电路的谐振频率不一致的信号在谐振电路中的感应电动势较弱，感应到的电动势经过接收电路的后级处理后，信号频率与电路谐振频率一致的信号得到放大，信号频率与电路谐振频率不一致的信号被抑制，这就是收音机的简单接收原理。

2.5 正弦交流电路的一般分析方法

在分析正弦交流电路中的电压和电流时，由于这两个物理量都是交流量，因此实质是分析各物理量的三要素。在正弦交流电路中，当电源确定后，电路中任何一处的电流和任何元件的端电压的频率都和电源频率一致，我们分析其他两个要素即可。因此可以用本节所述方法分析正弦交流电路，简便易行。

2.5.1 简单串、并联电路的分析方法

1. 复阻抗的串联

复阻抗的串联，如图 2-18 所示。

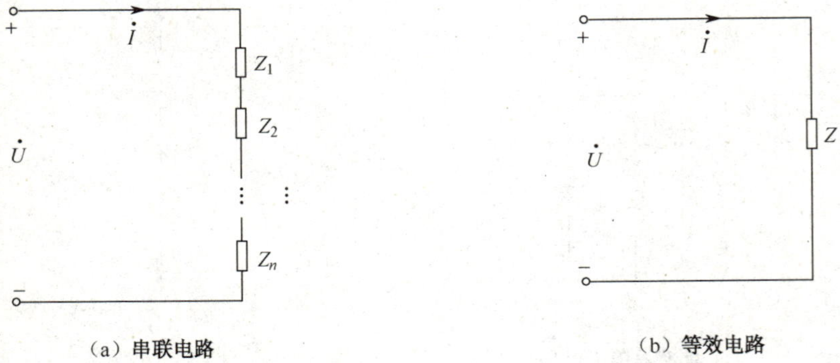

图 2-18 复阻抗的串联

$$Z = Z_1 + Z_2 + \cdots + Z_n = R + jX = Z\angle\varphi \tag{2-72}$$

式中，$R = R_1 + R_2 + \cdots + R_n$，称为串联电路的等效电阻；$X = X_1 + X_2 + \cdots + X_n$，称为串联电路的等效电抗；阻抗为$|Z| = \sqrt{R^2 + X^2}$，阻抗角为$\varphi = \arctan\dfrac{X}{R}$。

注意：$|Z| \neq |Z_1| + |Z_2| + \cdots + |Z_n|$，且$\varphi \neq \varphi_1 + \varphi_2 + \cdots + \varphi_n$

2. 复阻抗的并联

复阻抗的并联，如图 2-19 所示。

$$\frac{1}{Z} = \frac{1}{Z_1} + \frac{1}{Z_2} + \cdots + \frac{1}{Z_n} \tag{2-73}$$

但$\left|\dfrac{1}{Z}\right| \neq \left|\dfrac{1}{Z_1}\right| + \left|\dfrac{1}{Z_2}\right| + \cdots + \left|\dfrac{1}{Z_n}\right|$。

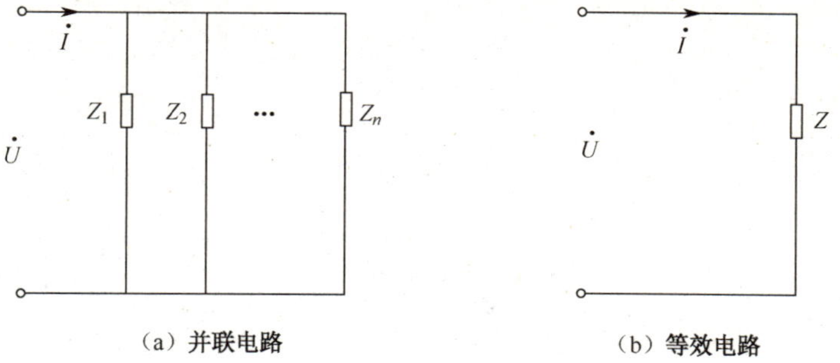

图 2-19　复阻抗的并联

2.5.2　复杂交流电路的一般分析方法

保持电路结构不变，将电路中的物理量用相量表示，电路参数用复数阻抗表示，然后利用欧姆定律、叠加原理、电源等效定理和支路电流法等进行计算。具体步骤如下：

① 根据原电路图画出相量模型图（电路结构保持不变）。

$$R \to R, L \to \mathrm{j}X_{\mathrm{L}}, C \to -\mathrm{j}X_{\mathrm{C}}$$

$$u \to \dot{U}, i \to \dot{I}, e \to \dot{E}$$

② 标出参考方向、参考相量。

③ 列出相量方程或画出相量图。

④ 用复数或相量图求解。

⑤ 将结果变换为要求的形式。

例 2-2：如图 2-20 所示的电路，已知$\dot{U} = 100\angle 0^\circ\ \mathrm{V}$，$R = 3\Omega$，$X_{\mathrm{L}} = 4\Omega$，$X_{\mathrm{C}} = 5\Omega$，求各支路的电流。

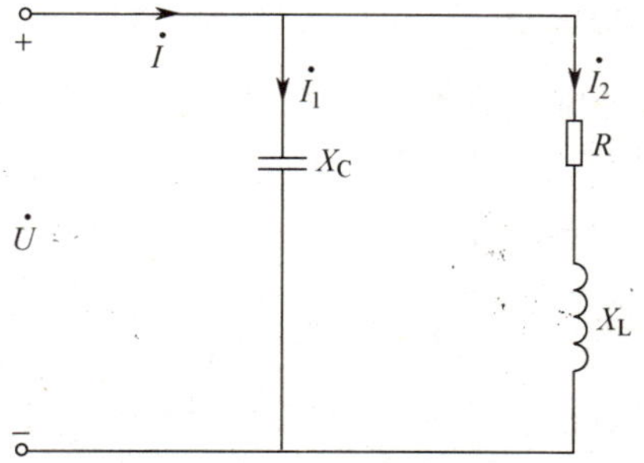

图 2-20

解：

$$Z_1 = -\mathrm{j}X_C = 5\angle -90^\circ\,\Omega$$

$$Z_2 = R + \mathrm{j}X_L = 3 + \mathrm{j}4 = 5\angle 53^\circ\,\Omega$$

$$Z = \frac{Z_1 \cdot Z_2}{Z_1 + Z_2}$$

$$\dot{I} = \frac{\dot{U}}{Z} = 12.6\angle 18.4^\circ\,\mathrm{A}$$

$$\dot{I}_1 = \frac{\dot{U}}{Z_1} = 20\angle -53^\circ\,\mathrm{A}$$

$$\dot{I}_2 = \frac{\dot{U}}{Z_2} = 20\angle 90^\circ\,\mathrm{A}$$

2.6 功率因数的提高

功率因数是电力系统的一个重要技术数据，是衡量电气设备效率高低的一个系数。功率因数低，说明电气设备的无功功率大，利用率降低，线路供电损失增加。因此，供电部门对用户用电设备的功率因数有一定的标准要求。

电网中的电力负荷如电动机、变压器、日光灯及电弧炉等，大多属于电感性负荷，这些电感性的设备在运行过程中不仅需要向电力系统吸收有功功率，还同时吸收无功功率。因此，就有必要提高功率因数。

说明：功率因数 $\cos\varphi$ 只与电路的参数与频率有关，与电路的电压、电流无关，由用户决定其大小。

2.6.1 提高功率因数的意义

（1）使电源设备得到充分利用

通过改善功率因数，可提高用电设备的有功功率，降低无功功率，因此不但减少了投资费用，而且降低了本身电能的损耗。

设备在实际运行中发出的功率 P 为

$$P = UI\cos\varphi \tag{2-74}$$

式中，$\cos\varphi$ 称为设备的功率因数，设备要发出尽可能大的功率，功率因数 $\cos\varphi$ 应尽可能大。功率因数越高，电源设备提供电能的能力就越能得到充分发挥。

（2）降低线路损耗和线路压降

提高功率因数，即减少供电系统中的电压损失，可以使负载电压更稳定，改善电能的质量。

（3）减小线路电流

提高功率因数，可减小线路电流，从而降低传输线上的损耗，提高供电质量。

（4）降低成本

在相同线路损耗的情况下节约线路材料，可以将传输导线做细一些。

2.6.2 提高功率因数的方法

通常在电网中安装并联电容器无功补偿设备，就可以提供补偿感性负荷所消耗的无功功率，从而减少了电网电源侧向感性负荷提供及由线路输送的无功功率。由于减少了无功功率在电网中的流动，因此可以降低输配电线路中变压器及母线因输送无功功率造成的电能损耗，这就是无功补偿的效益。无功补偿的主要目的就是提升补偿系统的功率因数。目前就国内而言，功率因数规定必须介于电感性的 0.9～1 之间。常用电路的功率因数如表 2-2 所示。

表 2-2 常用电路的功率因数

纯电阻电路	$\varphi=0$，$\cos\varphi=1$
纯电感或纯电容电路	$\varphi=\pm 90^\circ$，$\cos\varphi=0$
R、L、C 串联电路	$-90^\circ<\varphi<+90^\circ$，$0<\cos\varphi<1$
电动机（空载） 电动机（满载）	$\cos\varphi=0.2\sim0.3$ $\cos\varphi=0.7\sim0.9$
日光灯（R、L、C 串联电路）	$\cos\varphi=0.5\sim0.6$

本章小结

本章需要着重理解和掌握的内容如下：

（1）电力生产的过程及传输和分配关系。

（2）交流发电机的结构及工作原理：导体切割磁力线，产生感应电动势；以及汽车发电机的结构。

（3）正弦交流电的三要素：幅值、频率和初相。

相位差与初相的关系：相位差二初相差。

正弦量的相量表示法，复数与正弦量的关系。

（4）单一参数的正弦交流电路，电阻、电感、电容的电压、电流、相位、功率关系。

（5）串联谐振电路的产生条件：$X_L=X_C$。

串联谐振电路的特点：电路呈电阻性；阻抗最小，电流最大；电感和电容的电压大小相等、方向相反，且远远大于端电压。

串联谐振电路的三种功率：有功功率、无功功率、视在功率。

（6）正弦交流电路的一般分析方法及步骤。

（7）品质因数与电路选择性的关系，功率因数对电路的影响以及提高功率因数的方法。

本章习题与思考题

一、填空题。

1．正弦交流电的三要素是________、________、________。

2．已知某正弦交流电压的表达式为 $u = 311\sin(628t + 30^\circ)\text{V}$ ，则该电压的有效值为________，频率为________，初相位为________。

3．已知某负载的电流和电压的有效值和初相位分别是 5A、−30°，20V、45°，频率相同，都为工频。则它们各自的瞬时值表达式分别为 u=________，i=________。它们的相位差为________。

4．提高功率因数的意义在于________、________、________、________。

二、判断题。

1．由于电阻元件上电压、电流是同相的，所以它们的初相一定都是零。（　）

2．电感元件上的电压在相位上总是超前电流 90°。（　）

3．电感具有通交流、隔直流的特性。（　）

4．在直流电路中电感元件可视为短路，而电容元件可视为开路。（　）

5．电容元件上电压在相位上总是超前电流 90°。（　）

6．纯电感和纯电容元件电路中，瞬时值、有效值、最大值都服从欧姆定律。（　）

7．两个同频率正弦量，它们的相位差等于它们的初相差。（　）

三、简答与计算题。

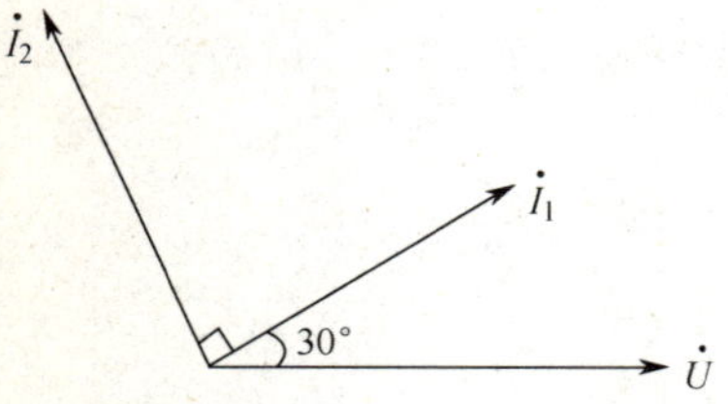

图 2-21

1．已知某工频下的正弦电路的相量图如图 2-21 所示，其中 U=220V，I_1=3A，I_2=4A，分别写出 u，i_1，i_2 的瞬时值表达式。

2．将下列复数形式写成代数形式。

$6\angle 90^\circ$　　　$220\angle -120^\circ$

$110\angle 120^\circ$　　　$2\angle 0^\circ$

$\sqrt{2}\angle 45^\circ$　　　$10\angle -135^\circ$

3．将下列复数形式写成极坐标形式。

$3 - \text{j}4$　　　$30 + \text{j}20$

$-0.5 - \text{j}0.8$　　　$-8 - \text{j}6$

4．计算下列各式的值。

$220\angle -120^\circ \cdot 10\angle 45^\circ$　　　$(3 + \text{j}4)\cdot(4 + \text{j}3)$

$(3 + \text{j}4) + (6 + \text{j}8)$　　　$(1 + \text{j})\cdot \text{j}2$

5．电感元件 L=1.59 H，接于 $u=311\sin 314t$ V 的正弦电源上，求感抗 X_L 和电流 I，并写出 i 的表达式。

6．已知正弦量 $\dot{U}=220\angle 60^\circ$ V，写出该相量的代数式，三角函数式，并画出波形图及相量图。

7．已知 $u_a=20\sin\omega t$V，$u_b=20\sin(\omega t+120^\circ)$V，求 $u_1=u_a+u_b$，$u_2=u_a-u_b$，并画出它们的相量图。

8．如图 2-22 所示，已知 A_1=30mA、A_2=80mA、A_3=40 mA；U_1=4V，U_2=3V、U_3=8V；分别求电流表 A 和电压表 V 的读数。

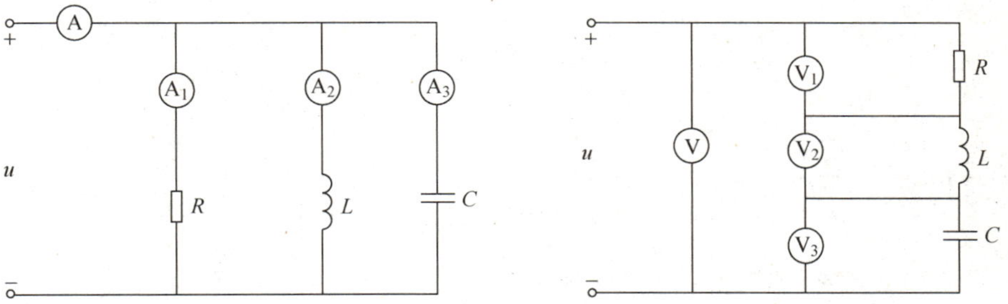

图 2-22

9．已知某实际的线圈接在 U=120V 的直流电源上，测得 I=20A，若接在 U=220V 的工频交流电源上，测得 I=28.2A，求线圈的电阻 R 及电感 L。

10．如图 2-23 所示的电路中，$R=30\Omega$，$X_L=40\Omega$，$U=120$V，试求电路的复阻抗及各支路电流，并画出相量图。

11．日光灯管与镇流器串联接于交流电路中，可看作 R、L 串联电路，若已知灯管的电阻 $R_1=200\Omega$，镇流器的电阻和电感分别为 $R_2=50\Omega$、$L=1.65$H，接于 U=220V 的工频交流电源，求电流 I、灯管与镇流器各自的电压 U_1 和 U_2。

12．R、L 串联的电路接于有效值为 100 V 的工频正弦电源上，测得电流 I=2A，功率 P=100W，试求电路参数 R、L。

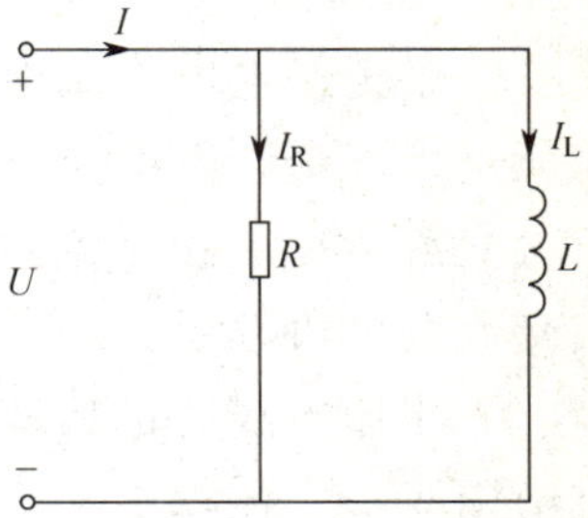

图 2-23

13. 某收音机输入电路的电感为 0.3mH，可变电容的调节范围为 25～360pF，问该收音机能否满足收听中波段 535～1605kHz 的要求？

第 3 章

三相交流电路

学习目标

1. 了解三相交流电的概念及产生过程。
2. 了解汽车发电机的基本结构和特点。
3. 理解对称三相电源的特点。
4. 理解相序的概念。
5. 掌握三相四线制电源系统的相电压和线电压及其关系。
6. 掌握三相电路的电压、电流、功率的计算。

三相交流电也称动力电，目前在电力系统中，三相制是主要的供电方式。所谓三相制就是指三个频率相同，幅值相等，相位互差 120° 的单相电组成的一个整体的电源系统。三相交流电比单相交流电有很多优越性，在发电方面，三相交流发电机比相同尺寸的单相交流发电机容量大；在输电方面，如果以同样电压将同样大小功率的电输送到同样距离，三相输电线比单相输电线节省材料；在用电设备方面，三相交流电动机比单相电动机结构简单、体积小、运行特性好等。我们生活中所说的单相电就是三相中的一相。汽车上采用的发电机也是三相发电机，和一般的三相发电机相比，汽车上的发电机功率不是很大，而且在汽车发电机的端盖上集成有整流器和调节器，因此可以直接输出稳定电压的直流电。因此，我们有必要在单相交流电的基础上来认识一下三相交流电的基本特征和分析方法。本章主要讨论三相电路中电压、电流的相值和线值之间的关系，以及三相负载的连接和功率问题。

3.1　三相交流电源

3.1.1　三相交流电源的产生

三相交流电是由三相交流发电机产生的，三相交流发电机由转子和定子两大部分构成。转子即为直流励磁的电磁铁，定子由铁芯和三相绕组构成。三相绕组（即线圈）始端分别用 U_1、V_1、W_1 表示，末端分别用 U_2、V_2、W_2 来表示，U_1U_2、V_1V_2、W_1W_2 三个绕组分别称为 U 相、V 相、W 相绕组。三相绕组在空间上相差 120°，同时在磁场中转动。由这三相绕组所发出的三相电动势幅值相等，频率相同，相位互差 120°，这样的三相电动势称为对称的三相电动势，瞬时表示式为：

$$e_{\mathrm{U}} = E_{\mathrm{m}} \sin \omega t \tag{3-1}$$

$$e_{\mathrm{V}} = E_{\mathrm{m}} \sin(\omega t - 120^\circ) \tag{3-2}$$

$$e_{\mathrm{W}} = E_{\mathrm{m}} \sin(\omega t - 240^\circ) = E_{\mathrm{m}} \sin(\omega t + 120^\circ) \tag{3-3}$$

如果以相量形式来表示，则有

$$\dot{E}_{\mathrm{U}} = E\angle 0^\circ \tag{3-4}$$

$$\dot{E}_{\mathrm{V}} = E\angle -120^\circ \tag{3-5}$$

$$\dot{E}_{\mathrm{W}} = E\angle +120^\circ \tag{3-6}$$

三相电动势的波形图及相量图如图 3-1 所示。

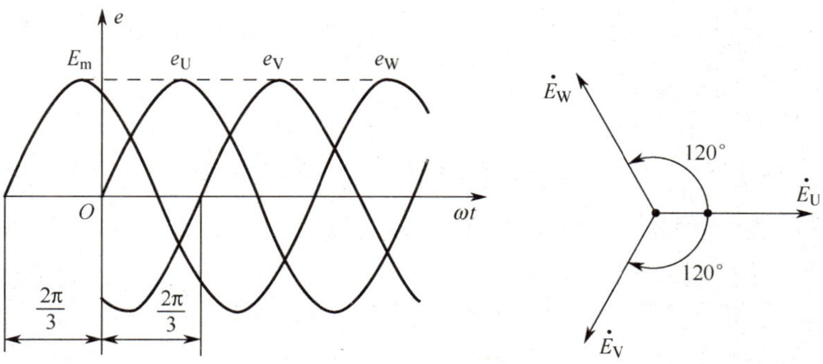

（a）波形图　　（b）相量图

图 3-1　三相对称电动势的波形图和相量图

从波形图和相量图可以看出，三相电源的电动势瞬时值之和为零，即：

$$e_U + e_V + e_W = 0 \tag{3-7}$$

把三个电动势到达正的最大值的先后顺序，即过零变正的顺序称为相序。相序有正序和逆序，如上述的三相电动势依次滞后 120°，其相序为 U→V→W，这就是正序，反之就是逆序。工业上通常在交流发电机引出线及配电装置的三相母线上涂以黄、绿、红三种颜色表示 U、V、W 三相。

3.1.2 三相电源的连接

三相交流电源的连接有星形和三角形，在低压配电系统中一般采用星形。通常把发电机三相绕组的末端U_2、V_2、W_2连接成一点 N，而把始端U_1、V_1、W_1作为与外电路相连接的端点，这种连接方式称为电源的星形连接，如图 3-2 所示。N 点称为中（性）点或零点，从中点引出的导线称为中线或零线，有时中线接地又称为地线。从始端引出的三根导线称为端线或相线，俗称火线，常用 L1、L2、L3 表示。裸导线上可涂以黄、绿、红、淡蓝颜色标记以区分各导线，走线采用的导线颜色必须符合国家标准。在电路中我们很少用电动势，而是用电压，下面我们用电压来讨论星形连接的特点。

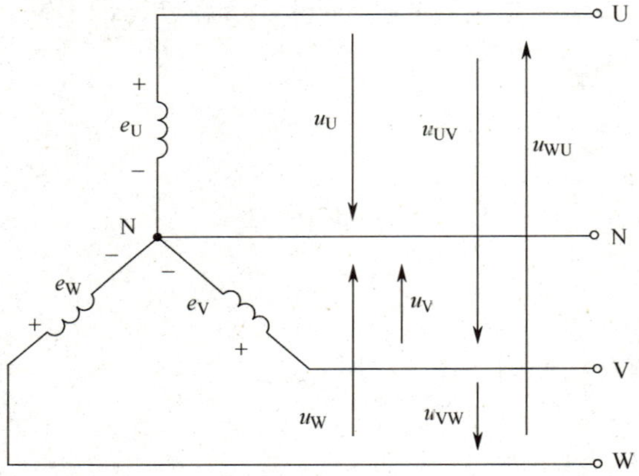

图 3-2 三相电源的星形连接

由三条相线和一条中线构成的供电系统称为三相四线制供电系统，通常低压供电网均采用三相四线制。常见的只有两条导线的供电电路一般只包括三相中的一相，由一条相线和一条中线组成。三相四线制供电系统可输送两种电压：一种是相线与中线之间的电压，称为相电压，用u_U、u_V、u_W表示；另一种是相线与相线之间的电压，称为线电压，用u_{UV}、u_{VW}、u_{WU}表示。

通常规定各相电动势的参考方向为从绕组的末端指向始端，相电压的参考方向为从始端指向末端（从相线指向中线）。由图 3-2 可知各线电压与相电压之间的关系为：

$$\dot{U}_{UV} = \dot{U}_U - \dot{U}_V \tag{3-8}$$

$$\dot{U}_{VW} = \dot{U}_V - \dot{U}_W \tag{3-9}$$

$$\dot{U}_{WU} = \dot{U}_W - \dot{U}_U \tag{3-10}$$

由于三相电动势是对称的，故相电压也是对称的。

线电压与相电压的相量图如图 3-3 所示。

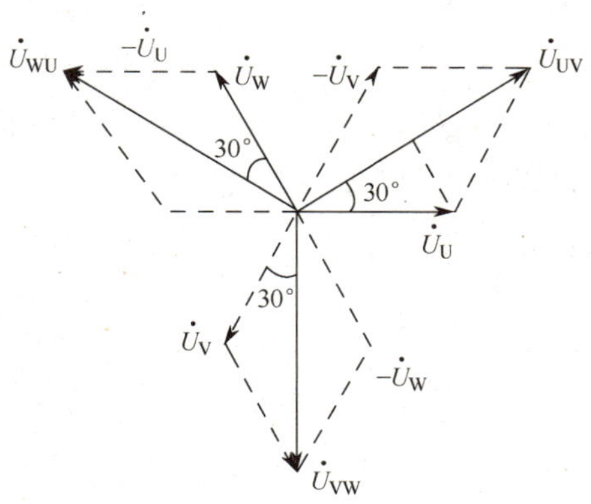

图 3-3　线电压与相电压的相量图

由图 3-3 可知，线电压也是对称的，在相位上比相应的相电压超前 30°。线电压的有效值用 U_L 表示，相电压的有效值用 U_P 表示，由相量图可知它们的关系为：

$$U_L = \sqrt{3} U_P \tag{3-11}$$

即三相四线制电源的线电压等于相电压的 $\sqrt{3}$ 倍，且线电压在相位上超前其对应相电压 30°。用相量表示为：

$$\dot{U}_{UV} = \sqrt{3}\dot{U}_U \angle 30^\circ \tag{3-12}$$

$$\dot{U}_{VW} = \sqrt{3}\dot{U}_V \angle 30^\circ \tag{3-13}$$

$$\dot{U}_{WU} = \sqrt{3}\dot{U}_W \angle 30^\circ \tag{3-14}$$

我国现行电网低压配电系统采用的 380V 就是三相四线制电源的线电压，220V 就是相电压。负载的连接要根据其额定电压而定，若负载额定电压是 380 V，就接在相线之间；若负载额定电压是 220 V，就接在相线和中线之间。

3.2　三相负载的连接

交流电路中的用电设备，大体可分为两类：一类是需要接在三相电源上才能正常工作的叫做三相负载，如果每相负载的复阻抗相等，则为对称负载，如三相电动机；另一类是只需接单相电源的负载，它们可以按照需要接在三相电源的任意一相相电压或线电压上。对于电源来说它们也组成三相负载，但各相的复阻抗一般不相等，所以不是三相对称负载，如照明灯。三相交流电源在向负载供电时，常用的连接方式有两种：星形和三角形。分析三相交流电路和分析单相电路一样，首先给相关电压电流选定参考方向，然后运用欧姆定律和基尔霍夫定律找出电压和电流之间的关系。

3.2.1 三相负载的星形连接

负载星形连接的三相四线制电路如图 3-4 所示。若不计中线阻抗，则电源中点 N 与负载中点 N′等电位。若端线阻抗可以忽略不计，则负载的相电压与电源的相电压相等，负载的线电压与电源的线电压相等。

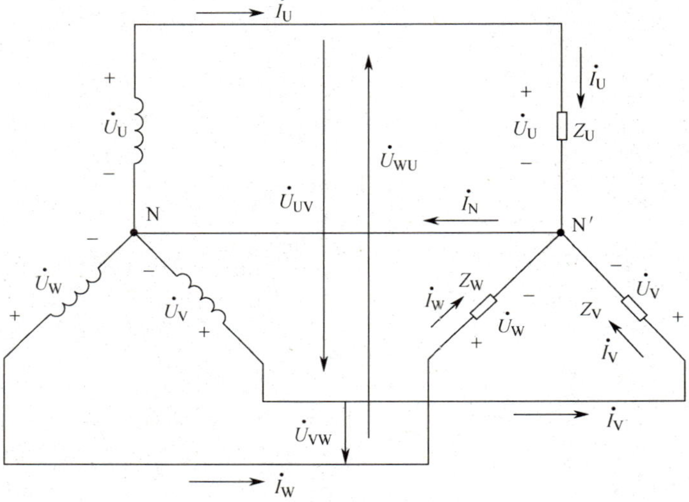

图 3-4 负载星形连接的三相四线制电路

负载星形连接时，电路有以下基本关系：

（1）三相电路中的电流有相电流与线电流之分，每相负载中的电流 $\dot{I}_u$、$\dot{I}_v$、$\dot{I}_w$ 称为相电流，每条端线中的电流 $\dot{I}_U$、$\dot{I}_V$、$\dot{I}_W$ 称为线电流。很显然，相电流等于线电流。如果用 I_P 表示相电流，用 I_L 表示线电流，一般可写成：

$$I_P = I_L \tag{3-15}$$

（2）三相四线制电路中，各相电流可分成三个单相电路分别计算，即

$$\dot{I}_u = \dot{I}_U = \frac{\dot{U}_U}{Z_U} = \frac{\dot{U}_U}{|Z_U|\angle\varphi_U} = \frac{\dot{U}_U}{|Z_U|}\angle-\varphi_U \tag{3-16}$$

$$\dot{I}_v = \dot{I}_V = \frac{\dot{U}_V}{Z_V} = \frac{\dot{U}_V}{|Z_V|\angle\varphi_V} = \frac{\dot{U}_V}{|Z_V|}\angle-\varphi_V \tag{3-17}$$

$$\dot{I}_{w}=\dot{I}_{W}=\frac{\dot{U}_{W}}{Z_{W}}=\frac{\dot{U}_{W}}{|Z_{W}|\angle\varphi_{W}}=\frac{\dot{U}_{W}}{|Z_{W}|}\angle-\varphi_{W} \tag{3-18}$$

式中，$\varphi_{U}=\arctan\frac{X_{U}}{R_{U}}$，$\varphi_{V}=\arctan\frac{X_{V}}{R_{V}}$，$\varphi_{W}=\arctan\frac{X_{W}}{R_{W}}$。

若三相负载对称，即：$Z_{U}=Z_{V}=Z_{W}=|Z|\angle\varphi$，则有：

$$\dot{I}_{u}=\dot{I}_{U}=\frac{\dot{U}_{U}}{Z_{U}}=\frac{\dot{U}_{U}}{|Z|}\angle-\varphi_{U} \tag{3-19}$$

$$\dot{I}_{v}=\dot{I}_{V}=\frac{\dot{U}_{V}}{Z_{V}}=\frac{\dot{U}_{V}}{|Z|}\angle-\varphi_{V} \tag{3-20}$$

$$\dot{I}_{w}=\dot{I}_{W}=\frac{\dot{U}_{W}}{Z_{W}}=\frac{\dot{U}_{W}}{|Z|}\angle-\varphi_{W} \tag{3-21}$$

因而相电流和线电流也是对称的。显然，在三相负载对称的情况下，三相电路可归结到一相来计算。

（3）负载的线电压就是电源的线电压。在对称条件下，线电压是相电压的 $\sqrt{3}$ 倍，且超前相应的相电压 30°。

（4）中线电流等于三个线（相）电流的相量和。根据图 3-4，由基尔霍夫电流定律有：

$$\dot{I}_{u}+\dot{I}_{v}+\dot{I}_{w}=\dot{I}_{N} \tag{3-22}$$

如果负载对称，即 $Z_{U}=Z_{V}=Z_{W}=|Z|\angle\varphi$ 则有：

$$\dot{I}_{u}+\dot{I}_{v}+\dot{I}_{w}=\dot{I}_{N}=0 \tag{3-23}$$

当负载对称时中线无电流，故可将中线除去，而成为三相三线制电路系统。工业生产上所用的三相负载（比如三相电动机、三相电炉等）通常情况下都是对称的，可用三相三线制电路供电。但是，如果三相负载不对称，中线中就会有电流通过，此时中线不能除去，否则会造成负载上三相电压严重不对称，使用电设备不能正常工作，甚至烧毁。

3.2.2　三相负载的三角形连接

如果将三相负载的首尾相连，再将三个连接点与三相电源端线 U、V、W 连接，就构成了负载三角形连接的三相三线制电路，如图 3-5 所示。

如图 3-5 所示，若忽略端线阻抗，类比星形连接，电路有以下基本关系：

（1）由于负载都直接接在电源的线电压上，所以负载的相电压与电源的线电压相等。

$$U_{L}=U_{P} \tag{3-24}$$

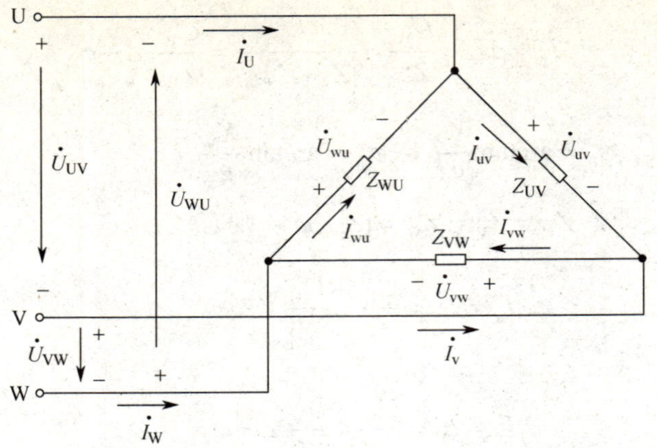

图 3-5　三相负载的三角形连接

无论负载对称与否，其相电压总是对称的。

（2）各相电流可以分成三个单相电路分别计算。

（3）负载对称时，相电流可归结为一相来计算，相电流和线电流相量关系如图 3-6 所示。

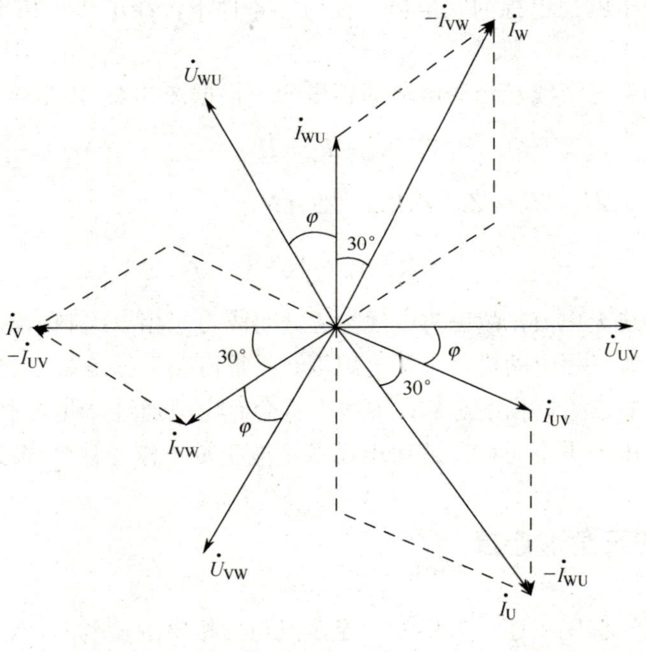

图 3-6　对称负载三角形连接时线电流与相电流之间的相量关系

从图 3-6 可知，线电流是相电流的 $\sqrt{3}$ 倍，且滞后于相应的相电流 30°。

3.3　三相电路的功率

三相电路总的有功功率等于各相有功功率之和，与连接方式没有关系，即：

$$\begin{aligned} P &= P_U + P_V + P_W \\ &= U_U I_U \cos\varphi_U + U_V I_V \cos\varphi_V + U_W I_W \cos\varphi_W \end{aligned} \tag{3-25}$$

式中，φ_U、φ_V、φ_W 分别是各相相电压与线电流的相位差。

如果三相负载对称，则有

$$P = 3U_p I_p \cos\varphi \tag{3-26}$$

在三相电路中，线电压和线电流的测量往往比相电压和相电流方便，因此常用线电压和线电流来表示功率。

星形连接时：

$$P = 3\frac{U_L}{\sqrt{3}} I_L \cos\varphi = \sqrt{3} U_L I_L \cos\varphi \tag{3-27}$$

三角形连接时：

$$P = 3U_L \frac{I_L}{\sqrt{3}} \cos\varphi = \sqrt{3} U_L I_L \cos\varphi \tag{3-28}$$

三相电路的无功功率和视在功率也等于三相之和，在此不再讨论。

例 3-1：有三个阻值为 100Ω 的电阻，将他们接成星形或者三角形，分别接到线电压为 380V 的对称三相电源上，如图 3-7 所示。试求线电压、相电压、线电流和相电流。

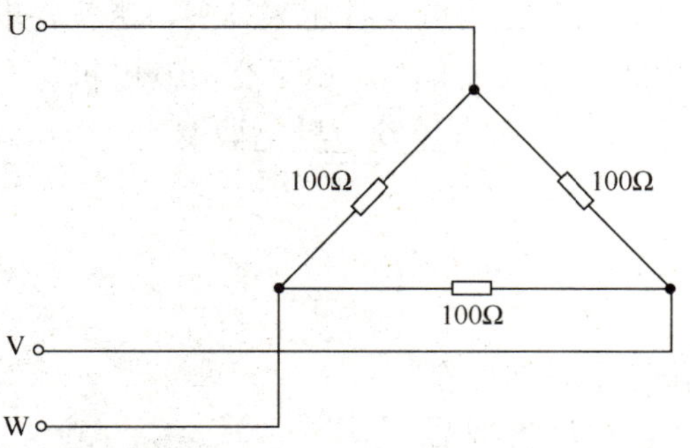

（a）三角形连接

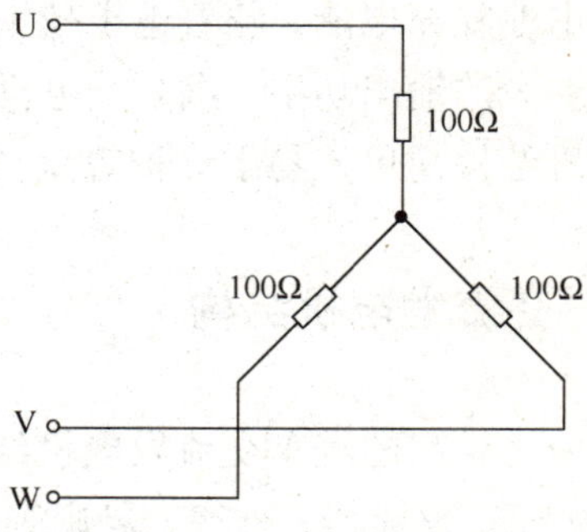

（b）星形连接

图 3-7　例 3-1 题图

解：

（1）负载三角形连接时：

负载线电压为：$U_L = 380V$

负载相电压等于线电压，即：$U_P = U_L = 380V$

负载的相电流 $I_P = \frac{U_P}{R} = \frac{380}{100} = 3.8A$

负载线电流为相电流的 $\sqrt{3}$ 倍，即：$I_L = \sqrt{3} I_P = \sqrt{3} \times 3.8 = 6.58A$

（2）负载星形连接时：

负载线电压为：$U_L = 380V$

负载相电压为线电压 $1/\sqrt{3}$ 倍，即：$U_P = \frac{U_L}{\sqrt{3}} = \frac{380}{\sqrt{3}} = 220V$

负载的相电流等于线电流：$I_P = I_L = \frac{U_P}{R} = \frac{220}{100} = 2.2A$

计算表明，在电源电压不变的情况下，同一负载星形连接和三角形连接时所消耗的功率是不同的，三角形连接时的功率是星形连接时的三倍。这就告诉我们，若要使负载正常工作，负载的接法必须正确。如果将正常工作为星形连接的负载误接成三角形，则会因功率过大而烧毁负载；如果将正常工作为三角形连接的负载误接成星形时，则会因功率过小而不能使负载正常工作。

3.4 汽车交流发电机

汽车发电机是汽车的主要电源，在汽车正常工作时，由发电机向全车用电设备供电，同时给蓄电池补充电能。随着电子技术的不断发展，汽车上用电设备越来越多，这就要求发电机有足够大的输出功率。汽车发电机有交流发电机和直流发电机，由于交流发电机具有比直流发电机结构简单、易于维护等众多优点被广泛采用，而直流发电机已被淘汰。

3.4.1 交流发电机结构

国内外生产的汽车交流发电机结构基本相同，主要部件有转子、定子、整流器、外壳、风扇等，多数发电机已经将调节器也集成在发电机内部。汽车发电机的外形如图 3-8 所示。

图 3-8　汽车发电机的外形图

1．定子

定子通常又叫做电枢，由定子铁心和定子绕组组成，用来产生交流电动势，如图 3-9 所示。定子铁心由相互绝缘的硅钢片叠压而成，内圆周带有均匀分布的槽，槽内放置对称的三相绕组。绕组的连接方式可以是星形，也可以是三角形。星形接法发电机低速充电性能好，如桑塔纳、奥迪等大多数轿车的发电机都采用这种接法。三角形接法适用于大功率发电机，如神龙富康、北京切诺基等发电机采用此种接法。

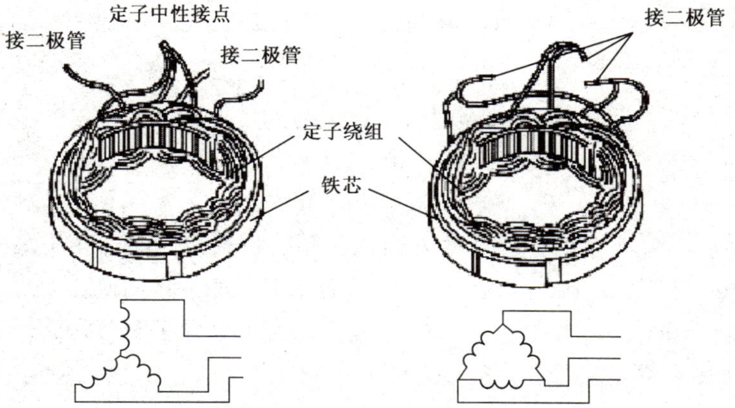

(a) 定子绕组星形连接　　(b) 定子绕组三角形连接

图 3-9　交流发电机定子总成及连接方式

2. 转子

转子是用来建立磁场的，主要由两块爪极，励磁绕组，滑环（也称集电环）以及轴等组成，外形如图 3-10 所示，内部结构如图 3-11 所示。转子轴上压装着两块低碳钢制成的爪极，两块爪极各有四至八个鸟嘴形磁极（国产多为六个），爪极空腔内装有磁场绕组（转子线圈）和导磁用的铁芯（磁轭）。集电环由两个彼此绝缘的铜环组成，集电环压装在转子轴上并与轴绝缘，两个集电环分别与磁场绕组的两端相连，并与装在后端盖内的两个电刷相接触。当两集电环通过电刷通入直流电时，磁场绕组中就有电流通过，并产生轴向磁通，使爪极一块被磁化为 N 极，另一块被磁化为 S 极，从而形成六对相互交错的磁极。当转子转动时，就形成了旋转的磁场。

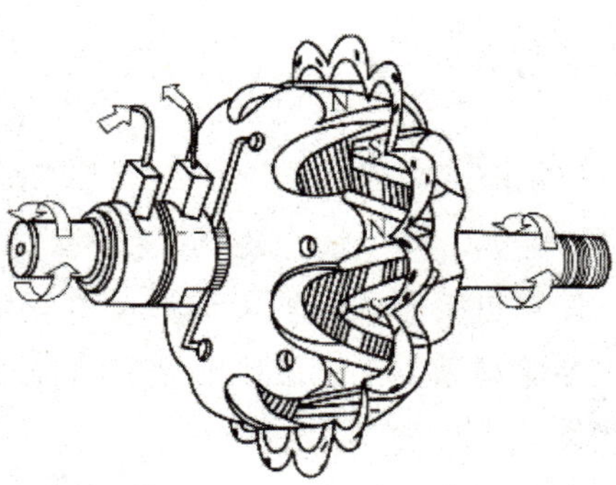

图 3-10　汽车交流发电机转子总成

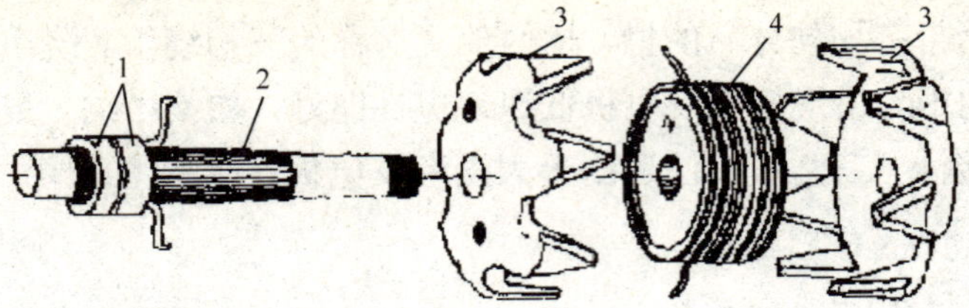

1—集电环；2—轴；3—爪极；4—励磁绕组

图 3-11 汽车交流发电机转子分解图

3. 整流器

如图 3-12 所示，由 6 个硅整流二极管组成三相桥式整流电路，作用是将三相交流电转换成脉动的直流电。利用二极管单向导电性，当给二极管加上正向电压时，二极管导通，当给二极管加上反向电压时，二极管截止。硅整流管分为正极管子和负极管子。汽车交流发电机的整流器类型有 6 管的，8 管的，9 管的和 11 管的。

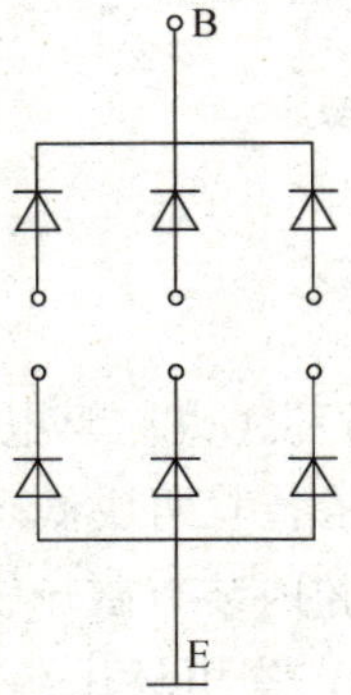

（a）电路图

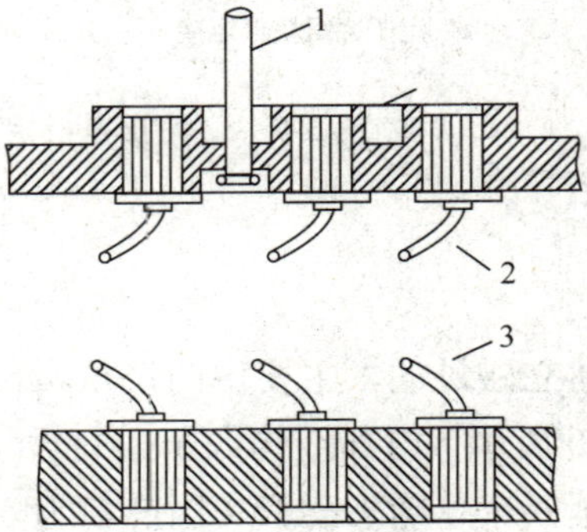

（b）压装图

1—火线接线柱（电源正极）；2—正极管子；3—负极管子

图 3-12 硅整流二极管整流器

3.4.2 汽车交流发电机工作原理

如图 3-13 所示，汽车三相交流发电机产生交流电的基本原理是电磁感应原理，蓄电池通过 F、E 给发电机的励磁绕组供电，产生恒定磁场，由发动机带动发电机内部转子旋转，产生旋转的磁场。旋转的磁场使穿过定子绕组的磁通量发生变化，在定子绕组内产生三相感应电动势，通过二极管整流电路和调节器后，送出恒定的直流电动势，当发电机接上电气设备后，就会在发电机内部及电路中产生感应电流。

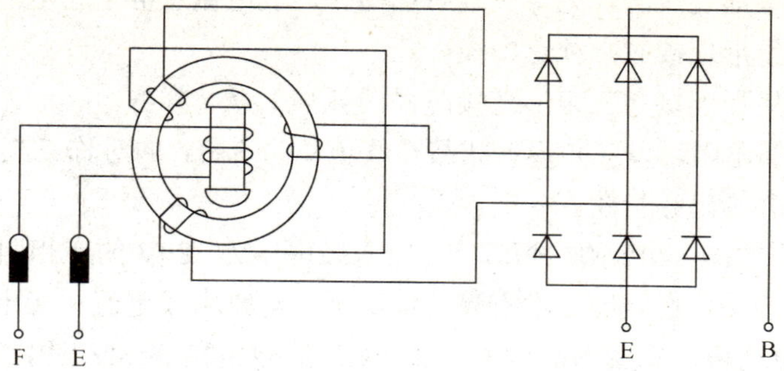

图 3-13 汽车交流发电机工作原理

交流电动势的幅值是发电机转速的函数，当转速变化时，三相电动势的波形为变频率、变幅值的交流信号。为使输出电压保持恒定，很多发电机将调节器封装在发电机内部。在发电机转速变化时，自动控制发电机电压，防止发电机电压过高而烧坏用电设备和导致蓄电池过量充电，同时也防止发电机电压过低而导致用电设备工作失常和蓄电池充电不足。

本章小结

1．三相交流发电机产生的三相电动势幅值相等，频率相同，相位互差120°，称为三相对称电动势。三相电源的三相绕组有两种连接方式，常用的是星形接法。星形接法的三相电源可以对外输出两种电压：相电压和线电压，用电设备可以根据额定电压的不同接在不同的位置。

2．三相负载的连接方式和电源一样有两种，即星形和三角形。负载能否正常工作由电源电压和负载额定电压来决定。负载电压等于电源相电压，应该接在相线与中线之间；负载电压等于电源线电压，应该接在相线与相线之间。

3．三相电路的分析和计算可以归结为一相进行，利用单相电路的分析和计算方法。

4．汽车交流发电机在汽车正常工作时，向全车用电设备提供电能，并且向蓄电池充电。主要由定子、转子、整流器等组成。

本章习题与思考题

1．在星形连接的电路中，为什么中线不接开关，也不接熔断器？

2．发电机的三相绕组连接成星形时，U 相和 V 相之间的电压 $u = 220\sin(\omega t - 30^\circ)$V，试写出线电压 u_{UV}、u_{VW}、u_{WU} 的表达式。

3．判断题：

（1）同一台发电机星形连接时的线电压等于三角形连接时的线电压。

（2）三相负载星形连接时，无论负载对称与否，线电流总等于相电流。

（3）三相负载星形连接时必须有中线。

（4）三相负载星形连接和三角形连接时候消耗功率是一样的。

4．三个 38Ω 的电阻，以三角形方式接在线电压为 380V 的对称三相电源上，计算负载相电流、线电流，并画出相量图。

5．现有 150 只 220V/60W 的白炽灯泡，接入线电压为 380V 的三相四线制电路中，如何接最合理？按照此接法，在全部灯泡点亮的情况下，电路中线电流和相电流分别是多少？

6．有一三相电动机，每相的等效电阻 R=6Ω，等效电抗 X=8Ω，用 380V 线电压的电源供电，试求分别用星形连接和三角形连接时电动机的相电流、线电流和总的有功功率。

7．某大楼电灯发生故障，第二层楼和第三层楼所有电灯都突然暗下来，而第一层楼电灯亮度不变，试问这是什么原因？这楼的电灯是如何连接的？同时发现，第三层楼的电灯比第二层楼的电灯还暗些，这又是什么原因？

第 4 章

磁路及电磁器件

学习目标

1. 了解磁场以及磁场中的基本概念。
2. 理解变压器的结构及其工作原理。
3. 了解电磁知识在日常生活及汽车上的应用。
4. 掌握汽车继电器的测量方法。

在汽车中有一些常用的电工设备，如变压器、电动机、控制电机等，这些设备是利用电与磁的相互作用来实现能量的传输和转换的。要理解这些电器设备的工作原理，不仅需要利用电路的基本理论，还要利用磁路的基本知识。因此，本章介绍磁路的基本概念，学习变压器的原理与特性，再分析交流铁心线圈与电磁铁，解释汽车喷油器、继电器等电磁器件的使用，为以后学习汽车专业课程打好基础。

4.1 磁场与电磁感应

4.1.1 磁场的基本概念

通常人们采用磁力线来形象地描绘磁场。磁力线是闭合的曲线，磁力线的方向与产生该磁场的电流的方向符合右手螺旋定则。磁力线上任意一点的切线方向即为该点磁场的方向，磁力线的疏密程度反映了该处磁场的强弱。习惯上，人们常用磁通 Φ 这一物理量来表示通过某一面积的磁力线的总数。主磁通所经过的闭合路径即为磁路。如图 4-1 所示，为电磁铁、变压器、直流电机的磁路。

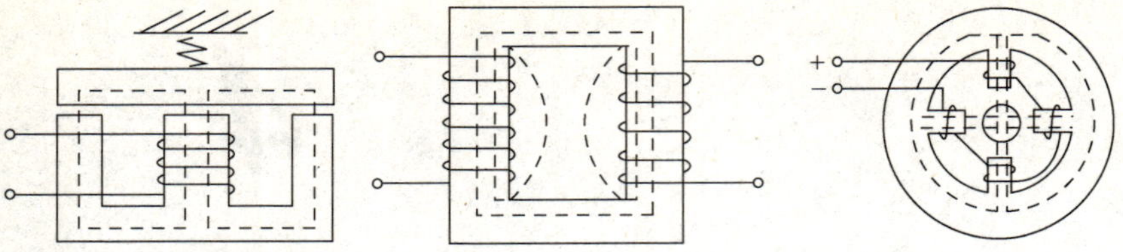

（a）电磁铁的磁路　　（b）变压器的磁路　　（c）直流电机的磁路

图 4-1　电磁铁、变压器、直流电机的磁路

磁路：主磁通所经过的闭合路径。

4.1.2　磁路计算中的基本物理量

在对磁场进行分析和计算时，除磁通外还常常应用磁感应强度、磁场强度两个基本物理量。另外，一般用磁导率描述材料导磁性能的强弱。

（1）磁感应强度（磁通密度）B

磁感应强度是磁场的基本物理量，是一个矢量，用符号 B 来表示。

$$B=\frac{F}{S} \tag{4-1}$$

式（4-1）表明，磁感应强度 B 即为与磁场方向相垂直的单位面积上通过的磁通（磁力线）。磁感应强度 B 的单位为特斯拉（T），即韦伯/平方米（$1T=1Wb/m^2$）。

通常用磁感应强度线来描述磁场中各点的情况。其方向代表该点磁感应强度的方向，其大小用该点附近磁感应强度线的疏密程度来表示。

磁感应强度线是连续闭合曲线，且任意两根磁感应强度线不可能相交。如果磁场是由电流产生的，则磁感应强度线总是与产生它的电流线相互关联。

（2）磁通 Φ

磁感应强度的通量称为磁通，是一个标量，用符号 Φ 来表示。如果磁场内各点的磁感应强度大小相等，方向相同，这样的磁场称为均匀磁场或匀强磁场。

磁通的单位是韦伯，符号为 Wb。

（3）磁场强度 H

磁场强度 H 是用来确定磁场与电流之间关系所引用的物理量，也是一个矢量。通过它来确定磁场与电流之间的关系。

$$H=\frac{B}{\mu} \tag{4-2}$$

式中，μ 为磁导率，又称导磁系数，是用来衡量物质导磁能力的物理量。在国际单位制中，磁导率的单位是亨利每米，简称亨每米，用符号 H/m 表示。

磁场强度只与产生磁场的电流以及这些电流分布有关，而与磁介质的磁导率无关，单位是安/米（A/m）。磁场强度是为了简化计算而引入的辅助物理量。

4.1.3　电磁感应理论

1．磁路欧姆定律

磁路欧姆定律可表示为

$$\Phi = BS = \mu HS = \mu \frac{NI}{l} S = \frac{NI}{\dfrac{l}{\mu S}} = \frac{F}{R_{\mathrm{m}}} \tag{4-3}$$

式中，$F = NI$，称为磁通势；$R_{\mathrm{m}} = \dfrac{l}{\mu S}$，表示磁路对磁通的阻碍作用，称为磁阻，因铁磁物质的磁阻 R_{m} 不是常数，它会随励磁电流 I 的改变而改变，因而通常不能用磁路的欧姆定律直接计算，但可以用于定性分析很多磁路问题。

磁路与电路的区别如表 4-1 所示。

表 4-1　磁路与电路的对比

磁　　路	电　　路
磁通势 F 磁通 Φ 磁感应强度 B 磁阻 $R_{\mathrm{m}} = \dfrac{l}{\mu S}$ 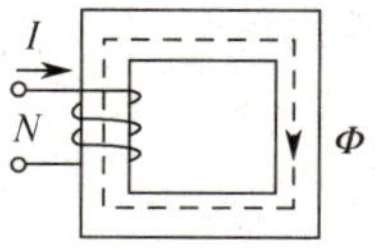 $\Phi = \dfrac{F}{R_{\mathrm{m}}} = \dfrac{NI}{\dfrac{l}{\mu S}}$	电动势 E 电流 I 电流密度 J 电阻 $R=\dfrac{l}{\gamma S}$ 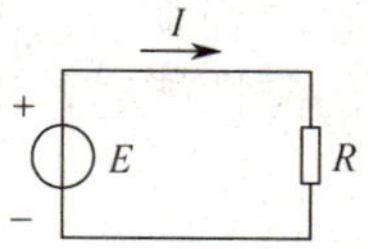 $I = \dfrac{E}{R} = \dfrac{E}{\dfrac{l}{\gamma S}}$

2．磁路分析的特点

磁路分析特点如下：

① 在处理电路时不涉及电场问题，在处理磁路时离不开磁场的概念；

② 在处理电路时一般可以不考虑漏电流，在处理磁路时一般都要考虑漏磁通；

③ 磁路欧姆定律和电路欧姆定律只是在形式上相似。由于 μ 不是常数，其随励磁电流而变，磁路欧姆定律不能直接用来计算，只能用于定性分析；

④ 在电路中，当 E=0 时，I=0；但在磁路中，由于有剩磁，当 F=0 时，Φ 不为零。

3．电磁感应定律

电磁感应定律可表示为

$$e=-N\frac{\mathrm{d}\Phi}{\mathrm{d}t} \tag{4-4}$$

式中，N为线圈匝数。感应电动势的方向由$\frac{\mathrm{d}\Phi}{\mathrm{d}t}$的符号与感应电动势的参考方向比较而定。当$\frac{\mathrm{d}\Phi}{\mathrm{d}t}>0$，即穿过线圈的磁通增加时，$e<0$，这时感应电动势的方向与参考方向相反，表明感应电流产生的磁场要阻止原磁场的增加；当$\frac{\mathrm{d}\Phi}{\mathrm{d}t}<0$，即穿过线圈的磁通减少时，$e>0$，这时感应电动势的方向与参考方向相同，表明感应电流产生的磁场要阻止原磁场的减少。

4.2 铁磁材料及其磁性能

4.2.1 铁磁材料的磁导率

磁导率μ是表示物质导磁性能的物理量，它的单位是亨/米（H/m）。

实验证明：自然界中大多数物质，如各种气体、非金属材料、铜、铝、高镍不锈钢等金属对磁场的影响都很小，与真空情况极为接近，这类物质统称为非磁性物质。由实验测定真空的磁导率为$\mu_0=4\pi\times10^{-7}$ H/m。还有一些物质如铁、钴、镍及其合金，它们的导磁性能远高于真空，这类物质统称为铁磁物质。

在描述物质的磁性能时，用相对磁导率μ_r表示：

$$\mu_r=\frac{\mu}{\mu_0} \tag{4-5}$$

4.2.2 磁性材料及磁化

非磁性物质分子电流的磁场方向杂乱无章，几乎不受外磁场的影响而互相抵消，不具有磁化特性。

非磁性材料的磁导率都是常数，故$\mu\approx\mu_0$或$\mu_r\approx1$。

当磁场媒质是非磁性材料时，磁感应强度

$$B=\mu_0H \tag{4-6}$$

即B与H成正比，呈线性关系。

由于

$$B = \frac{\Phi}{S} \tag{4-7}$$

$$H = \frac{NI}{l} \tag{4-8}$$

所以磁通 Φ 与产生此磁通的电流 I 成正比，呈线性关系。

磁性物质内部有许多小区域，其分子间存在一种特殊的作用力使每一区域内的分子磁场排列整齐，显示磁性，称这些小区域为磁畴。

在没有外磁场作用的普通磁性物质中，各个磁畴排列杂乱无章，磁场互相抵消，整体对外不显磁性，如图 4-2（a）所示。

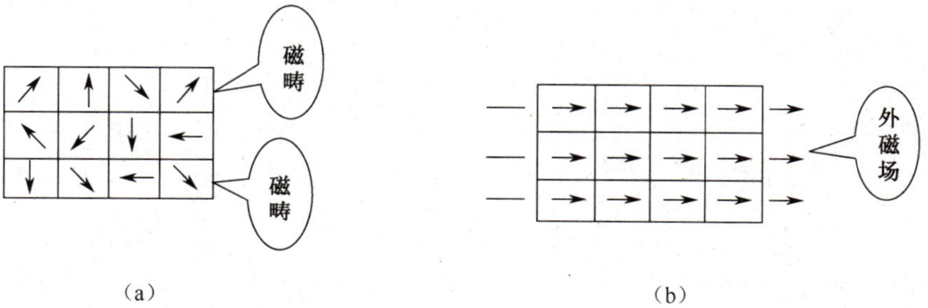

图 4-2　铁磁材料的磁畴

在外磁场作用下，磁畴方向发生变化，使之与外磁场方向趋于一致，物质整体显示出磁性来，称为磁化，即磁性物质能被磁化，如图 4-2（b）所示。

4.2.3　磁性材料的特性

磁性材料具有以下几个特性。

（1）高导磁性

磁导率可高达 10^2～10^4，由铁磁材料组成的磁路磁阻很小，在线圈中通入较小的电流即可获得较大的磁通。

磁性材料的磁导率通常都很高，即 $\mu_r >> 1$（如坡莫合金，其 μ_r 可达 2×10^5）。磁性材料能被强烈的磁化，具有很高的导磁性能。

磁性物质的高导磁性被广泛地应用于电工设备中，如电机、变压器及各种铁磁元件的铁心。在这种具有铁心的线圈中通入不太大的励磁电流，便可以产生较大的磁通和磁感应强度。

（2）磁饱和性

B 不会随 H 的增强而无限增强，H 增大到一定值时，B 不能继续增强。

磁性物质由于磁化所产生的磁化磁场不会随着外磁场的增强而无限的增强。当外磁场增大到一定程度时，磁性物质的全部磁畴的磁场方向都转向与外部磁场方向一致，磁化磁场的磁感应强度将趋向某一定值。如图 4-3 所示。

图 4-3 中，B_J 为磁场内磁性物质的磁化磁场的磁感应强度曲线；B_0 是磁场内不存在磁性物质时的磁感应强度直线；B，B_J 曲线和 B_0 直线的纵坐标相加即磁场的 B-H 磁化曲线。

B-H 磁化曲线具有如下特征：

Oa 段：B 与 H 几乎成正比地增加；ab 段：B 的增加缓慢下来；b 点以后：B 增加很少，达到饱和。

磁性物质的磁化曲线在磁路计算上极为重要，其为非线性曲线，实际中通过实验得出。

（3）磁滞性

铁心线圈中通过交变电流时，H 的大小和方向都会改变，铁心在交变磁场中反复磁化，在反复磁化的过程中，B 的变化总是滞后于 H 的变化，即磁滞性。

磁性材料在交变磁场中反复磁化，其 B-H 关系曲线是一条回形闭合曲线，称为磁滞回线。磁滞回线如图 4-4 所示。

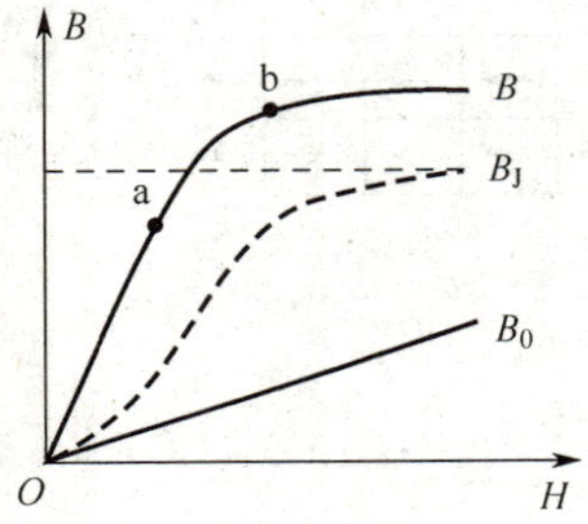

图 4-3　磁场的 B-H 磁化曲线

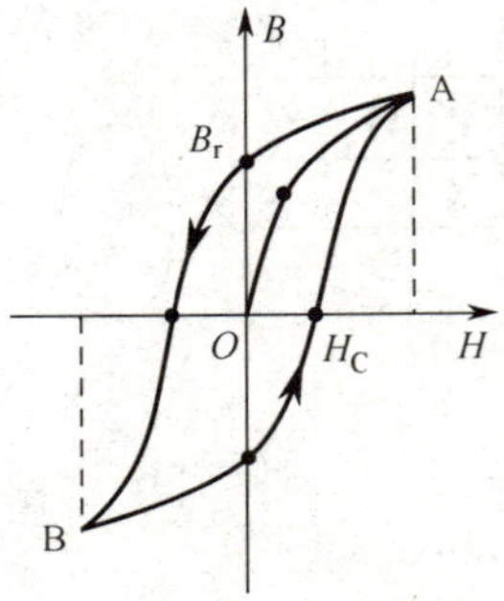

图 4-4　磁滞回线

铁磁材料起初没有磁性，即磁感应强度 B 为 0。当外界磁场强度正向增大时，铁磁材料被磁化，到 A 点时，铁磁材料被磁化饱和；当外界磁场正向减小时，铁磁材料的磁感应强度减小，外界磁场为零时，铁磁材料的磁感应强度为 B_r，称为剩磁。当外界磁场反向增大时，铁磁材料被反向磁化，其磁感应强度迅速减少，当其磁感应强度为 0 时对应的外界磁场的磁场强度 H_C 称为矫顽磁力。随着外界磁场反向增大，铁磁材料被迅速反向磁化，B 点时反向磁化达到饱和，半个周期的磁化过程结束。

磁性物质不同，其磁滞回线和磁化曲线也不同。

4.2.4　磁性材料的分类

按磁性物质的磁性能，磁性材料分为三种类型：软磁材料、硬磁材料和矩磁材料。

（1）软磁材料

磁导率高，磁滞特性不明显，矫顽磁力和剩磁都小，磁滞回线较窄，磁滞损耗小。一般用来制造电机、电器及变压器等的铁心。常用的有铸铁、硅钢、坡莫合金即铁氧体等。

（2）硬磁材料

剩磁和矫顽磁力均较大，磁滞性明显，磁滞回线较宽。一般用来制造永久磁铁。常用的有碳钢及铁镍铝钴合金等。

（3）矩磁材料

只要受较小的外磁场作用就能磁化到饱和，当外磁场去掉，磁性仍保持，磁滞回线几乎成矩形，稳定性良好。在计算机和控制系统中用作记忆元件、开关元件和逻辑元件。常用的有镁锰铁氧体等。

4.3　交流铁芯线圈

4.3.1　交流铁芯线圈的电磁关系

如图 4-5 所示的交流铁心线圈，主磁通为 Φ，即通过铁心闭合的磁通量；漏磁通为 Φ_σ，即经过空气或其他非导磁媒质闭合的磁通。

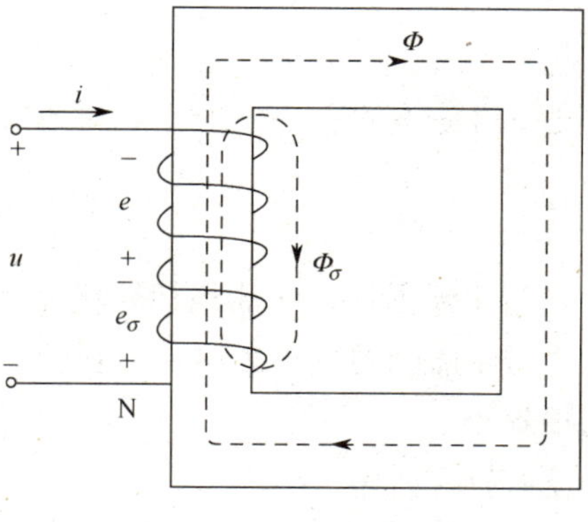

图 4-5　交流铁心线圈

设线圈的电阻为 R，主磁通产生的感应电动势为 e，漏磁通产生的感应电动势为 e_σ，由 KVL，有：

$$u+e+e_\sigma=iR \tag{4-9}$$

设主磁通按正弦规律变化：$\Phi=\Phi_m\sin\omega t$，则：

$$e=-N\frac{d\Phi}{dt}=-\omega N\Phi_m\cos\omega t=E_m\sin(\omega t-90^\circ) \tag{4-10}$$

e 的有效值为：

$$E=\frac{E_m}{\sqrt{2}}=\frac{\omega N\Phi_m}{\sqrt{2}}=4.44fN\Phi_m \tag{4-11}$$

则：

$$U\approx E=4.44fN\Phi_m \tag{4-12}$$

式中，U 的单位为伏（V），f 的单位为赫兹（Hz），Φ_m 的单位为韦伯（Wb）。

在忽略线圈电阻及漏磁通的条件下，当线圈匝数 N、电源频率 f 及电源电压 U 一定时，主磁通的最大值 Φ_m 基本保持不变。这个结论在分析交流电机、低压电器的工作原理时十分有用。

4.3.2 功率损耗

交流铁心线圈的功率损耗主要有铜损和铁损两种。

1. 铜损

在交流铁心线圈中，线圈电阻 R 上的功率损耗称为铜损。

2. 铁损

在交流铁心线圈中，处于交变磁通下的铁心内产生的功率损耗称为铁损，铁损又包括磁滞损耗和涡流损耗。

（1）磁滞损耗

由磁滞所产生的能量损耗称为磁滞损耗，磁滞损耗转化为热能，引起铁心发热。

减少磁滞损耗的措施有：选用磁滞回线狭小的磁性材料制作铁心，如硅钢。变压器和电机使用硅钢材料做铁心，磁滞损耗小。

设计时应适当选择以减小铁心饱和程度。

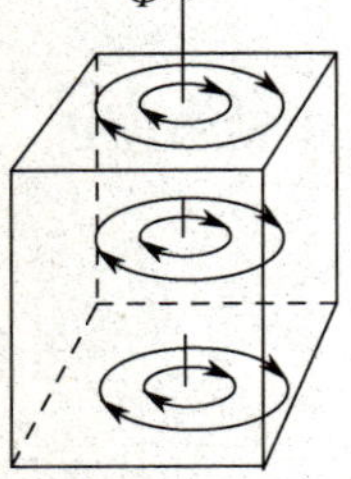

图 4-6　铁心内的涡流

（2）涡流损耗

交变磁通在铁心内产生感应电动势和电流，称为涡流，如图 4-6 所示。涡流在垂直于磁通的平面内环流。涡流损耗是指由涡流所产生的功率损耗。

涡流损耗转化为热能，引起铁心发热。

减少涡流损耗措施有：提高铁心的电阻率。铁心用彼此绝缘的硅钢片叠成，一般为 0.35mm 的厚度，可以把涡流限制在较小的截面内，使总的涡流变小，损耗降低。

在变压器和电机中存在涡流损耗，因此要尽量降低，这些器件中采用硅钢片叠压制作铁心。但是涡流可以应用在其他方面，如炼钢厂的炼钢炉和家用的电磁炉。

4.4　变压器

在人们的生活中，变压器的使用无处不在，发电厂的电发出后经过升压变压器升压传输，在用电区经过降压变压器降压后配电。家用电器也可看到变压器的身影，如功率放大器、充电器等。汽车上的点火器就是利用升压变压器，控制器发出脉冲信号控制驱动器的通断，升压变压器在通断电的瞬间可以在次级绕组产生 10kV 以上的高压使火花塞跳火。

4.4.1　变压器的用途、结构和分类

变压器是一种常见的电气设备，在电力系统和电子线路中应用广泛，如图 4-7 所示为几种常见变压器。

图 4-7　几种常见变压器

1. 变压器的功能与组成

（1）变压器的功能

变压器的主要功能有：变电压，如电力系统变压器；变电流，如电流互感器；变阻抗，如电子线路中的阻抗匹配。

（2）变压器的组成

变压器通常由一个公共铁心和两个或两个以上的线圈（又称绕组）组成，分为心式变压器和壳式变压器两类，如图 4-8 所示。

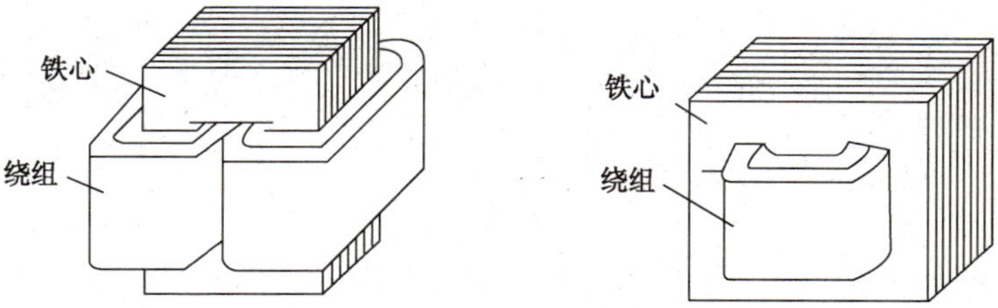

图 4-8　心式和壳式变压器

接电源的绕组称为原绕组（又称初级绕组或一次绕组），接负载的绕组称为副绕组（又称次级绕组或二次绕组）。

2. 变压器的分类

变压器按用途分为电力变压器（主要用于输配电）；仪用变压器（电压互感器、电流互感器）；整流变压器等。

变压器按相数分为三相电力变压器和单相变压器。

变压器按制造方式分为壳式变压器和心式变压器。

变压器按铁心结构分为口型变压器，F 型变压器，EI 型变压器等。

常用变压器的符号如图 4-9 所示。

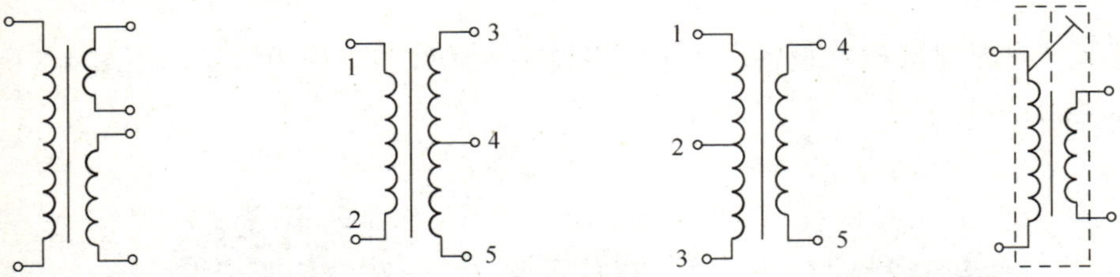

图 4-9　常用变压器的符号

4.4.2　理想变压器

理想变压器的条件如下：

① 变压器的原、副线圈为全耦合状态，耦合系数 K=1；

② 原、副线圈内阻为零，无有功功率损耗；

③ 交变磁通在铁心中不产生铁损，无无功功率损耗；

④ 铁心的磁导率 μ 趋于无穷大，次级开路时，初级回路磁化电流为零。

1. 原、副线圈电压与电流的关系

设原、幅绕组匝数分别为 N_1、N_2。当铁心中磁通为正弦量时，令 $\Phi=\Phi_{\mathrm{m}}\sin\omega t$，则

$$\frac{U_1}{U_2}=\frac{4.44fN_1\Phi_{\mathrm{m1}}}{4.44fN_2\Phi_{\mathrm{m2}}} \tag{4-13}$$

全耦合时，无漏磁通，穿过原、副线圈的磁通完全相同，即 $\Phi_{\mathrm{m1}}=\Phi_{\mathrm{m2}}$。所以

$$\frac{U_1}{U_2}=\frac{N_1}{N_2}=K \tag{4-14}$$

由此可见，理想变压器的初、次级电压之比与线圈匝数之比成正比。式中 K 叫做理想变压器的变比或变换系数。对于一个变压器来说，N_1、N_2 均已确定，则变比 K 为一常量。

当 $K>1$ 时，$U_1>U_2$，变压器为降压变压器；当 $K<1$ 时，$U_1<U_2$，变压器为升压变压器，且理想变压器只能改变电压的大小，而无法改变其相位。

由于理想变压器无有功功率损耗，也无无功功率损耗，因此原副线圈的视在功率一定相等，即

$$U_1I_1=U_2I_2 \tag{4-15}$$

$$\frac{I_1}{I_2}=\frac{U_2}{U_1}=\frac{N_2}{N_1}=\frac{1}{K} \tag{4-16}$$

由此可见，理想变压器的初、次级电流之比与其线圈匝数成反比。

2．理想变压器的阻抗匹配

如图 4-10 所示电路中，Z 为理想变压器所带负载，由前面分析可知

$$\frac{U_1}{U_2}=K \tag{4-17}$$

$$\frac{I_1}{I_2}=\frac{1}{K} \tag{4-18}$$

则：

$$|Z|=\frac{U_1}{I_1}=\frac{KU_2}{\frac{1}{K}I_2}=K^2\frac{U_2}{I_2}=K^2Z \tag{4-19}$$

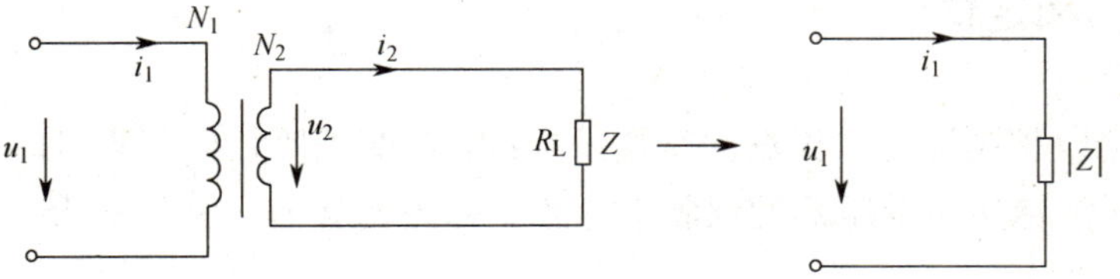

图 4-10　变压器的阻抗匹配

结论：变压器原边的等效负载，为副边所带负载乘以变比的平方。

变压器的阻抗变换作用被广泛用于电子电路中进行阻抗匹配。例如，收音机、扩音器中扬声器的阻抗一般为几欧或几十欧，而其功率输出级要求负载阻抗为几十欧或几百欧才能使负载获得最大功率，因此，就会在电子设备功率的输出级和负载之间接入一个输出变压器，通过计算选择适当的变比 K，以获得最佳的阻抗数值。

例 4-1：信号电压的有效值 $U_1=50\text{V}$，信号内阻 $R_S=100\Omega$，负载为扬声器，其等效电阻 $R_L=8\Omega$。问负载得到的功率为多少？如采用变比为 3.5 的变压器进行阻抗匹配，求匹配后信号源发出的功率为多少？

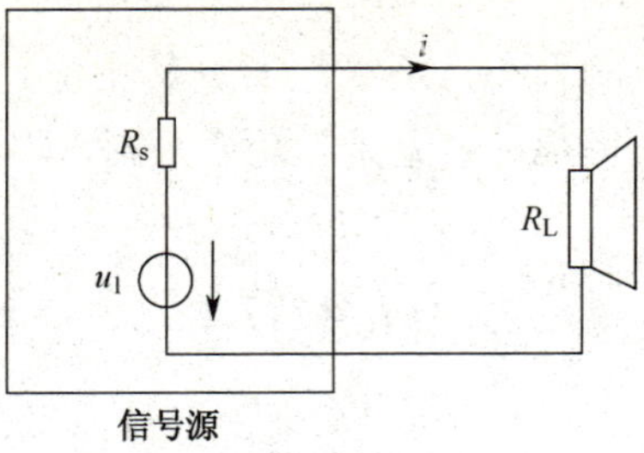

图 4-11　例 4-1 题图

解：（1）将负载直接接到信号源上，得到的输出功率为：

$$P_L = \left(\frac{U}{R_S + R_L}\right)^2 R_L = \left(\frac{50}{108}\right)^2 \times 8 = 1.7\text{W}$$

（2）将负载通过变比为 3.5 的变压器接到信号源上

则

$$R_L' = (3.5)^2 \times 8 = 98\Omega$$

输出功率为：

$$P_L = \left(\frac{U}{R_S + R_L'}\right)^2 R_L' = \left(\frac{50}{100 + 98}\right)^2 \times 98 = 6.25\text{W}$$

结论：由此例可见接入变压器以后，输出功率提高了很多。原因是满足了电路中获得最大输出功率的条件（信号源内阻与外接阻抗相等时负载取用的功率达到最大）。

4.4.3　变压器的额定值

变压器的额定值是制造厂家根据国家技术标准，对变压器长期正常可靠运行所定制的限制参数。额定值通常标注在变压器的铭牌上，故又称为铭牌值，变压器铭牌上的命名方式如图 4-12 所示。

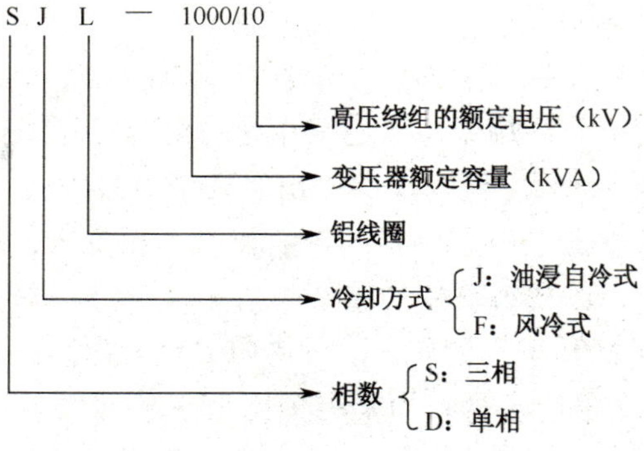

图 4-12　变压器的型号命名

额定电压U_{1N}、U_{2N}：变压器副边开路（空载）时，原、副边绕组允许的电压值。

额定电流I_{1N}、I_{2N}：变压器满载运行时，原、副边绕组允许的电流值。

额定容量S_N：传送功率的最大能力。

$$S_N = U_{1N}I_{1N} = U_{2N}I_{2N} \tag{4-20}$$

变压器几个功率的关系

容量：
$$S_N = U_{1N}I_{1N} \tag{4-21}$$

副边输出功率：
$$P_2 = U_2I_2\cos\varphi \tag{4-22}$$

原边输入功率：
$$P_1 = \frac{P_2}{\eta} \tag{4-23}$$

式中，η为变压器的效率。

容量$S_N \neq$输出功率P_2。

原边输入功率$P_1 \neq$副边输出功率P_2。

4.5 几种特殊变压器

4.5.1 自耦变压器

自耦变压器常用于交流输变电线路和交流调压器中，是一种只有一组线圈的变压器，线圈按设计原则有不同数量的中间抽头，按照不同的接法可以对交流电压实现升压或降压。

自耦变压器属于无隔离的变压器，其原理图如图 4-13 所示。

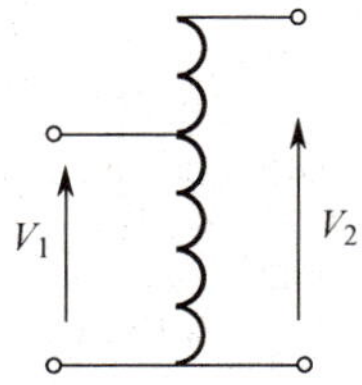

（a）自耦变压器升压原理图

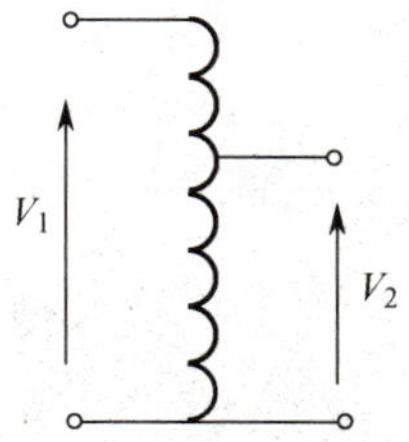

（b）自耦变压器降压原理图

图 4-13 自耦变压器

自耦变压器是只有一个绕组的变压器，当作为降压变压器使用时，从绕组中抽出一部分线匝作为二次绕组；当作为升压变压器使用时，外施电压只加在绕组的一部分线匝上。通常把同时属于一次和二次的那部分绕组称为公共绕组，其余部分称为串联绕组，同容量的自耦变压器与普通变压器相比，不但尺寸小，而且效率高。变压器容量越大，电压越高。因此随着电力系统的发展、电压等级的提高和输送容量的增大，自耦变压器由于其容量大、损耗小、造价低而得到广泛应用。

在图 4-13 中，当变压器原绕组 V_1 接入交流电源时，电压平均分配在变压器 V_1 绕组两端，变压器 V_2 绕组的电压等于 V_1 绕组每匝电压乘以 V_2 绕组的匝数。在电源电压不变时，变更 V_1 和 V_2 的匝数比例，就可得到不同的 V_2 值。这种原、副绕组直接串联，自行耦合的变压器就叫自耦变压器，又叫单圈变压器。普通变压器的原、副绕组是互相绝缘的，只有磁的联系而没有电的联系，按线圈组数的不同，这种变压器又可分为双圈变压器或多圈变压器。

自耦变压器最大特点是，副绕组是原绕组的一部分（降压变压器），或原绕组是副绕组的一部分（升压变压器）。

自耦变压器的优点：两个绕组部分重叠，因此可以节省了部分铜线，体积较小，结构较为简单。

自耦变压器的缺点：初级绕组和次级绕组之间不能完全隔离。在降压线路中，假使次级绕组因意外断开，就会使输出电压值升至和初级绕组一样高，导致危险。

使用时，改变滑动端的位置，便可得到不同的输出电压。实验室中用的调压器就是根据此原理制作的。

注意：原、副边千万不能对调使用，以防变压器损坏。因为 N 变小时，磁通增大，电流会迅速增加。

4.5.2 仪用变压器

1. 电压互感器

用低量程的电压表测量高电压。如图 4-14 所示，为电压互感器的实物图和测量原理图。

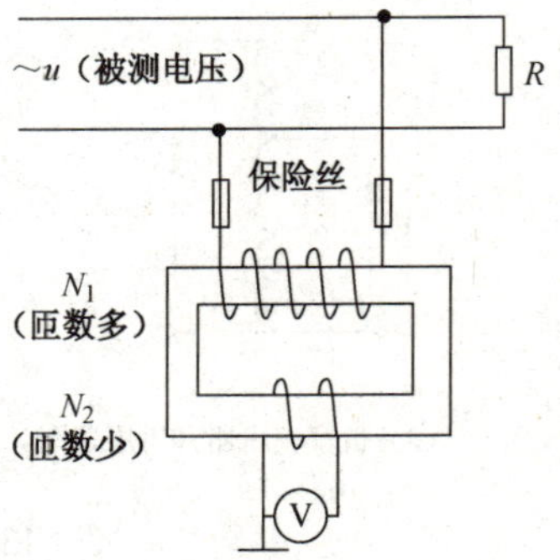

图 4-14　电压互感器的实物图和测量原理图

电压互感器就是简单的降压变压器，即将高电压用降压变压器降压后测量低压值，然后根据变压比换算出高压侧的电压值。

$$被测电压=电压表读数 \times \frac{N_1}{N_2}$$

使用时注意：

① 副边不能短路，以防产生过流；

② 铁心、低压绕组的一端接地，以防在绝缘损坏时，在副边出现过流。

2. 电流互感器

用低量程的电流表测量大电流。如图 4-15 所示，为电流互感器的实物图和测量原理图。

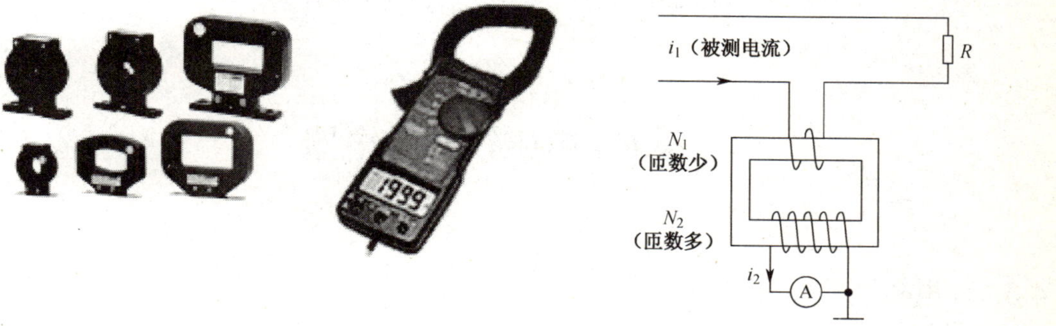

图 4-15　电流互感器的实物图和测量原理图

电流互感器是利用升压变压器的原理，使原边绕组的大电流降低成副边绕组的小电流实现大电流的测量。

$$被测电流=电流表读数 \times \frac{N_2}{N_1}$$

使用时注意：

① 副边不能开路，以防产生过压；

② 铁心、低压绕组的一端接地，以防在绝缘损坏时，在副边出现过压。

4.5.3 电焊变压器

电焊变压器是另一种非常常见的特殊变压器，它是利用焊把和工件接触时形成大电流实现焊接的。如图 4-16 所示，为电焊变压器的实物图和测量原理图。

在焊接过程中，电焊变压器的负载经常处于从空载（当焊条与工件分离时）到短路（当焊条与工件接触时）或者从短路到空载之间急剧变化的状态，所以要求电焊变压器具有急剧下降的外特性。可以保证短路时由于输出电压迅速下降，副边电流也不至于过大；空载时由于副边电流为零，输出电压能迅速恢复到点火电压。

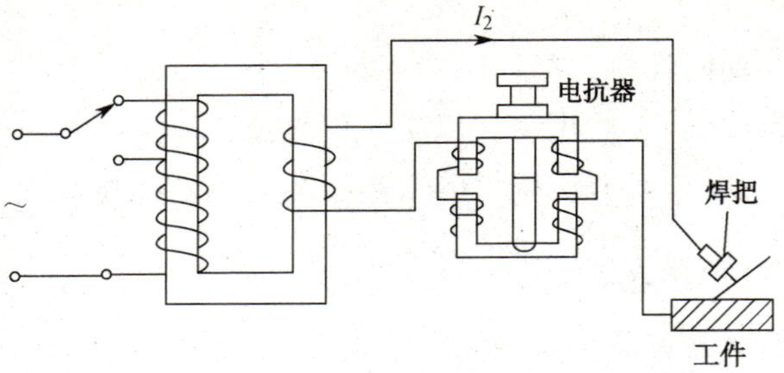

图 4-16　电焊变压器的实物图和测量原理图

4.6　电磁铁与继电器

4.6.1　电磁铁

电磁铁是利用通电的铁心线圈吸引衔铁或保持某种机械零件、工件于固定位置的一种电器。当电源断开时电磁铁的磁性消失，衔铁或其他零件即被释放。电磁铁衔铁的动作可使其它机械装置发生联动。

根据使用电源类型分为：

- 直流电磁铁：用直流电源励磁；
- 交流电磁铁：用交流电源励磁。

电磁铁由线圈、铁心及衔铁三部分组成，常见的结构如图 4-17 所示。

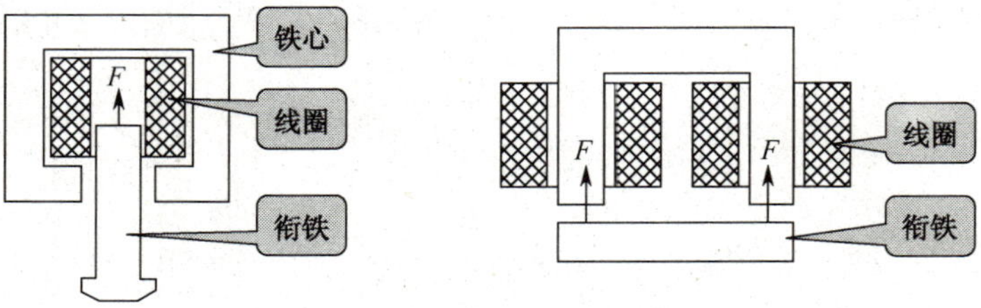

图 4-17　电磁铁的结构图

交流电磁铁的吸力在零与最大值之间脉动。衔铁以两倍电源频率在颤动，引起噪音，同时触点容易损坏。为了消除这种现象，在磁极的部分端面上套一个分磁环（或称短路环），工作时，在分磁环中产生感应电流，其阻碍磁通的变化，在磁极端面两部分中的磁通 Φ_1 和 Φ_2 之间产生相位差，两部分的吸力不同时为零，实现消除振动和噪声。直流电磁铁吸力恒定不变。

交流电磁铁中，为了减少铁损，铁心由硅钢片叠压而成；直流电磁铁的磁通不变，无铁损，铁心可用整块软钢制成。

交流电磁铁中，线圈电流不仅与线圈电阻有关，还与线圈感抗有关。在其吸合过程中，随着磁路气隙的减小，线圈感抗增大，电流减小。如果衔铁被卡住，通电后衔铁吸合不上，线圈感抗一直很小，电流较大，将使线圈严重发热甚至烧毁。直流电磁铁的励磁电流仅与线圈电阻有关，在吸合过程中，励磁电流不变。

4.6.2　继电器

继电器是自动控制电路中常用的一种元器件，它属于开关的范畴。其工作是利用电磁或机电原理或其他方法(如热电或电子)，实现自动接通或切断一对或多组触点，以完成某个电路开与关的功能，是一种可以用小电流或低电压来控制大电流或高电压的自动开关。如图 4-18 所示为常见继电器的实物图。

图 4-18　常见继电器实物图

1. 汽车继电器

汽车继电器的种类按结构原理区分时，主要有电磁继电器、干簧继电器、双金属继电器以及电子继电器。按继电器通常状态分类时，主要有三类：常开（N.O）继电器，常闭（N.C）继电器和常开、常闭混合型继电器。这三类继电器的动作状态如表 4-2 所示。

表 4-2　继电器的三种状态

	常开（N.O）继电器	常闭（N.C）继电器	混合型继电器
正常（通常）状态	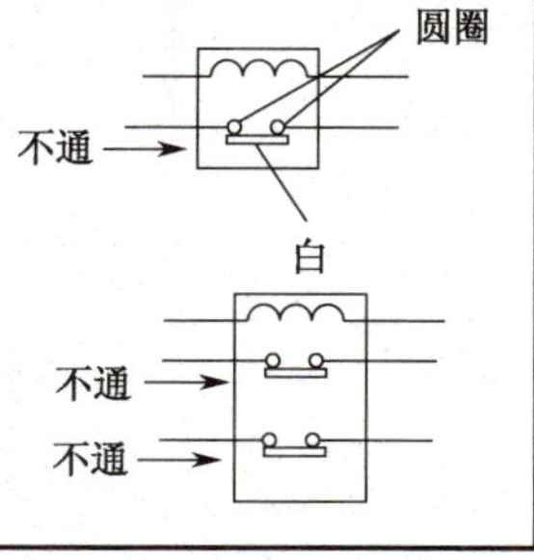	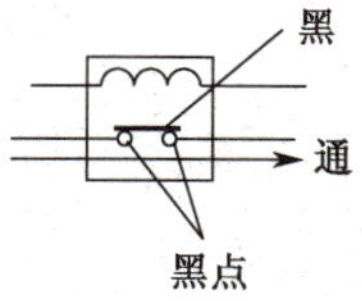	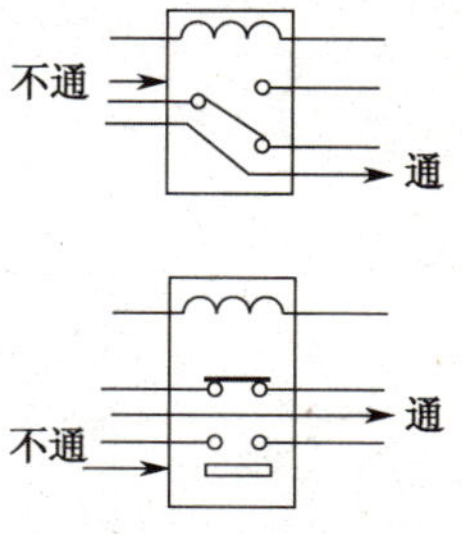

由表 4-2 可见，常开继电器平时触点是断开的，继电器动作后触点才接通电路；常闭继电器平时触点是闭合的，动作后触点断开，切断被控制的电路；混合型继电器，平时常闭触

点接通，常开触点断开，通电后，则变成相反的状态。

继电器广泛应用在汽车电路控制系统中，它在电路中起到自动操作、自动调节、安全保护等作用，分为功能继电器和电路控制继电器两种。常见的汽车转向灯、雨刮器就是采用功能继电器。而电路控制继电器单纯用于电路通断与转换，减小开关的电流负荷，防止过载而烧坏线路和用电设备，保护开关触点不被烧蚀，用流经开关的小电流控制用电设备的大电流。此种继电器在汽车上常见的有：电源继电器、前照灯继电器、雾灯继电器、起动机继电器、喇叭继电器、鼓风机继电器、空调压缩机电磁离合器等。如图 4-19 所示，为大众 POLO 轿车继电器托架和 53 号继电器实物图。

图 4-19　大众 POLO 轿车继电器托架和 53 号继电器实物图

如图 4-20 所示，是北京现代伊兰特轿车喇叭控制电路。当按下喇叭开关，蓄电池电流流经喇叭及空调熔丝，到喇叭继电器的线圈，经过喇叭开关后流入负极，构成回路，接通了电路，喇叭继电器内的线圈产生电磁吸力将开关吸合。蓄电池的电流流经喇叭及空调熔丝，再流经喇叭继电器内闭合的开关，流过并联的两个喇叭，最后流回电源负极，喇叭发出响声。在整个过程中，喇叭继电器控制着喇叭发声所需要的大电流。因为是小电流通过，控制电路使用的是较细的导线连接。

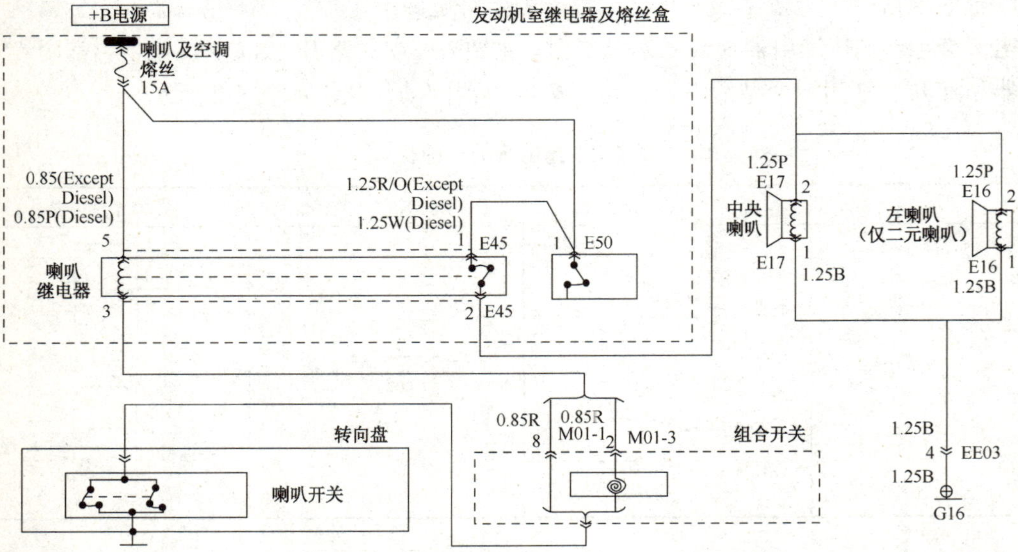

图 4-20　北京现代伊兰特轿车喇叭控制电路示意图

汽车常见的继电器图形符号如图 4-21 所示。

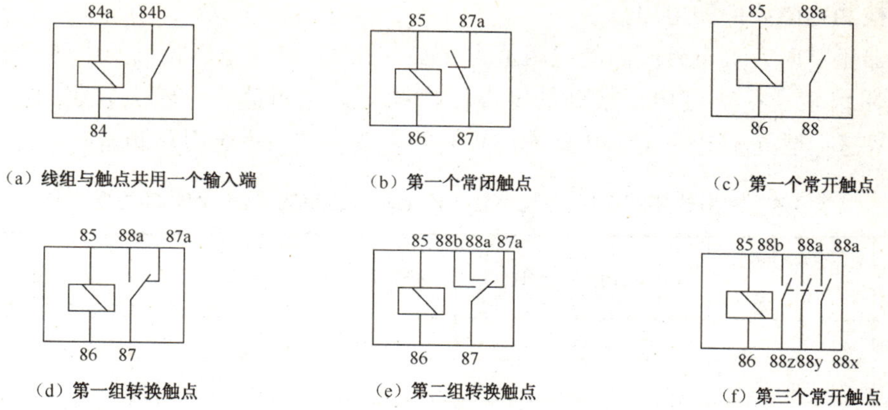

（a）线组与触点共用一个输入端　（b）第一个常闭触点　（c）第一个常开触点

（d）第一组转换触点　（e）第二组转换触点　（f）第三个常开触点

图 4-21　汽车常见的继电器图形符号

汽车继电器接线柱标记及含义如表 4-3 所示。

表 4-3　汽车继电器接线柱标记及含义

电器	接线柱标记		接线柱标记的含义	曾经使用过的标记	接线图上应用示例
	基本标记	下标			
继电器（专用继电器除外）	84		继电器上，绕组始端和触点共同输入接线柱	—	
		84a	继电器上，绕组末端输出接线柱	—	
		84b	继电器上，触点输出接线柱	—	
	85		继电器上，绕组末端输出接线柱	—	
	86		继电器上，绕组始端输入接线柱	—	
	87	87a	继电器上，常闭触点的第一个输出接线柱（转换触点在常闭触点一侧）	—	
		87b	继电器上，常闭触点的第二个输出接线柱（转换触点在常闭触点一侧）	—	
		87c	继电器上，常闭触点的第三个输出接线柱（转换触点在常闭触点一侧）	—	—
		87z	继电器上，常闭触点和转换触点的第一个输入接线柱（单独电流回路时）	—	—
		87y	继电器上，常闭触点和转换触点和第二个输入接线柱（单独电流回路时）	—	—
		87x	继电器上，常闭触点和转换触点的第三个输入接线柱（单独电流回路时）	—	—
	88		继电器上，常开触点的输入接线柱	—	
		88a	继电器上，常开触点的第一个输出接线柱	—	
		88b	继电器上，常开触点的第二个输出接线柱	—	
		88c	继电器上，常开触点的第三个输出接线柱	—	
		88z	继电器上，常开触点的第一个输入接线柱（单独电流回路时）	—	
		88y	继电器上，常开触点的第二个输入接线柱（单独电流回路时）	—	
		88x	继电器上，常开触点的第三个输入接线柱（单独电流回路时）	—	

2. 电磁式继电器的检测方法

（1）检测电磁线圈的电阻值

继电器正常时，其电磁线圈的电阻值为 25Ω～2kΩ。额定电压较低的电磁式继电器，其线圈的电阻值较小；额定电压较高的继电器，线圈的电阻值相对较大。表 4-4 是常用的 JZC-21F 型超小型直流电磁式继电器（0.3W）的主要参数，供选用和测量时参考。

表 4-4 常用的 JZC-21F 型超小型直流电磁式继电器（0.3 W）的主要参数

规格代号	额定电压（DC）/V	线圈电阻值/Ω（±10%）	吸合电压/V	释放电压/V	触点电压
3	3	25	2.25	0.36	直流 28V（3A）或 交流 120V（3A）
5	5	70	2.75	0.6	
6	6	100	4.5	0.72	
9	9	225	6.75	1.08	
12	12	400	9	1.44	
24	24	1600	18	2.88	
48	48	6400	36	5.76	

若测得继电器电磁线圈的电阻值为无穷大，则说明该继电器的线圈已开路损坏。若测得线圈的电阻低于正常值许多，则是线圈内部有短路故障。

（2）估测吸合电压与释放电压

将被测继电器电磁线圈的两端接上 0～35V 可调式直流稳压电源（电流为 2A）后，再将稳压电源的电压从低逐步调高，当听到继电器触点吸合动作声时，此时的电压值即为（或接近）继电器的吸合电压。额定工作电压一般为吸合电压的 1.3～1.5 倍。

在继电器触点吸合后，再逐渐降低电磁线圈两端的电压。当调至某一电压值时继电器触点释放，此电压即是继电器的释放电压（一般为吸合电压的 10%～50%）。

（3）估测吸合电流和释放电流

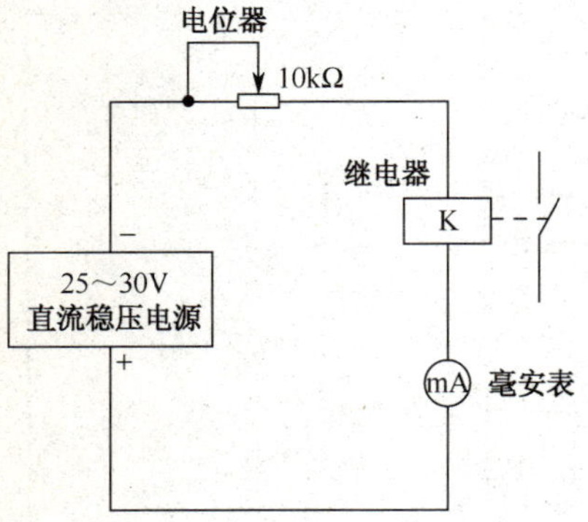

图 4-22

将被测继电器电磁线圈的一端串接 1 只毫安电流表（可用万用表毫安挡）后再接直流稳压电源（25～30V）的正极，将电磁线圈的另一端串接 1 只 10kΩ的线绕电位器后与稳压电源的负极相连，如图 4-22 所示。

接通电源后，将电位器的阻值由最大逐渐调小，当调至某一阻值时继电器动作，其常开触点闭合，此时电流表的读数即是继电器的吸合电流（继电器的工作电流一般为吸合电流的 2 倍）。再缓慢增大电位器的阻值，当继电器触点由吸合状态突然释放时，电流表的读数即为继电器的释放电流。

将继电器和测量电路断开，用万用表的电阻档测量电磁线圈的直流电阻值，用测得的电阻值乘以继电器的工作电流，得到的即是继电器的工作电压值。

3．汽车电磁式继电器的检测方法

汽车上的继电器常使用数字式万用表测量。

（1）检测电磁线圈的电阻值：将万用表打到 $R\times 1\text{k}$ 挡测量线圈电阻，阻值若在几十欧到几百欧之间，则属正常。若测得继电器电磁线圈的电阻值为无穷大，则说明该继电器的线圈已开路损坏；若测得线圈的电阻值较正常值小或几乎为零，则是线圈内部有短路故障。

（2）对于三线继电器，给汽车继电器线圈绕组的 84 和 84a 号端子接 12V 直流电压，听到有电磁线圈吸合声音，说明继电器的线圈部分正常，用数字式万用表测量 84 和 84b 端子的通断，在继电器通电吸合的过程中这两个端子通断正常，说明该继电器正常。

（3）若是四线、五线、六线和八线继电器，给汽车继电器线圈绕组的 85 和 86 号端子接 12V 直流电压，听到有电磁线圈吸合声音，说明继电器的线圈部分正常。对于四线继电器，用数字式万用表测量 87 和 87a 端子或 88 和 88a 端子的通断，在继电器通电吸合的过程中这两个端子通断正常，说明该继电器正常。对于五线继电器，用数字式万用表测量 87 和 87a、87 和 88a 这两组开关的通断，在继电器通电吸合后这两组开关一组通一组断，继电器断开后两个开关通断相反，说明该继电器正常。对于六线和八线继电器测量方法相同，在此不再赘述。

（4）有些汽车继电器的接线柱号与图 4-21 不相符，但继电器的原理图及接线柱号都会印在继电器塑料外壳上，以实物上的原理图为准测量。

注意：很多汽车继电器内部在线圈绕组上都并有保护元件，有些并的是电阻，有些并的是二极管，如北京现代伊兰特轿车的灯光继电器内线圈绕组上并的是二极管。测量并有二极管的汽车继电器时，一定不能把 12V 电压加反，否则 12V 电源会把保护二极管反向击穿，导致继电器无法正常工作，甚至会引起别的汽车故障。

4.6.3　电磁关系应用举例

1．抱闸制动

如图 4-23 所示，为应用电磁铁实现制动机床或起重机电动机的基本结构，其中电动机和制动轮同轴。原理如下：

启动过程：

通电→电磁铁动作→拉开弹簧→电机转动→松开制动轮→抱闸提起。

制动过程：

断电→电磁铁释放→弹簧收缩→抱闸抱紧→抱紧制动轮→电动机制动。

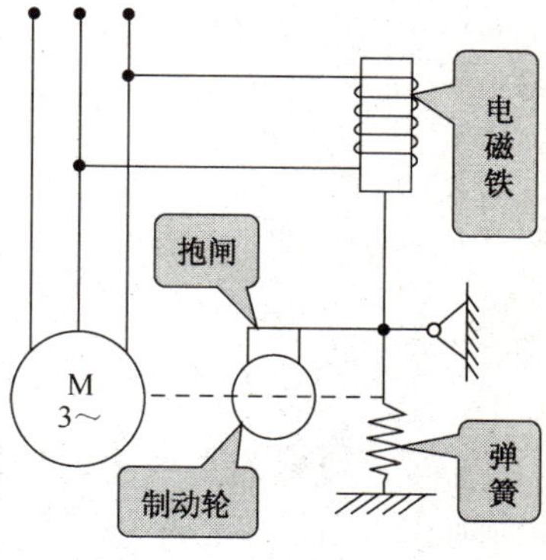

图 4-23　抱闸制动示意图

2. 电子点火器

汽车电子点火器如图 4-24 所示。电子点火器一般都受控于发动机计算机，发动机计算机根据相关传感器的信号计算、判断后输出脉冲信号，送入点火器的初级绕组，然后通过变压器升压到数万伏，加到火花塞上使其两级跳火，达到点燃燃烧室内混合气的目的。

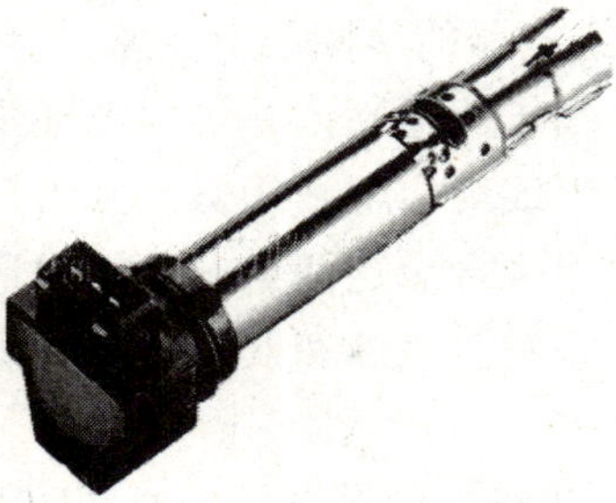

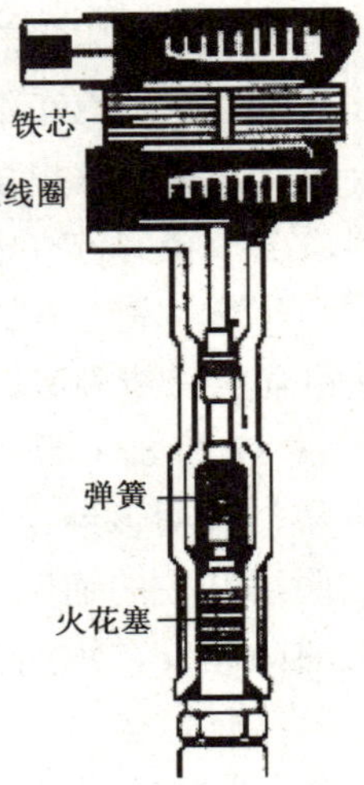

图 4-24 汽车电子点火器

3. 电磁式传感器

电磁式传感器在汽车上的应用较多，如曲轴位置传感器、凸轮轴位置传感器、轮速传感器等都有应用。如图 4-25 所示，为电磁式传感器的实物图。

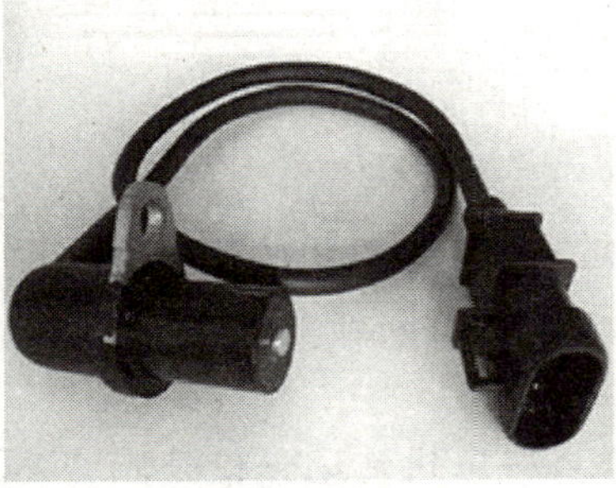

图 4-25 电磁式传感器的实物图

电磁式传感器主要由信号转子、传感线圈、永久磁铁、导磁磁轭组成。其工作原理如图 4-26 所示。当信号转子旋转时，磁路中的气隙周期性变化，磁阻和穿过信号线圈磁头的磁通量周期变化，线圈中感应出交变的电动势。信号转子每转过一个凸齿，传感线圈中就会产生一个周期的交变电动势，即电动势出现一次最大值和一次最小值，传感器线圈也就相应地输出一个交变电压信号。转速越高，磁通变化率就越大，传感线圈中的感应电动势也就越高。气隙大小一般设计为 0.2～0.4mm。

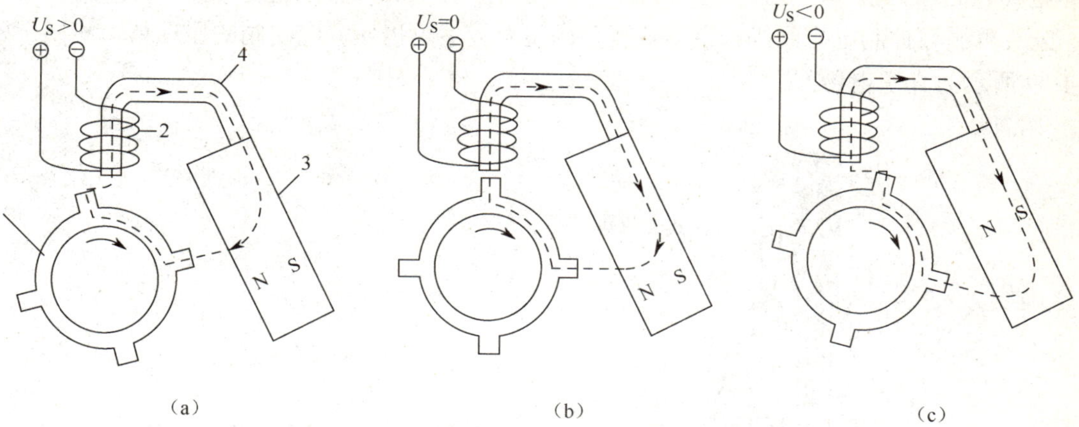

1—信号转子；2—传感线圈；3—永久磁铁；4—导磁磁轭

图 4-26　电磁式传感器的工作原理

发动机的转速是电控系统中的重要参数之一，普遍采用电磁式传感器，测量原理如图 4-27 所示。信号转子共有 60 个齿位，实际有 58 个齿，58 个齿缺（其中一个大齿缺），每个齿或齿缺对应曲轴转角 3°，微控制器可以据此计算出不同转速下曲轴转 1° 需要的时间及其点火提前角的位置。

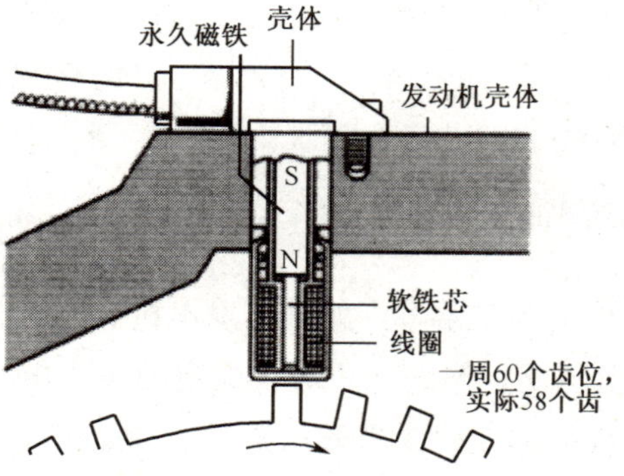

图 4-27　发动机转速传感器

4．喷油器

喷油器是电控发动机系统中非常重要的执行器，受控于发动机 ECU。喷油器按阀针与座的密封分为轴针式、球阀式和片阀式；按进油位置分为顶部进油和侧面进油，按驱动方式分为低阻喷油器和高阻喷油器两种。如图 4-28 所示为电控电磁喷油器。

5．电磁阀

电磁阀的种类较多，有真空电磁阀、旁通气道开关电磁阀及比例电磁阀、增压调节电磁阀、废气再循环控制电磁阀等，自动变速箱内也有较多电磁阀。电磁阀的原理基本相同。如图 4-29 所示为真空电磁阀。

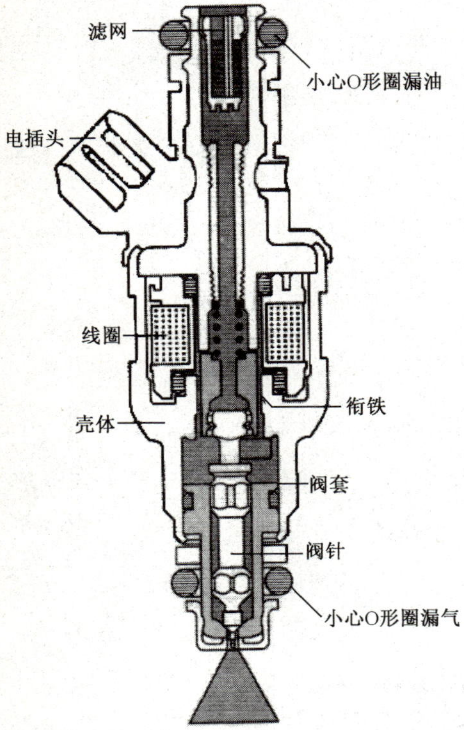

图 4-28　电控电磁喷油器

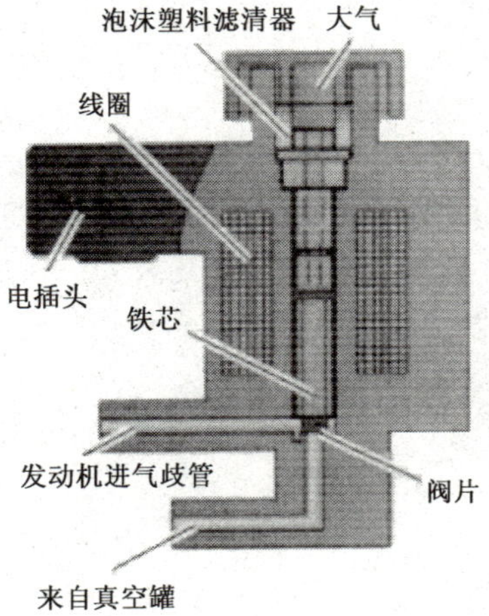

图 4-29　真空电磁阀

电磁关系在汽车上的应用实例非常多，如汽车发电机、汽车起动机、汽油泵、汽车坐椅调整电机、车窗电机、空调鼓风机、怠速电机、仪表内的步进电机等，这些电气设备的结构和工作原理将会在后续章节或汽车专业课教材里讲述。

本章小结

1．在电气设备中，为了用较小的励磁电流产生较强的磁场，通常把励磁线圈绕在由铁磁材料制成的铁心上。铁心被磁化后，其磁性大为增强，并形成磁通的主要通路，称为磁路，磁路的基本物理量是：磁感应强度、磁通、磁导率和磁场强度。铁磁材料的主要性能是：高导磁性、磁饱和性和磁滞性。

2．铁心线圈根据电源不同，分为直流铁心线圈和交流铁心线圈。在直流铁心线圈电路中，I 恒定，Φ 也恒定，$I=\dfrac{U}{R}$，Φ 由磁路情况决定，有铜损；在交流铁芯线圈电路中，i 交变，Φ 也交变，$\Phi_{\mathrm{m}}\approx\dfrac{U}{4.44fN}$，$I$ 由磁路情况决定，不仅有铜损，还有铁损（包括磁滞损耗和涡流损耗）。

3．变压器是利用电磁感应原理制成的重要用电设备，能把原绕组电路的电能或信号传递给副绕组电路，在各个工程领域获得广泛的应用。它主要由铁芯和绕组构成，具有变电压、变电流、变阻抗的作用。仪用设备中还有很多特殊用途的变压器，如自耦变压器、调压器、小功率电源变压器、互感器和三相电力变压器等。

4．电磁知识在汽车上更有应用广泛，如汽车继电器，发电机，起动电动机和车窗电动机等各种电动机，电磁阀，点火线圈，喷油器，磁感应式传感器等。

本章习题与思考题

1．有一交流铁芯线圈，接在 220V 的交流电源上，在铁芯中得到磁通的最大值为 $\Phi_{\mathrm{m}}=3\times10^{-3}\,\mathrm{Wb}$。现在在此铁芯上再绕一个线圈，其匝数为 200。当此线圈开路时，求其两端电压。

2．已知某单相变压器的原绕组电压为 2000V，副绕组电压为 200V，负载是一台 220V/500W 的热水器，试求原、副绕组的电流各为多少。

3．有一额定容量为 8kVA 的单相变压器，原绕组额定电压为 380V，变压器的变比为

$$K=\frac{N_1}{N_2}=\frac{1600}{200}$$

（1）该变压器副绕组的额定电压 U_{2N} 及原、副绕组的额定电流 I_{1N}、I_{2N} 各为多少？

（2）若在副边接入一个电阻性负载，消耗功率为 500W，则原、副绕组的电流 I_1、I_2 各为多少？

4．已知某收音机输出变压器的 $N_1=800$ 匝，$N_2=400$ 匝，原接阻抗为 20Ω的扬声器，现要改接成 5Ω的扬声器，求变压器的匝数 N_2 应为多少匝？

5．一台单相变压器额定容量为 20kVA，额定电压为 3000V/150V，其副边接 220V/60W 的电灯。若变压器在额定状态下运行，求：

（1）可接多少盏电灯？

（2）原、副绕组的电流各为多少？

（3）如果副边接的是 220V/60W，$\cos\varphi=0.45$ 的日光灯，可以接多少盏？

6．有一台容量为 60kVA 的单项自耦变压器，已知 $U_1=220\mathrm{V}$，$N_1=450$ 匝，如果要得到 $U_2=150\mathrm{V}$，试求：

（1）副绕组应在多少匝处抽出线头？额定负载时的 I_{1N}、 I_{2N} 各是多少？

（2）原、副边公共部分的电流 I 与 I_{1N} 之比为多少？

7．将 $R_L = 8\Omega$ 的扬声器接在输出变压器的副绕组，已知 $N_1 = 300$， $N_2 = 100$，信号源电动势 $E = 6V$，内阻 $R_{S1} = 100\Omega$，试求信号源输出功率。

第 5 章

三相异步电动机

学习目标

1. 了解三相异步电动机的应用。
2. 掌握三相异步电动机的基本结构和工作原理。
3. 了解三相异步电动机的起动要求，掌握三相异步电动机的起动原理。
4. 了解三相异步电动机的调速方法。
5. 掌握三相电动机的制动原理。

电机是人类生活中非常重要和常见的电气设备，与人们的生活密不可分。实现电能与机械能相互转换的设备总称为电机。电机利用电磁感应原理实现电能与机械能的相互转换。电机包括发电机和电动机。把机械能转换成电能的设备称为发电机，而把电能转换成机械能的设备叫做电动机。异步电动机是各类电动机中应用最广、需要量最大的一种。各国以电为动力的机械中，约有 90%左右为异步电动机，其中小型异步电动机约占 70%以上。在电力系统的总负荷中，异步电动机的用电量占相当大的比重。在中国，异步电动机的用电量约占总负荷的 60%。异步电动机按供电方式分为三相异步电动机和单相异步电动机，其中三相异步电动机在国民生产中应用最多，如机床，起重机，风机，水泵，冶金，矿山机械等地方。

5.1　三相异步电动机的结构及工作原理

在生产上主要用的是交流电动机，特别是三相异步电动机，因为它具有结构简单、坚固耐用、运行可靠、价格低廉、维护方便等优点。

5.1.1　三相异步电动机的结构

三相异步电动机由静止的定子和旋转的转子两个重要部分组成，定子和转子之间由气隙隔开。如图 5-1 所示为鼠笼式三相异步电动机的结构示意图。

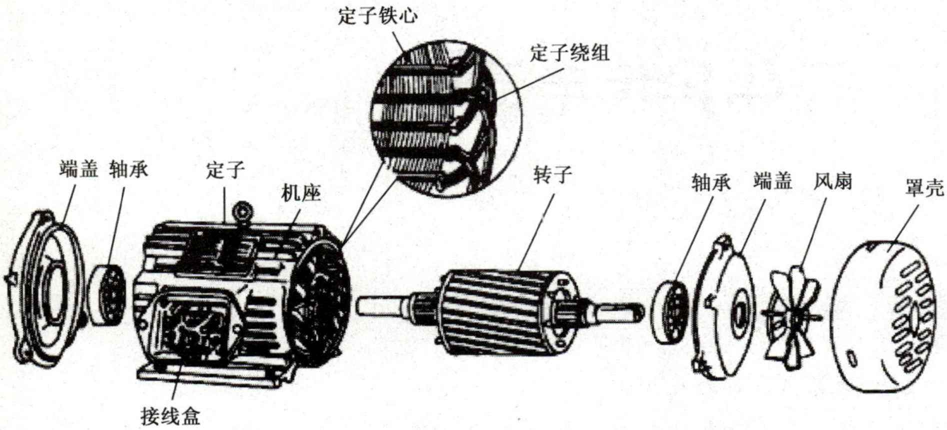

图 5-1　鼠笼式三相异步电动机的结构示意图

1．定子

三相异步电动机的定子主要由定子铁心、定子绕组、机座和端盖四部分组成。

定子铁芯由厚度为 0.5mm 的相互绝缘的硅钢片叠成，硅钢片内圆上有均匀分布的槽，嵌放定子的三相绕组 U_1U_2，V_1V_2 和 W_1W_2。

定子绕组有三组，用漆包线绕制而成，对称地嵌入定子铁心槽内。这三相绕组可接成星形或三角形，接法如图 5-2 所示。

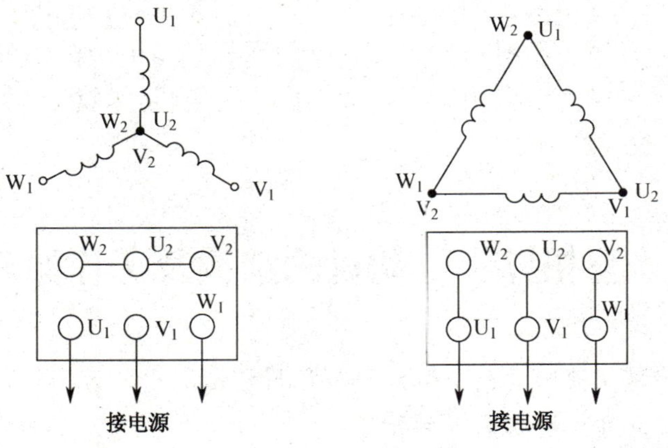

图 5-2　三相定子绕组接法

机座用铸铁或铸钢制成，其作用是固定铁心和绕组。

端盖包括电机的前端盖和后端盖。

2．转子

三相异步电动机的转子主要由转子铁心、转子绕组、转轴组成，部分电动机后端盖还装有风扇。

转子铁心由厚度为 0.5mm 的相互绝缘的硅钢片叠成，硅钢片外圆上有均匀分布的槽，其作用是嵌放转子绕组。

转子绕组有鼠笼式和绕线式两种形式，因此三相异步电动机按转子不同可分为鼠笼式三相异步电动机和绕线式三相异步电动机两种。鼠笼式转子如图 5-3 所示。鼠笼式电动机由于构造简单，价格低廉，工作可靠，使用方便，是应用最广泛的一种电动机。绕线式转子绕组有三相，绕组的三个末端接在一起，三个首端接在滑环上，通过滑环上的电刷与外电路相连接。鼠笼式转子绕组在转子铁芯槽上插上铜条，两边用铜环接通，构成回路。

转轴是转子绕组的中心轴，其上加机械负载。

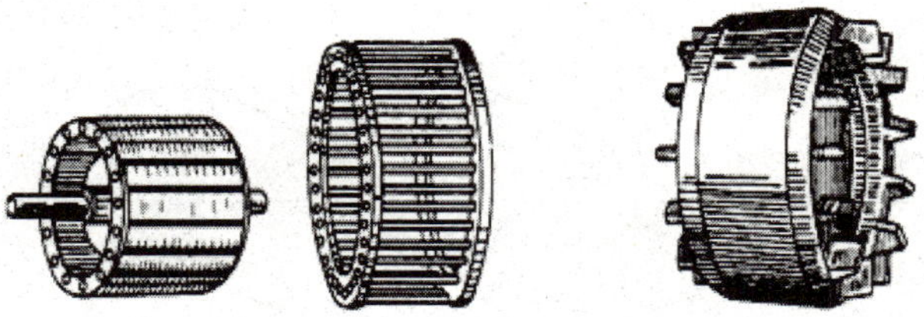

鼠笼式转子　　　　铸铝鼠笼式转子

图 5-3　鼠笼式转子

为了保证转子能够自由旋转，在定子与转子之间必须留有一定的空气隙，中小型电动机的空气隙在 0.2～1.0mm 之间。

绕线式异步电动机和鼠笼式异步电动机有相同的工作原理。

5.1.2　三相异步电动机的工作原理

1．旋转磁场的产生

三相异步电动机的定子绕组产生的旋转磁场如图 5-4 所示，三相定子绕组分别为 U_1U_2，V_1V_2 和 W_1W_2，它们在空间按互差 120° 的规律对称排列。星形连接后与三相电源 U、V、W 相联。通入三相绕组的电流为

$$i_{\mathrm{U}} = I_{\mathrm{m}} \sin \omega t \tag{5-1}$$

$$i_{\mathrm{V}} = I_{\mathrm{m}} \sin(\omega t - 120^{\circ}) \tag{5-2}$$

$$i_{\mathrm{W}} = I_{\mathrm{m}} \sin(\omega t + 120^{\circ}) \tag{5-3}$$

三相绕组的电流波形如图 5-5 所示。随着电流在定子绕组中通过，在三相定子绕组中就会产生旋转磁场。

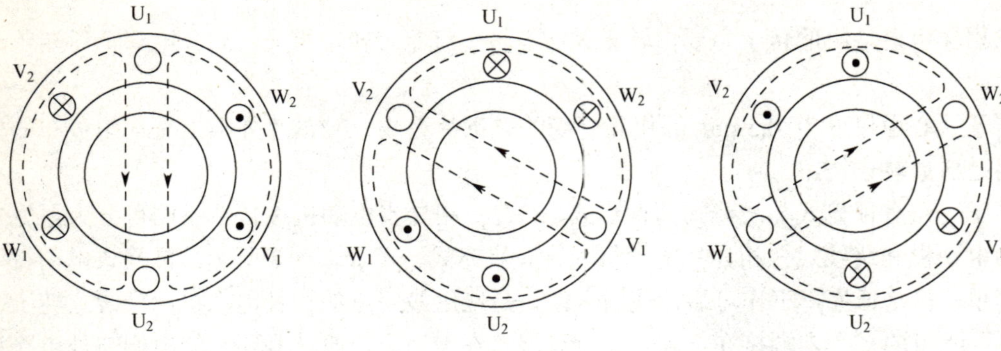

（a）$\omega t=0°$　（b）$\omega t=120°$　（c）$\omega t=240°$

图 5-4　旋转磁场的产生

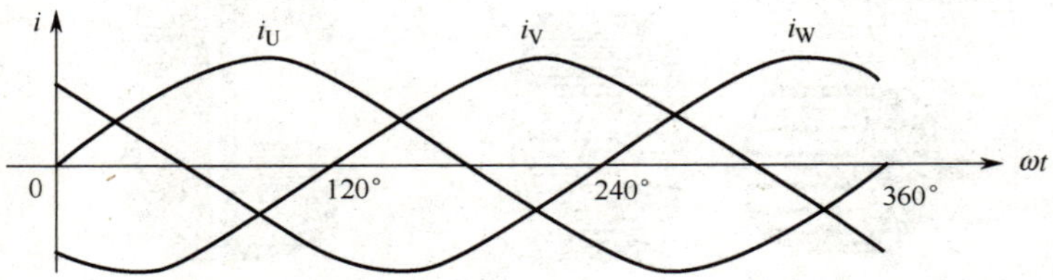

图 5-5　三相绕组的电流波形

当$\omega t=0°$ 时，$i_U=0$，U_1U_2 绕组中无电流；i_V 为负，V_1V_2 绕组中的电流从 V_2 流入 V_1 流出；i_W 为正，W_1W_2 绕组中的电流从 W_1 流入 W_2 流出；由右手螺旋定则可得合成磁场的方向如图 5-4（a）所示。

当$\omega t=120°$ 时，$i_V=0$，V_1V_2 绕组中无电流；i_U 为正，U_1U_2 绕组中的电流从 U_1 流入 U_2 流出；i_W 为负，W_1W_2 绕组中的电流从 W_2 流入 W_1 流出；由右手螺旋定则可得合成磁场的方向如图 5-4（b）所示。

当$\omega t=240°$ 时，$i_W=0$，W_1W_2 绕组中无电流；i_U 为负，U_1U_2 绕组中的电流从 U_2 流入 U_1 流出；i_V 为正，V_1V_2 绕组中的电流从 V_1 流入 V_2 流出；由右手螺旋定则可得合成磁场的方向如图 5-4（c）所示。

当$\omega t=360°$ 时，与$\omega t=0°$ 时刻相同，合成磁场在空间上正好转过一周，若三相交流电不断变化，则产生的合成磁场在空间不断变化，形成了旋转磁场。

旋转磁场的方向是由三相绕组中电流相序决定的，若想改变旋转磁场的方向，只要改变通入定子绕组的电流相序，即将三根电源线中的任意两根对调即可。这时，转子的旋转方向也跟着改变。

2．三相异步电动机的极数与磁场转速

三相异步电动机的极数就是旋转磁场的极数。旋转磁场的极数和三相绕组的安排有关。

当每相绕组只有一个线圈，绕组的始端之间相差 120° 空间角时，产生的旋转磁场具有一对磁极，即 $P=1$。

当每相绕组为两个线圈串联，绕组的始端之间相差 60° 空间角时，产生的旋转磁场具有两对磁极，即 $P=2$。

同理，如果要产生三对磁极，即 $P=3$ 的旋转磁场，则每相绕组必须有均匀安排在空间的串联的三个线圈，绕组的始端之间相差 40°（=120°/P）空间角。极数 P 与绕组的始端之间的空间角 θ 的关系为：

$$\theta = \frac{120^\circ}{P} \tag{5-4}$$

三相异步电动机旋转磁场的转速 n_0 与电动机磁极对数 P 有关，它们的关系是：

$$n_0 = \frac{60f}{P} \tag{5-5}$$

由此可知，旋转磁场的转速 n_0 决定于电流频率 f 和磁场的磁极对数 P。对某一异步电动机而言，f 和 P 通常是一定的，所以磁场转速 n_0 是个常数。

在我国，工频 f=50Hz，因此对应于不同磁极对数 P 的旋转磁场及转速 n_0 的关系如表 5-1 所示。

表 5-1　磁极对数与转速的关系

P（对）	1	2	3	4	5	6
n_0（r/min）	3000	1500	1000	750	600	500

3．三相异步电动机的转动原理

三相定子绕组中通入交流电后，便在空间产生旋转磁场，在旋转磁场的作用下，转子将作切割磁力线的运动而在其两端产生感应电动势，感应电动势的方向可根据右手螺旋法则来判断。由于转子本身为一闭合电路，所以在转子绕组中将产生感应电流，称为转子电流，电流方向与电动势的方向一致，即上面流出，下面流入。转子导条在旋转磁场中受到电磁力的作用，其方向可由左手定则来判断，上面的转子导条受到向右的作用力，下面的转子导条受到向左的作用力，转子导条在电磁力的作用下使转子旋转起来，如图 5-6 所示。

转子的转动方向和旋转磁场的转动方向一致，但转子的转速 n 小于旋转磁场的转速，即 $n < n_0$，由于转子转速与磁场转速间存在差值，故称为异步电动机。要研究其工作过程，还需要引入转差率 s。转差率是用来表示转子转速与磁场转速之差的相对程度的一个物理量，其中 $\Delta n = n_0 - n$ 为转速差。

$$s = \frac{n_0 - n}{n_0} \tag{5-6}$$

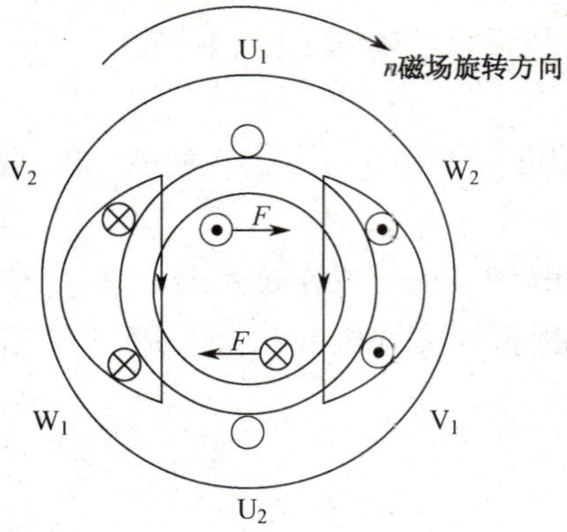

图 5-6　三相异步电动机的转动原理

当转子转速 n=0 时，转差率 s=1，为最大值；当电动机稳定运行后，电机的转速 n 比较接近同磁场转速，此时转差率 s 很小；当电动机空载时，转子转速可以很接近磁场转速，即转差率 s=0，但 s=0 的情况在实际运行时是不存在的。

5.2　三相异步电动机的铭牌

每台异步电动机的外壳上都有一块铭牌，上面标示着这台电动机的主要技术数据，使用者应根据实际需要正确选用和维护电动机。如图 5-7 所示，为一台三相交流异步电动机的外形及其铭牌。电动机的铭牌主要包括以下内容。

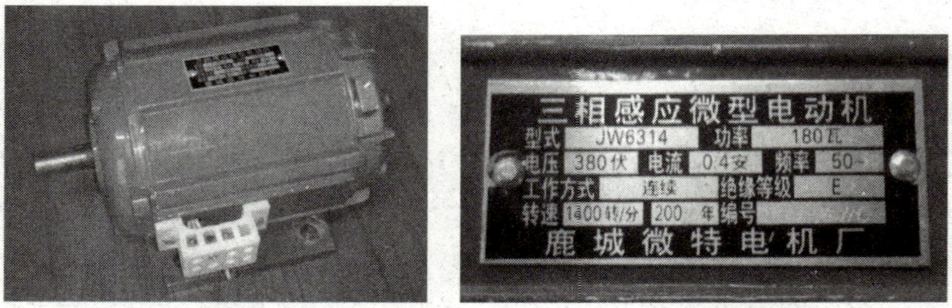

（a）外形　　（b）铭牌

图 5-7　三相异步交流电动机的外形及其铭牌

（1）型号

型号表示电动机的结构形式、机座号与极数等。

（2）额定电压

额定电压是电动机定子绕组应加线电压的额定值，有些异步电动机铭牌上标有 220/380V，对应的接法有两种，即为三角形或星形连接。当电源线电压为 220V 时电动机定子绕组应接成三角形；当电源线电压为 380V 时电动机定子绕组应接成星形。

（3）额定电流

额定电流是指电动机在额定电压下运行时定子绕组的线电流。

（4）额定转速

额定转速是指电动机额定运行时的转速，转速在电动机上的单位是转/分钟（r/min）。

（5）额定频率

额定频率是指电动机在额定运行时的交流电源的频率，我国工频是 50Hz，故电动机的额定频率一般都为 50Hz。

（6）工作方式

工作方式是指电动机的运行状态。根据电动机运行时的发热条件可将电动机的工作方式分为三种；连续工作方式，用 S1 表示；短时工作方式，用 S2 表示；断续工作方式，用 S3 表示。

（7）绝缘等级

按照电动机所用绝缘材料的耐热程度不同，将电动机的绝缘等级从低至高分为 A、E、B、F、H、C 等几个等级。如绝缘等级为 A，最高允许温度为 105℃，绝缘等级为 C，最高允许温度大于 180℃。

（8）温升

温升是指在规定的环境温度下，电动机各部分允许超出环境温度的最高温度。一般规定环境温度是 40℃，若电动机的温升是 50℃，则电动机允许工作的最高温度是 90℃。电动机在正常运行时温度不会超过最高允许温度，如果超载或出现某些故障时电动机的温度会超过最高允许温度。

5.3　三相异步电动机的起动

三相异步电动机接通电源，其内部产生旋转磁场，使电动机的转子从静止状态到转子以一定速度稳定运行的过程称为电动机的起动过程。起动电动机时要考虑四个“尽量”，即起动电流尽量小，起动时间尽量短，起动转矩尽量大，转速提升尽量稳，还得保证起动实现方案简易可行，实现和维护费用小。

鼠笼式异步电动机的起动方法有直接起动和降压起动两种。

5.3.1　直接起动

直接起动又称为全压起动，即起动时将电动机的额定电压通过刀开关或接触器直接接到电动机的定子绕组上进行起动。这种起动方案非常简单，起动时间短，并且由于控制电流简单，不需要更多的电气设备，故实现成本和维护成本都较小。但这种方案在起动过程中的起动电流比较大，所以只适用于小功率的三相异步电动机。对于大功率的异步电动机，应采取降压起动，该方案可以有效限制起动电流。

5.3.2 降压起动

降压起动是指通过起动设备将电动机的额定电压降低到一定值后加到电动机的定子绕组上，待电动机的转速上升到稳定值时，再升高定子绕组的电压，直到额定电压，从而使电机在额定电动压下稳定运行。降压时不可降得过低，否则电动机会转不起来，如果降压幅度过小，起动电流仍然会很大，存在不安全因素。降压起动常见的有三种实现方案：Y-△降压起动，自耦调压器式降压起动和转子串电阻式降压起动。

1. Y-△降压起动

Y-△降压起动的控制线路图如图 5-8 所示。在电动机起动时，电源开关 QS 闭合，控制电路先使得 KM3 闭合，电动机定子绕组接成星形，接通 KM1，电动机星形起动。当电动机转速上升到稳定值时，控制电路再控制 KM3 断开，KM2 闭合，电动机定子绕组切换为三角形连接，电动机开始稳定运行。这种起动方法比较适用于正常运行时接法为三角形的三相异步电动机。

定子绕组每相阻抗为$|Z|$，电源电压为 U_1。Y 形起动时的起动电流为

$$I_Y = I_1 = I_P = \frac{U_P}{|Z|} = \frac{\left(1/\sqrt{3}\right)U_1}{|Z|} = \frac{1}{\sqrt{3}} \times \frac{U_1}{|Z|} \tag{5-7}$$

若为△形起动，则起动电流为

$$I_\triangle = I_1 = \sqrt{3} \times I_p = \sqrt{3} \times \frac{U_1}{|Z|} \tag{5-8}$$

用式（5-7）除以式（5-8）

$$\frac{I_Y}{I_\triangle} = \frac{\dfrac{1}{\sqrt{3}} \times \dfrac{U_1}{|Z|}}{\sqrt{3} \times \dfrac{U_1}{|Z|}} = \frac{1}{3} \tag{5-9}$$

由式（5-9）可以看出，Y-△降压起动过程中，Y 形连接时的起动电流是△形连接的直接起动电流的$1/3$。

Y-△降压起动方案的起动电流确实降低了，同时起动转矩也下降了，该方案是以牺牲起动转矩为代价来降低起动电流的，所以只适用于允许经载或空载起动的场合。

2．自耦调压器式降压起动

自耦调压器式降压起动的控制线路图如图 5-9 所示。

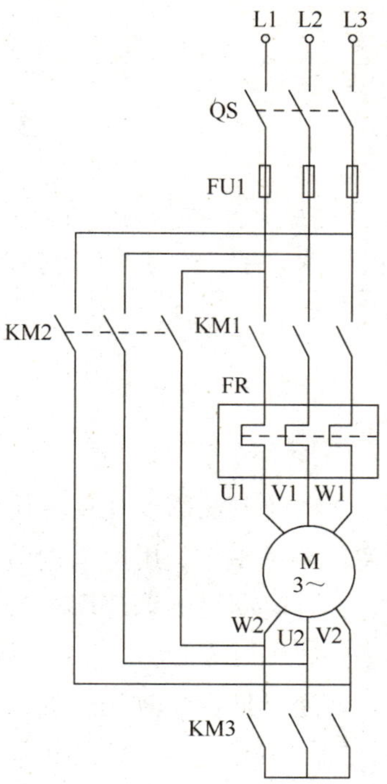

图 5-8　Y-△降压启动的控制线路图

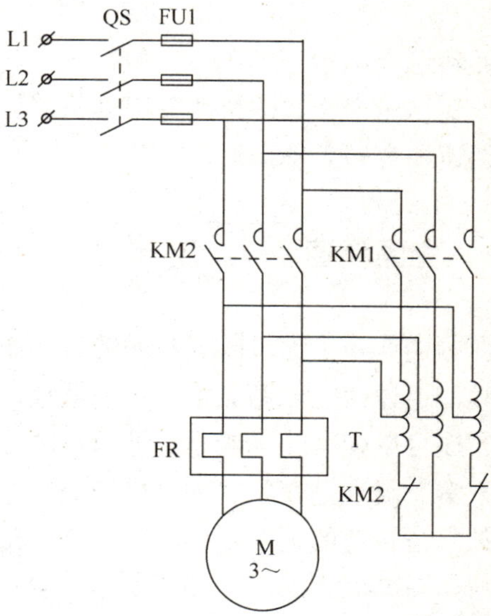

图 5-9　自耦调压器式降压起动的控制线路图

自耦调压器式降压起动是指起动时，定子绕组接三相自耦调压器的低压输出端，缓慢调节自耦调压器使其输出端升压，当升至接近电源电压时，起动完毕，切断自耦调压器并将定子绕组直接接上三相交流电源，使电动机在额定电压下稳定运行。

首先闭合 QS 电源开关，再用控制电路将 KM1 开关闭合，即电动机通过自耦调压器和电源相连，调节自耦调压器，接到电动机上的电压升高，转速提升，当自耦调压器的输出电压接近电源电压时，用控制电路将 KM1 断开，控制 KM2 动作，此时接在自耦调压器上的 KM2 常闭开关断开，接在电动机三相线上的 KM2 开关闭合，电动机稳定运行。

采用自耦调压器来降压起动电动机，定子绕组所加电压下降为额定电压的 $1/K$（K 为自耦调压器的变比）倍，起动电流也下降到 $1/K$，启动转矩则下降为直接启动时的 $1/K^2$。

3．转子串电阻降压起动

在线绕式电动机中，电动机的转子是三组绕组，当给转子串入电阻时，电路中的总阻值变大，转子电流会减小，进而减小了定子电流和电磁转矩。因为鼠笼式电动机内部转子的电阻是定值，不能串入电阻，因此鼠笼式三相异步电动机不能用该方法起动，该方法只适用于线绕式三相异步电动机的降压起动。

5.4 三相异步电动机的调速

调速是指在同一负载下人为根据需要来改变电动机的转速。由式（5-5）和式（5-6）得

$$n=(1-s)n_0=(1-s)\frac{60f}{P} \tag{5-10}$$

即转速 n 和转差率 s、电源频率 f、电动机旋转磁场的磁极对数 P 三者都有关系，因此，通过改变这三个参数即可改变电动机的转速。要改变电动机的转速，有三种方式：变频调速、变极调速和变转差率调速。

5.4.1 变频调速

变频调速是指通过改变电源的频率来改变电动机的转速。该调速方法需要使用专用的电源变频器通过改变电源频率来实现调速，变频器可以实现频率的连续调节，用此来调节电动机的转速可以使转速无极平滑调节，是比较理想的调节方案，交流电动机的调速现已普遍使用该方案。缺点是变频器的价格较高。

频率与转速的关系是：频率越高，转速越高，频率越低，转速越低。变频调速的实现方案之一如图 5-10 所示，三相交流电源经二极管整流器整流后送至 IPM，在 CPU 的控制下，IPM 将直流电逆变为频率连续可变的三相交流电源，然后提供给电动机，实现电动机的变频调速。

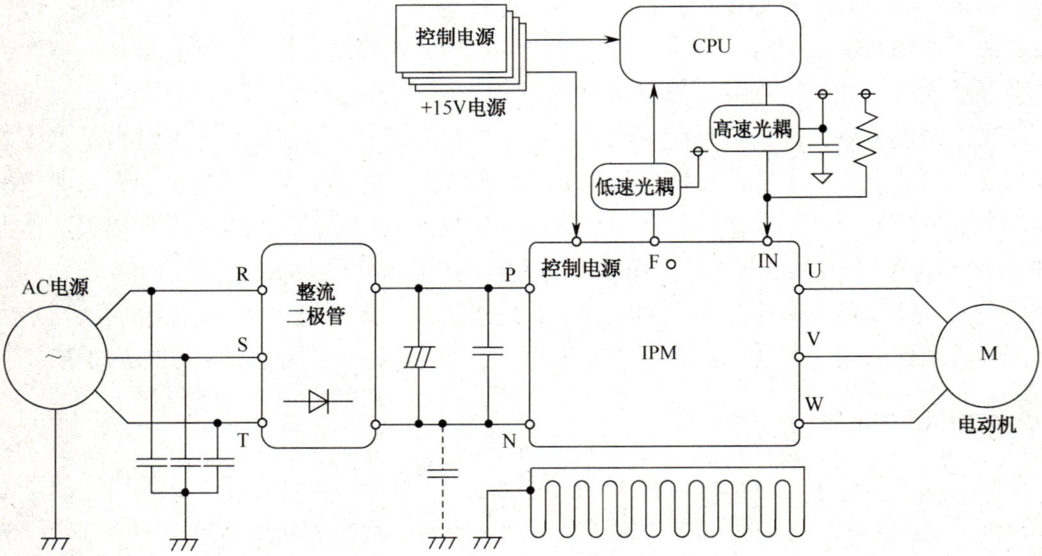

图 5-10 变频调速实现方案

5.4.2　变极调速

变极调速是指通过改变电动机的磁极对数从而实现调速的方法，异步电动机的磁极对数与定子绕组的接线方式有关。这种调速方法改变了电动机内部定子的连接方式，磁极对数的改变不是连续的，是成倍数变化的，因此电动机的速度是阶梯状可调，无法实现无极调速，所以把这种调速方式称为有级调速，也可称为多速电动机。一般鼠笼式异步电动机采用变极调速的方法实现调速。

变极调速是通过改变电动机的定子绕组接法来实现调速的，以三相六绕组接线图为例，如图 5-11 所示。将 U1U2 绕组和 U2V1 绕组串联，为一相绕组，将 V1V2 绕组和 V2W1 绕组串联，为第二相绕组，将 W1W2 绕组和 W2U1 绕组串联，为第三相绕组，将这三组绕组接成△形，则电动机内部形成的磁极是两对。将 U1U2 绕组和 U2V1 绕组并联，为一相绕组，将 V1V2 绕组和 V2W1 绕组并联，为第二相绕组，将 W1W2 绕组和 W2U1 绕组并联，为第三相绕组，将这三组绕组接成 Y 形，则电动机内部形成的磁极是一对。两种接法不同，磁极对数不同，电动机速度不同。在该例中，两种接法下电动机磁场转速差一倍。

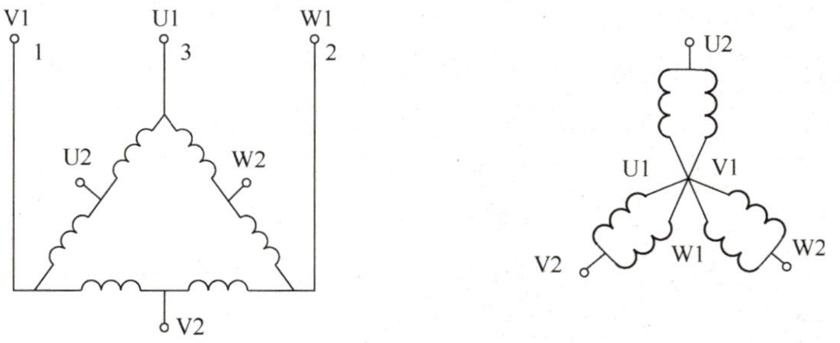

（a）△形　　　（b）Y 形

图 5-11　变极调速的绕组接线

变极调速的缺点是无法实现速度的连续变化，优点是结构简单，调速成本低，稳定性好。

5.4.3　变转差率调速

变转差率调速可以通过改变定子电压、转子串电阻、串极等方法实现。

异步电动机的转矩与定子电压的平方有关，因此，改变异步电动机的定子电压即可改变电动机的转矩和机械特性，从而实现异步电动机的调速，是一种比较简单的方法。

在绕线式异步电动机中，可以通过改变转子电阻来改变转差率，从而改变电动机的速度。以上两种调速方法都是以转差功率损耗为代价的，效率较低，浪费也大。

对于绕线式异步电动机，在其转子上不是串入电阻，而是串入与转子电势同频率的附加电势，如果附加电势与转子电势同相位，则转子电流增大，电动机转速升高。同理，若附加电势与转子电势反相，则转子电流减小，使电动机的转速下降。

5.5 三相异步电动机的制动

由于三相异步电动机在断电后不会立即停转，而是因为转动惯性的作用，电动机要经过一定的时间后才会降速停下。但是在很多场合必须要求电动机断电后迅速停转或立即停转，因此需要对电动机采取一些方法，控制电动机制动。

电动机的制动方法可以分为两大类：机械制动和电气制动。机械制动比较简单，是采用机械部件控制电动机停转。例如采用电磁抱闸的方法来实现。电气制动一般有能耗制动、反接制动和回馈发电制动三种方法。本节主要介绍电气制动。

5.5.1 能耗制动

能耗制动的接线图如图 5-12（a）所示，原理示意图如图 5-12（b）所示。三相电动机在控制电路的控制下断开 KM1 开关，即断开三相交流电源，同时控制电路控制 KM2 开关闭合，TC 变压器接通，将 380V 的线电压降压，再通过 VC 桥式整流电路转变成全波直流电，将该直流电通入三相电动机的两相绕组中，在电动机定子产生恒定的固定磁场，如图 5-12（b）所示。电动机由于断开三相电源后在惯性的作用下继续顺时针旋转，转子导条切割磁感线，产生感应电动势，由于转子是闭合的，因此导条中有感应电流流过，通电导条在固定磁场中切割磁感线，会受到电磁力的作用，该电磁力的方向与通上三相电源时产生的电磁力方向相反（与电动机的旋转方向相反），故产生制动力矩，从而使得电动机降速停转。当电动机的转速为零时，转子与固定磁场之间不再有相时运动，转子导条中就没有了感应电动势，也没有了感应电流，因此没有受到磁场力的约束，电动机的制动转矩也随之消失，制动过程结束。

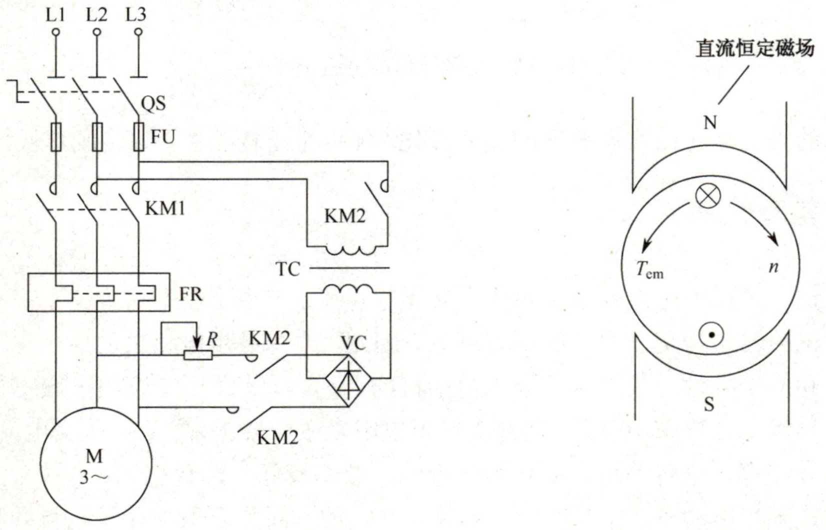

（a）接线图　　（b）原理示意图

图 5-12　能耗制动示意图

5.5.2　反接制动

反接制动的接线图如图 5-13（a）所示，原理示意图如图 5-13（b）所示。正常工作时 QS 闭合，控制电路控制 KM1 闭合，电动机转动起来，假定电动机是顺时针旋转。需要停止时，控制电路控制 KM1 断开，控制 KM2 闭合，此时由于 KM2 开关的接线是将 KM1 开关的接线方式改变了，即改变了两条相线的接线顺序（即电源相序），那么在电动机的定子绕组上就产生了与原磁场方向相反的旋转磁场（逆时针的旋转磁场），电动机的转子导条也感应到了反相电动势，因其是闭合的，故而产生反相的感应电流，转子导条受到反向的转动转矩，电动机很快就可制动住。当电动机转速为零时，如果不及时使控制电路断开 KM2 开关，那么反向旋转磁场还是存在，电动机转子就会从零转速反向转动起来，因此要适时使控制电路断开 KM2 开关。在反接制动过程中，电动机的动能全部转化成电能消耗在转子回路中，会引起电动机发热，一般在制动回路中串联一个大电阻，以减小制动电流。反接制动方式一般多用于起重提升设备及机床等生产机械中。

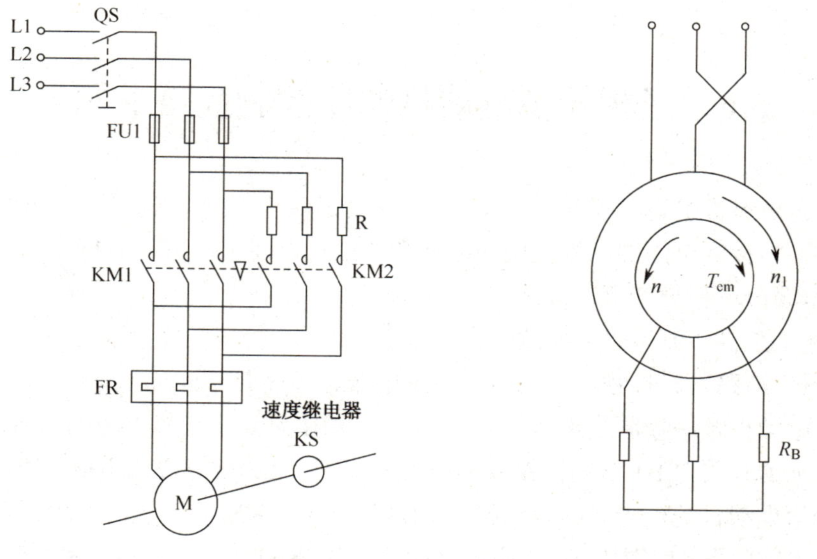

（a）接线图　　（b）原理示意图

图 5-13　反接制动示意图

5.5.3　回馈发电制动

回馈发电制动多用于起重机械下放重物、电动机车下坡时。起重机械下放重物采用回馈发电制动的原理示意图如图 5-14 所示。电动机转向不变的情况下，由于重物 W 向下的重力，使得电动机的转速大于旋转磁场的转速，转子相对于旋转磁场改变了运动方向，电动机转子切割磁感线的方向发生变化，感应电动势和感应电流的方向也发生变化，转子受到制动力矩的作用，和重物的重力达到平衡，因此重物即可匀速下降。在此过程中，电动机将重物的势能转换为电能回馈给电网，所以称为回馈发电制动。

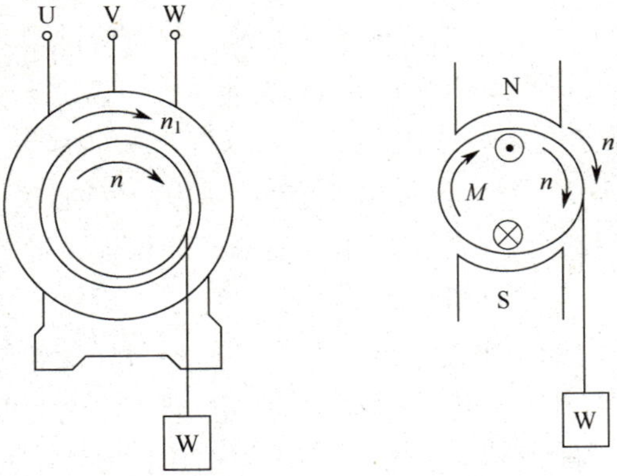

图 5-14　回馈发电制动示意图

5.6　三相异步电动机顺序控制线路举例

在实际应用中有许多设备需要正、反两个方向的运动，为了实现三相异步电动机的正、反转控制，只要将接到电源的三根连线中的任意两根对调即可。所需器材有：

① 三相电源，三相异步电动机；

② 常用电工工具，万用表，兆欧表；

③ 熔断器、断路器、接触器、按钮、热继电器、导线若干。

三相异步电动机顺序控制线路如图 5-15 所示。图中三相电动机上方的 KM1 和 KM2 为电动机供电线上的开关，SB1 常闭按钮控制电动机停车，SB2 常开按钮为电动机的正转按钮，SB3 常开按钮为电动机的反转按钮。当按下 SB2 按钮后，KM1 吸合，电动机通上三相电正转起来，单刀 KM1 吸合后锁住 KM1 交流接触器，松开 SB2 按钮后电动机继续正向转动。按下 SB1 按钮后电动机停车。当按下 SB3 按钮后，KM2 吸合，电动机通上改变相序后的三相电反转起来，单刀 KM2 吸合后锁住 KM2 交流接触器，松开 SB3 按钮后电动机继续反向转动。读者可自行分析当电动机正转的过程中能不能直接按 SB3 按钮让电动机反转起来，为什么？

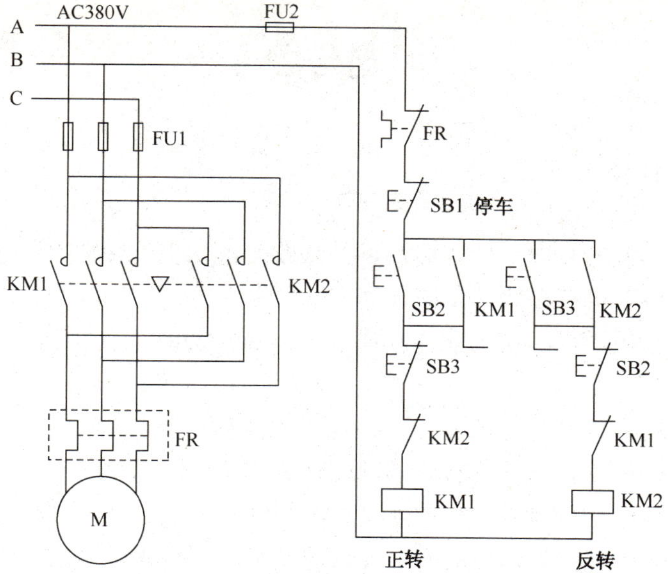

图 5-15　接触器连锁的正反转控制线路

本章小结

1．三相异步电动机（感应电动机）结构简单，主要包括定子和转子，均由铁芯和绕组组成。转子有两种结构:鼠笼式和绕线式。

2．三相异步电动机的工作原理：定子绕组通电产生旋转磁场，转子导条或绕组在旋转磁场中切割磁感线产生感应电动势，因为转子是闭合的，故产生感应电流，带电的转子导条或绕组在磁场中受到电磁力的作用而转动起来。

3．旋转磁场的转速为 $n_0 = \dfrac{60f}{P}$。

4．转子的旋转方向由三相电源的相序决定，改变相序可以改变旋转磁场的旋转方向，就可以改变转子的转向。

5．三相异步电动机的起动方法：直接起动和降压起动，降压起动有分为 Y-△降压起动、转子串电阻式降压起动和自耦调压器式降压起动。

6．三相异步电动机的调速方法：变频调速、变极调速、变转差率调速。

7．三相异步电动机的制动方法：机械制动和电气制动，电气制动又分为能耗制动、反接制动和回馈发电制动。

本章习题与思考题

1. 三相异步电动机由哪几部分组成？

2. 简述三相异步电动机的工作原理。

3. 三相异步电动机的转向由什么决定，如何改变电动机的转向？

4. 鼠笼式异步电动机有哪些常用的起动方法？

5. 一台鼠龙式三相异步电动机标有额定电压为 380/220V，当电源电压为 380V 时，能否采用 Y-△降压启动？

6. 三相异步电动机有哪几种调速方法？有哪几种制动方法？

7. 异步电机的转速 n 和定子旋转磁场的转速 n_1 有什么关系？

8. 解释三相异步电动机“异步”的意义。

9. 已知某三相异步电机的磁极对数 P=6，电源频率为 50Hz, 额定转差率为 0.05，求该电动机的额定转速。

10. 一台异步电动机由频率为 50Hz 的电源供电，其额定转速为 730r/min。求此电动机的磁极对数，同步转速及额定负载时的转差率。

第 6 章

直流电动机与步进电动机

学习目标

1. 了解直流电动机的结构、分类和工作原理。
2. 了解步进电动机的结构和工作原理及其在汽车上的使用。
3. 掌握直流电动机的控制方法。
4. 掌握步进电动机的控制方法。

直流电机按机械能与电能的转换方向不同可分为直流电动机和直流发电机两大类，在生产中直流电动机的应用居多。直流电动机的应用范围已遍及国民经济的各个领域以及人们的日常生活中。传统的直流电动机均采用电刷以机械方法进行换向，存在相对的机械摩擦，因此具有噪声、火花、无线电干扰、寿命短、制造成本高及维修困难等缺点。在 20 世纪 30 年代有人开始研制以电子换向代替电刷机械换向的直流无刷电动机，20 世纪 60 年代初终于实现了这一愿望。20 世纪 70 年代以来，随着电力电子工业的飞速发展，许多高性能半导体功率器件，如 GTR、MOSFET、IGBT、IPM 等相继出现，以及高性能永磁材料的问世，均为直流无刷电动机的广泛应用奠定了坚实的基础。

汽车上直流电动机的使用非常多，如雨刮电动机、车窗电动机、后视镜调节及折叠电动机、起动电动机、座椅调整电动机、空调鼓风机、门锁电动机、油箱盖电动机等。如图 6-1 所示，为大众 POLO 轿车的车窗控制电脑及电动机和空调鼓风机。

生活中步进电动机没有直流电动机应用那么广泛。在汽车仪表计算机内的指针由步进电动机带动，怠速控制也可在计算机的控制下由步进电动机实现。如图 6-2 所示，为大众 POLO 轿车仪表计算机内的步进电动机。

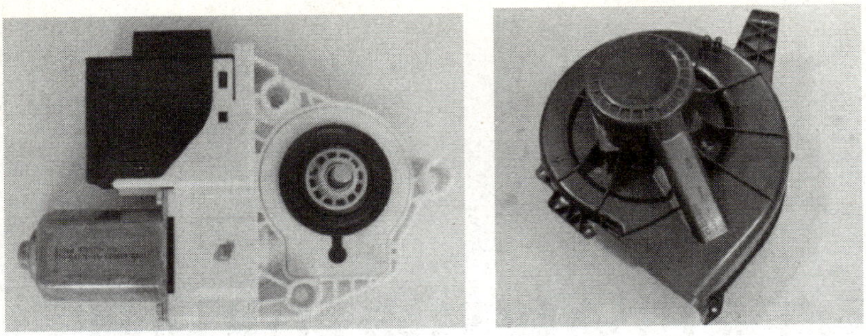

图 6-1　大众 POLO 轿车的车窗控制计算机及电动机和空调鼓风机

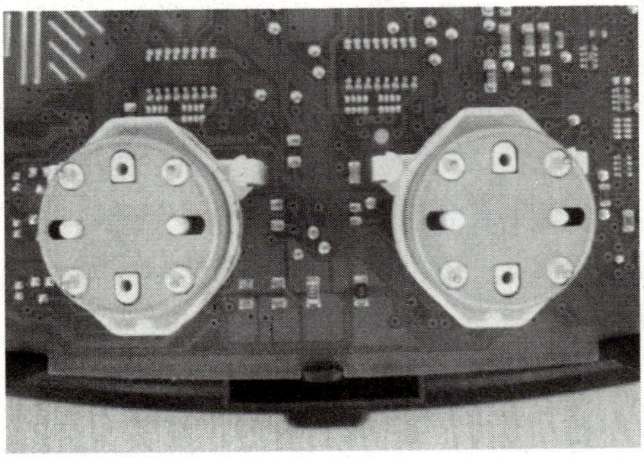

图 6-2　大众 POLO 轿车仪表计算机内的步进电动机

本章主要介绍直流电动机和步进电动机的结构、工作原理等基本内容。

6.1　直流电动机的结构、工作原理和特性

6.1.1　直流电动机的结构

直流电动机由固定不动的定子和旋转的转子两部分组成，其结构示意图如图 6-3 所示。

1．定子

定子的作用是产生磁场和作为电动机机械支撑。它由主磁极、换向磁极、电刷、机座、端盖和轴承等组成。

主磁极铁心包括极心和极掌两部分。极心上套有励磁绕组，各主磁极上的绕组一般都是串联的。极掌的作用是使空气隙中磁感应强度分布最为合适。改变励磁电流的方向，就可改变主磁极极性，也就改变了磁场方向。

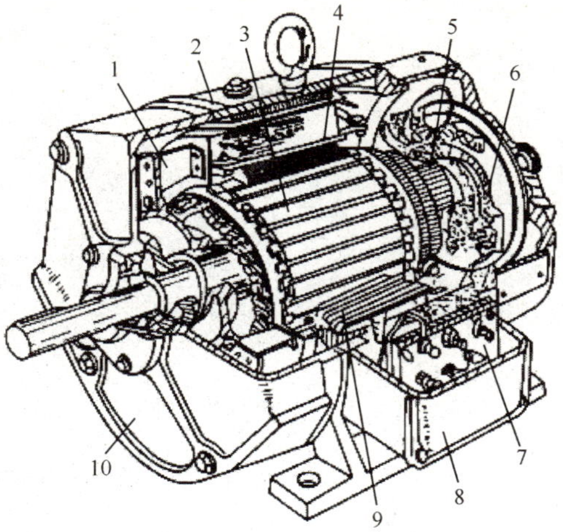

1—风扇；2—机座；3—电枢；4—主磁极；5—电刷架； 6—换向器

7—接线板；8—出线盒；9—换向极；10—端盖

图 6-3　直流电动机结构示意图

换向磁极产生附加磁场，改善电动机的换向，减小电刷与换向器之间的火花，不致使换向器烧坏。

在两个相邻的主磁极之间中性面内有一个小磁极，这就是换向磁极。它的构造与主磁极相似，它的励磁绕组与主磁极的励磁绕组相串联。

电刷装置主要由用碳—石墨制成导电块的电刷、加压弹簧和刷盒等组成。固定在机座上（小容量电动机装在端盖上）不动的电刷，借助于加压弹簧的压力和旋转的换向器保持滑动接触，使电枢绕组与外电路接通。

电刷数一般等于主磁极数，各同极性的电刷经软线汇在一起，再引到接线盒内的接线板上，作为电枢绕组的引出端。

机座用来固定主磁极、换向磁极和端盖，是电动机磁路的一部分。它用铸钢或铸铁制成。机座上的接线盒有励磁绕组和电枢绕组的接线端，用来对外接线。

端盖由铸铁制成，用螺钉固定在底座的两端，盖内有轴承用以支撑旋转的电枢。

2．转子

转子又称电枢，是电动机的旋转部分。它由电枢铁心、绕组、换向器等组成，如图 6-4 所示。

电枢铁心由硅钢片冲压而成，在外圆上有分布均匀的槽用来嵌放绕组。铁心也作为电动机磁路的一部分。

绕组是产生感应电动势或电磁转矩，实现能量转换的主要部件。它由许多绕组元件构成，按一定规则嵌放在铁心槽内和换向片相连，使各组线圈的电动势相加。绕组端部用镀锌钢丝箍住，防止绕组因离心力而发生径向位移后与定子摩擦。

换向器由许多铜制换向片组成，外形呈圆柱形，片与片之间用云母绝缘。

图 6-4　直流电动机的电枢

6.1.2　直流电动机的工作原理

直流电动机与交流电动机原理大致相似，也是基于电磁感应的原理，使转轴在一个力矩的作用下而转动。

直流电动机的工作原理示意图如图 6-5 所示。图中 N 和 S 是一对静止的磁极，用以产生磁场，其磁感应强度沿圆周为正弦分布。容量较小的电动机是用永久磁铁做磁极的，容量较大的电动机的磁场是由直流电流通过绕在磁极铁心上的绕组产生的。用来形成 N 极和 S 极的绕组称为励磁绕组，励磁绕组中的电流称为励磁电流。

在 N 极和 S 极之间，有一个能绕轴旋转的圆柱形铁心，其上紧绕着一个线圈称为电枢绕组（图中只画出一匝线圈），电枢绕组中的电流称为电枢电流。

换向器：电枢绕组两端分别接在两个相互绝缘而和绕组同轴旋转的半圆形铜片（换向片）上，组成一个换向器。换向器上压着固定不动的炭质电刷。

电枢：铁心、电枢绕组和换向器所组成的旋转部分称为电枢。

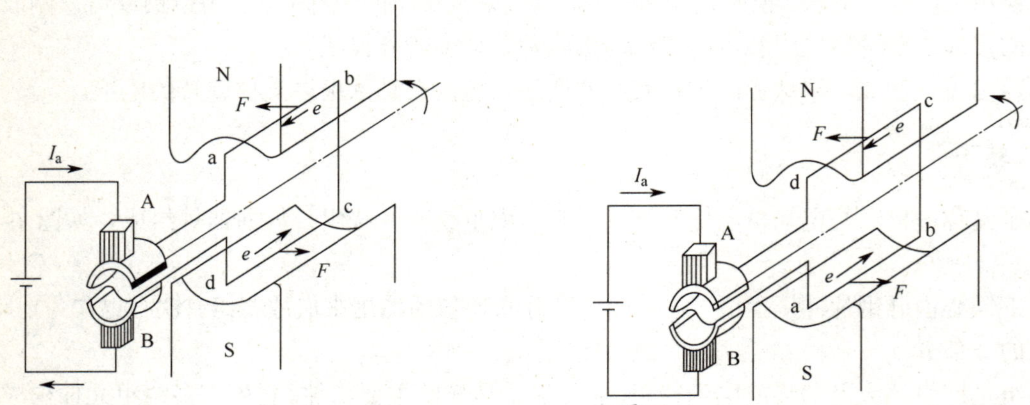

图 6-5　直流电动机的工作原理示意图

如图 6-5（a）所示，电枢绕组通过电刷接到直流电源上，绕组的旋转轴与机械负载相连。电流从电源正极流出，流到电刷 A，再流入电枢绕组，路径为 abcd，再从电刷 B 流出后流回电源负极。ab 边和 cd 边通电，在磁场中与磁场相互作用产生电磁力 F，其方向可用左手定则判定。这一对电磁力所形成的电磁转矩 T，使电动机电枢逆时针方向旋转。

当电枢转过 180° 后，转到图 6-5（b）所示位置时，ab 边转到下方，cd 边转到了上方。电流从电源正极流到电刷 A，再流入电枢绕组，路径为 dcba，再从电刷 B 流出后流回电源负极。这时线圈电磁转矩的方向发生了改变，即 ab 边的电磁力由左变成右，cd 边的电磁力由右变成左，上边的受力导线受到的电磁力方向一直向左，下边的受力导线受到的电磁力方向一直向右，即由于换向器随电枢一起旋转，使得电刷 A 总是接触 N 极下的导线，电刷 B 总是接触 S 极下的导线，电流流动方向发生改变，而电磁转矩方向不变。由此可看出，换向器可以将电源的直流电转变成电枢绕组中的交变电（ab 边和 cd 边的电流方向交替变换）。

6.2 直流电动机的分类

励磁绕组与电源的连接方式称为励磁方式，按照励磁方式的不同，将直流电动机分为他励式直流电动机、并励式直流电动机、串励式直流电动机和复励式直流电动机。

1. 他励式直流电动机

他励式直流电动机采用两组电源供电，一组电源接励磁绕组，其励磁电流 I_f 比较恒定；另一组电源接电枢绕组，电枢电流为 I_a，两部分没有电的联系，起动转矩与电枢电流成正比，如图 6-6（a）所示。

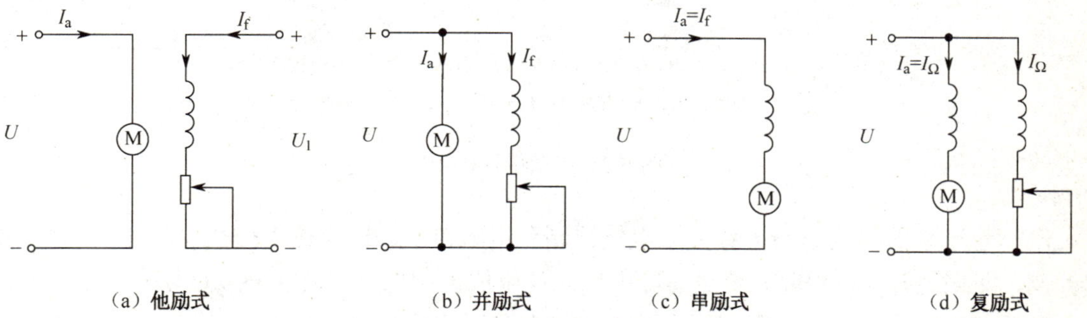

图 6-6 直流电动机的励磁方式

2. 并励式直流电动机

并励式直流电动机只有一个电源供电，励磁绕组和电枢绕组并联后由同一个控制电路控制，其特点是励磁绕组和电枢绕组的电压相同，电源电流为电枢电流与励磁绕组电流之和，如图 6-6（b）所示。

图 6-7 汽车起动机

3. 串励式直流电动机

串励式直流电动机的励磁绕组与电枢绕组之间通过电刷和换向器相串联，由同一个控制电路控制，其起动转矩可达额定转矩的 5 倍以上，短时间过载转矩可达额定转矩的 4 倍以上，转速变化率较大，空载转速甚高（一般不允许其在空载下运行），如图 6-6（c）所示。汽车上的起动机采用的是串励式直流电动机，主要应用串励式直流电动机起动转矩大这一特点。如图 6-7 所示，为汽车起动机。该起动机的结构图如图 6-8 所示。工作过程简单描述如下，两个接线柱一个接电源正极，负责给电动机通电，另一个从起动继电器接过来，当点火开关在起动挡（START）时，起动继电器吸合，给电动机的电磁开关供上电，电磁开关内的线圈通上电，产生电磁吸力，将电磁铁心吸入，拨叉上方被吸向左侧，拨叉下方往前拨动拨环，驱动齿轮被推出与汽车发动机飞轮齿啮合，起动着车后，点火开关回到 ON 挡，电磁开关断电，在弹簧的弹力作用下，电磁铁心被弹出，拨叉将电枢轴拨回，驱动齿轮与发动机飞轮分离，起动结束。

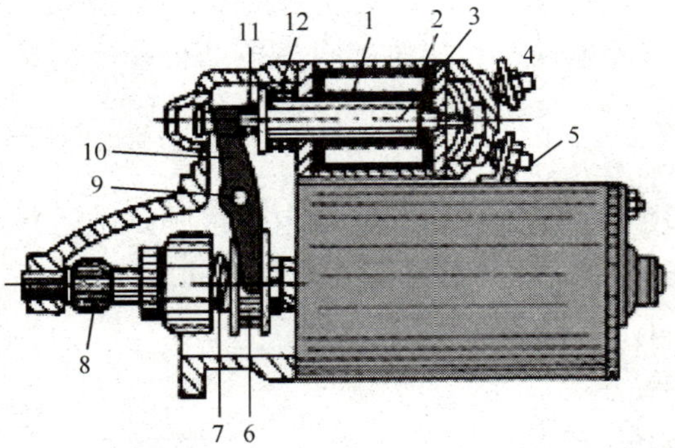

1—线圈；2—外壳；3—电磁铁心；4、5—接线柱；6—拨环；7—缓冲弹簧；
8—驱动齿轮；9—拨叉轴；10—拨叉；11、12—弹簧

图 6-8 起动机结构图

汽车起动系的控制电路大致分为电气控制和电脑控制，比亚迪 F3 轿车的起动系属于电气控制，即采用开关、保险、继电器等电气元件组成控制电路；大众 POLO 轿车的起动系属于电脑控制，即它的起动过程需要电脑 J519（车载网络控制单元）的控制，如果电脑出现故障，则起动就难以实现。如图 6-9 所示，为比亚迪 F3 轿车的起动系统电路图，其工作原理简述如下，当点火开关 AM2 打至 ST2 位置，起动继电器 T12 通上电，电流路径为，电源正极，到 30A 的 2 号点火保险，再到点火开关 5 号线，再到点火开关 4 号线，再到 7.5A 的起动电源保险，再到起动继电器 T12 的 1 号线，从起动继电器 T12 的 2 号线流出后搭铁，起动继电器内的开关吸合。起动机电磁开关在起动继电器吸合后通上电，电流路径为，电源正极，到 30A 的 2 号点火保险，再到起动继电器 T12 的 5 号线，再从起动继电器 T12 的 4 号线流

出后进入起动机的电磁开关 B 端，起动机本身搭铁，从而形成闭合路径，电磁开关动作，拨动拨叉，起动机的驱动齿轮被推出，同时接通起动机内电动机的回路，电流路径为，电源正极，到起动机 A 端，起动机本身搭铁，起动机动作，驱动齿轮与发动机飞轮齿啮合，起动着车。起动后点火开关 AM2 与 ST2 断开，起动继电器电磁线圈断电，失去电磁吸力，继电器内的开关断开，使起动机的电磁开关断电，拨叉将驱动齿轮拨回，起动机电动机断电，起动过程结束。

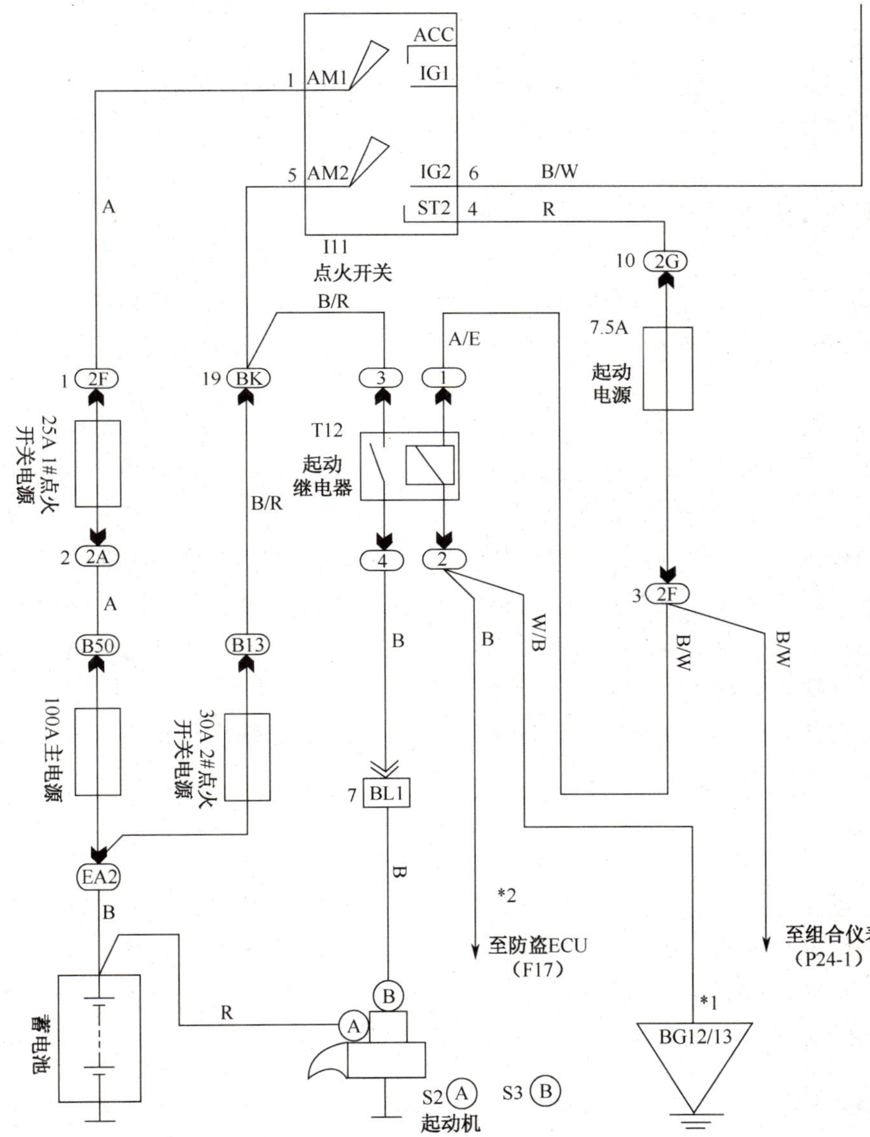

图 6-9　比亚迪 F3 轿车起动系统电路图

4．复励式直流电动机

复励式直流电动机的励磁绕组的一部分与电枢绕组串联，另一部分与它们并联，如图 6-6（d）所示。

6.3 直流电动机的起动、制动、调速及正反转控制

直流电动机在日常的使用中，经常会遇到如何起动，需要怎样制动，怎么调速，如何实现正反转控制等问题，本节主要介绍这几方面的问题。

6.3.1 直流电动机的起动

直流电动机从接通电源开始转动，直至转速升高至某一固定转数后稳定运行，这一过程称为电动机的起动过程。直流电动机有全压起动、变阻器起动和降压起动三种方法。

1．全压起动

全压起动又称为直接起动。全压起动就是将电动机直接接入到额定电压的电源上起动。由于电动机所加的是额定电源，而电动机开始接通电源瞬间电枢不动，电枢反电动势为零，所以起动时电流很大。正因为此，起动转矩大，电动机起动迅速，起动时间短。

电动机一旦开始运转，电枢绕组就有感应电动势产生，且转数越高，电枢反电动势就越大。随着电动机转数上升，电流迅速下降，电磁转矩也随之下降。当电动机电磁转矩与负载阻力转矩相平衡时，电动机的起动过程结束而进入稳定运行状态。

全压起动的优点是不需复杂的电气控制设备，操作简便；缺点是起动电流大。它只适用于小型电动机，如家用电器中的直流电动机。

2．变阻器起动

变阻器起动就是在起动时将一组起动电阻串入电枢回路，以降低电枢绕组电压，限制起动电流，而当转数上升到额定转数后，再把起动变阻器从电枢回路中切除。

变阻器起动的优点是起动电流小；缺点是变阻器比较笨重，起动过程中要消耗很多的能量。

3．降压起动

降压起动就是在起动时通过暂时降低电动机供电电压的办法来限制起动电流，随着起动过程的进行，逐渐调高电枢绕组上的电压，直至额定电压，转速也会逐渐升高至稳定的转速。该起动方法需要有一套可变电压的直流电源，是适合于大功率电动机的起动方案。

6.3.2　直流电动机的制动

直流电动机的制动方法分为自由制动、机械制动和电气制动。自由制动是指通过空气阻力和机械材料之间的自由摩擦，使电动机转子停止转动。机械制动是指通过某种方法，让电动机的电磁转子受到的外界阻力瞬时加大，以阻碍电动机转子转动，进而使其停下来。电气制动是指使电动机产生一个与转速方向相反的电磁转矩，起到阻碍运动作用的一种方法。电气制动有能耗制动、反接制动和回馈制动三种方法，控制简单，制动转矩大，无噪声，成本低，因此被广泛使用。

1．能耗制动

能耗制动的原理图如图 6-10 所示，制动前接触器 KM1 闭合，KM 断开，电动机处于稳定运行状态。转动转矩 T_{em} 与转速 n 的方向相同（均为顺时针方向）。电动机制动时，KM1 断开，KM 闭合，电动机电枢绕组断电，但在惯性的作用下电动机继续沿顺时针方向转动，切割磁感线，此时电动机处于发电状态，在电枢绕组上产生感应电动势 E_a，方向如图 6-10 所示。由于电动机电枢绕组和电阻 R_H 串联构成回路，产生的制动电流与驱动电流 I_a 方向相反，则产生的制动力矩与原转动力矩相反，电动机迅速减速至零。由于在制动过程中的电动机动能转换成电能被制动电阻消耗，因此被称为能耗制动。

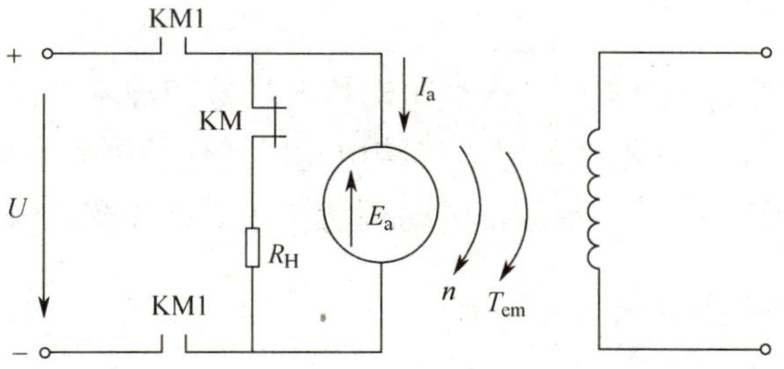

图 6-10　能耗制动的原理图

2．反接制动

电枢电压反接制动如图 6-11 所示，制动前，接触器的常开触头 KM1 闭合，另一个接触器的常开触头 KM2 断开，假设此时电动机处于正向电动运行状态，电磁转矩 T_{em} 与转速 n 的方向相同。

在电动机运行中，断开 KM1，闭合 KM2，使电枢电压反向并串入电阻 R_F，则电动机进入制动过程。反接制动时，加到电枢两端电源电压的极性方向相反，端电压为反向电压 $-U$，同时接入反接制动电阻 R_F，反接制动开始，由于机械惯性，转速不能突变，仍保持原来的方向，在减速过程中，T_{em} 与 n 的方向相反，电磁转矩 T_{em} 为制动性转矩，拖动系统减速，直至 n=0，然后应该立即将接触器触头 KM1，KM2 都断开，使电动机脱开电源，系统制动过程结束，接触器断开过晚回使电动机反转。

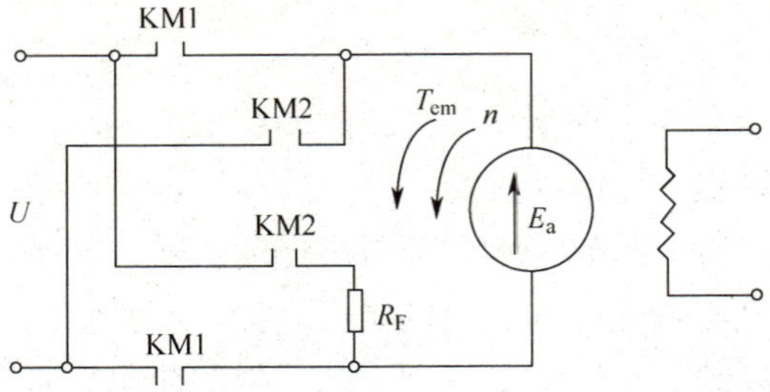

图 6-11　电枢反接制动原理图

3．回馈制动

回馈制动和三相异步电动机的回馈发电制动相同，多见于电动机下放重物以及下坡等场合。在励磁不变的条件下，如果电动机的负载转矩使其加速运行，电动机的实际转速大于电动机的励磁驱动转速，E_a 和 U 在回路中共同作用的结果是电枢电流在原方向上迅速减小并反向，故电磁转矩反向，进入制动状态。由于电动机将势能转化为电能回馈给电网，具有发电机的特性，因此这种制动方法又称为回馈发电制动。

6.3.3　直流电动机的调速

在电动机的机械负载不变的条件下改变电动机的转数即被称为调速，根据电动机的机械特性，当转矩 M 不变（即负载不变）时，影响电动机转速的因素有电源电压 U、电枢电阻和主磁通，因此只要改变其中一个参数，电动机的转速就可改变。

1．电枢回路串联电阻调速法

电枢回路串联电阻调速法原理图如图 6-12 所示。当电动机制成以后，其电枢电阻是一定的，但是可以在电枢回路中串联一个可变电阻 R_P 来实现调速，这种方法增加了串联电阻，使电动机的效率降低，特性变软。如果负载稍有变动，则电动机的转数就会有较大的变化，因而对要求恒速的负载不利。

2．改变励磁回路电阻的调速法

改变励磁回路电阻的调速法原理图如图 6-13 所示。为了改变磁通量，在励磁电路中串联一只调速电阻器 R_P，改变调速电阻器 R_P 的阻值就可改变励磁电流，进而使主磁通量得以改变，实现调速。这种调速方法只能减小磁通使转数上升，特点是调速后的机械特性变硬。

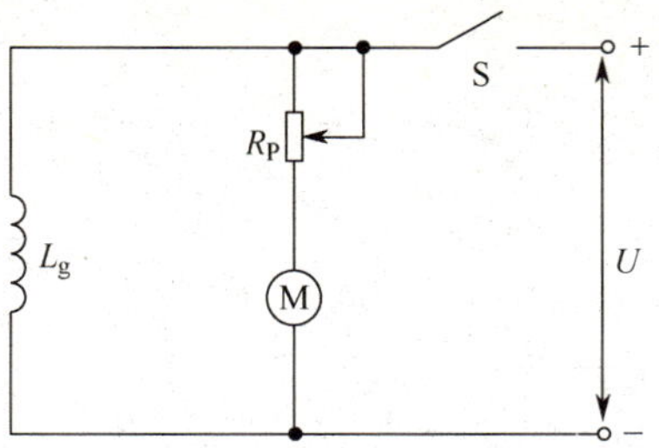

图 6-12 电枢回路串联电阻调速法原理图

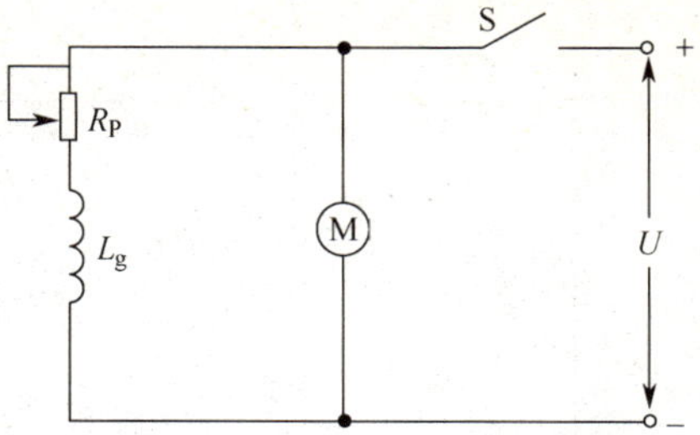

图 6-13 改变励磁回路电阻的调速法原理图

3. 改变电枢端电压调速法

改变电枢的端电压 U 也可以相应地提高或降低直流电动机的转速。由于电动机的电压不得超过额定电压，因而这种调速方法只能把转速调低，不能调高。

6.3.4 直流电动机的正反转控制

在日常生活中，很多直流电动机都需要正转和反转，如录音机、录像机中的直流电动机，汽车上的车窗、天窗、大灯高度可调等直流电动机。直流电动机的正、反转是很容易实现的。由前面可知，改变电枢绕组电流方向，或者改变定子磁场的方向，都可以改变电动机的转向。但对于永磁式直流电动机来说，则只能通过改变电流方向来实现改变电动机转向的目的。

改变永磁式直流电动机转向的方法有机械开关实现和电子电路实现，分别在汽车上的直流电动机正反转控制系统中都有应用。

如图 6-14 所示，为北京现代伊兰特轿车电动门窗系统部分电路图。该车的门窗控制是以机械开关来实现电动机正反转控制的。以右前门车窗为例，由右前电动门窗开关控制车窗下降时，电流从电动门窗继电器内的开关流过来，经过门窗锁止开关 UL 位置，流到图上右侧那根导线，从电动门窗主开关的 1 号端子流出，再从短接插接器的 14 号端子流出，流到右前电动门窗开关的 5 号端子，向右经过开关的 DOWN 位置，从右前电动门窗开关的 3 号端子流出，经过右前电动门窗电动机，向左流入右前电动门窗开关的 1 号端子，经过 DOWN 位置从 8 号端子流出，流入电动门窗主开关内的 DOWN 位置，从主开关的 10 号端子流出后在 G01 位置搭铁，右前电动门窗电动机通上由右向左的电流，使门窗玻璃下降。由右前电动门窗开关控制车窗上升时，电流从电动门窗继电器内的开关流过来，经过门窗锁止开关 UL 位置，流到图上右侧那根导线，从电动门窗主开关的 1 号端子流出，再从短接插接器的 14 号端子流出，流到右前电动门窗开关的 5 号端子，向左经过开关的 UP 位置，从右前电动门窗开关的 1 号端子流出，经过右前电动门窗电动机，向右流入右前电动门窗开关的 3 号端子，经过 UP 位置从 4 号端子流出，流入电动门窗主开关内的 UP 位置，从主开关的 10 号端子流出后在 G01 位置搭铁，右前电动门窗电动机通上由左向右的电流，使门窗玻璃上升。

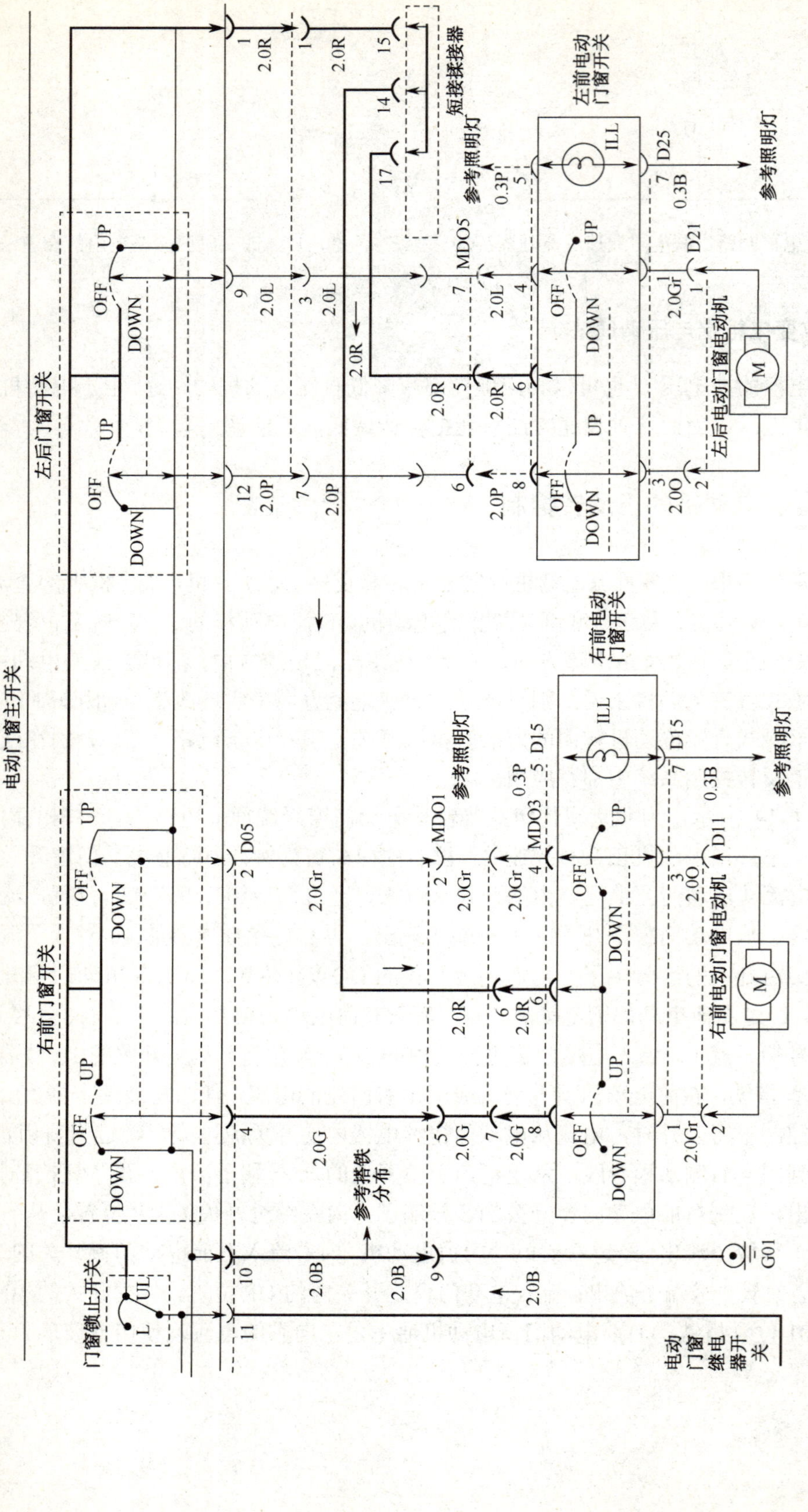

图 6-14 北京现代伊兰特轿车电动门窗系统部分电路图

在大众 POLO 轿车里，车窗玻璃升降也是由直流电动机驱动的，但其控制是由车窗电控单元完成的，每一个车门玻璃都由一个电动机驱动，每一个电动机都受控于一个电控单元，并且这些电控单元之间由车载网络 LIN 总线相连，组成一个非常简单的 LIN 车载网络系统。在很多车上，车窗都由电控单元控制，并且实现了 CAN-BUS 总线的连接，比 LIN 总线更高级，可靠性更高，当然成本也有所增加。关于电控单元控制执行机构以及车载网络的知识将在相关汽车专业课上学习。

如图 6-15 所示，为 H 桥驱动直流电动机的原理图。电动机由 4 个三极管来驱动，一般由控制器来控制。如图 6-15（b）所示，当控制器给 A 端和 B 端送低电位，给 C 端和 D 端送高电位时，TA 和 TD 三极管都饱和导通，TB 和 TC 三极管都截止，电流从电源正极流出来，经过 TA 三极管的发射极和集电极，由左向右流经电动机，再经过 TD 三极管的集电极和发射极后流入电源负极。当需要反向转动时，控制器给 A 端和 B 端送高电位，给 C 端和 D 端送低电位，TA 和 TD 三极管都截止，TB 和 TC 三极管都饱和导通，电流从电源正极流出来，经过 TC 三极管的发射极和集电极，由右向左流经电动机，再经过 TB 三极管的集电极和发射极后流入电源负极。这种电动机的驱动方法比较简单，但由于控制器在改变四个控制端的电位变化时，电动机会断电，电动机的电枢绕组会形成感应电动势，需要释放能量，如果不用保护电路的话很容易将三极管击穿掉，因此经常在四个三极管的集电极和发射极间各并联一只二极管，该二极管也称为消弧二极管、续流二极管或保护二极管。H 桥驱动直流电动机的电路中，用场效应管也可代替三极管。

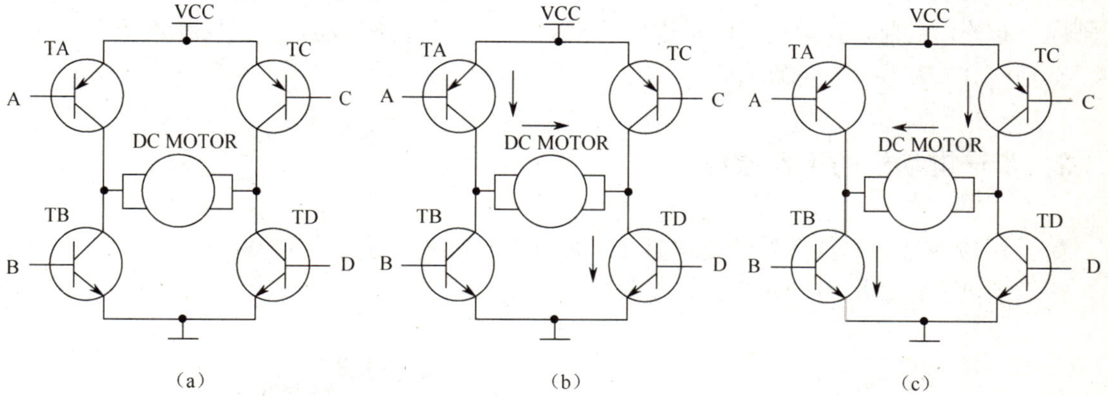

图 6-15　H 桥驱动直流电动机的原理图

6.4　步进电动机

在控制系统中，经常利用小功率的电机来测量和传递信号，将这类电机称为控制电机，最大特点是功率小、质量轻、能耗低、体积小、精度和可靠性高。步进电动机是一种用电脉冲控制，使电机按一定的角位移或线位移动作的控制电机。如图 6-16 所示，为 4 相 5 线 5V

直流步进电动机及其驱动板。

图 6-16　4 相 5 线 5V 直流步进电动机及其驱动板

步进电动机在汽车上也有使用，如图 6-2 所示的仪表内步进电动机，还有控制发动机怠速的怠速控制阀步进电动机等。

6.4.1　步进电动机的种类

步进电动机的分类方式很多，常见的分类方式有按产生力矩的原理分为反应式和激磁式步进电动机；按输出力矩的大小分为伺服式和功率式步进电动机；按定子数分为单定子式、双定子式步进电动机、三定子式和多定子式步进电动机，按各项绕组的分布分为径向分布式和轴向分布式。目前，我国使用的步进电动机多为反应式步进电动机。在反应式步进电动机中，有轴向分布和径向分布两种。

6.4.2　步进电动机的工作原理

如图 6-17 所示，为汽车发动机永磁转子步进电动机式怠速控制阀 ISCV 的结构图，主要由步进电动机、螺旋机构、阀芯、阀座等组成。

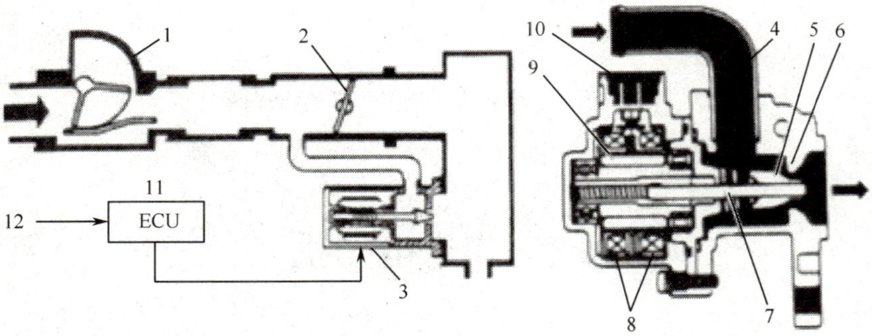

1—空气流量传感器；2—节气门；3—怠速控制阀；4—旁通空气道；5—阀芯；6—阀座；
7—螺杆；8—定子绕组；9—永磁转子；10—线束插座；11—电子控制器 ECU；12—传感器信号

图 6-17　永磁转子步进电动机式怠速控制阀 ISCV 的结构图

发动机怠速时的进气量主要由旁通空气道决定，旁通空气道实际控制怠速的通气量由怠速控制阀来控制，而该阀门的打开程度由电子控制器 ECU 来控制步进电动机实现。ECU 通过控制步进电动机的转动方向和角度来控制螺杆的移动方向和距离，从而达到控制怠速阀开度，调整旁通空气道的进气流量，进而调整怠速转速之目的。

步进电动机的旋转原理非常简单，即磁性材料的同性相斥，异性相吸。

如图 6-18 所示，永磁转子式步进电动机的转子是一个永久磁铁，定子有两相独立的绕组。当电脉冲信号从 B_1 端进，从 B 端出时，B_1B 绕组产生一个磁场，根据右手螺旋定则判断出左侧为 S 极，右侧为 N 极。再根据磁场的同性相斥、异性相吸的原理，转子 S 极在右侧位置，N 极在左侧位置，如图 6-18（a）所示。

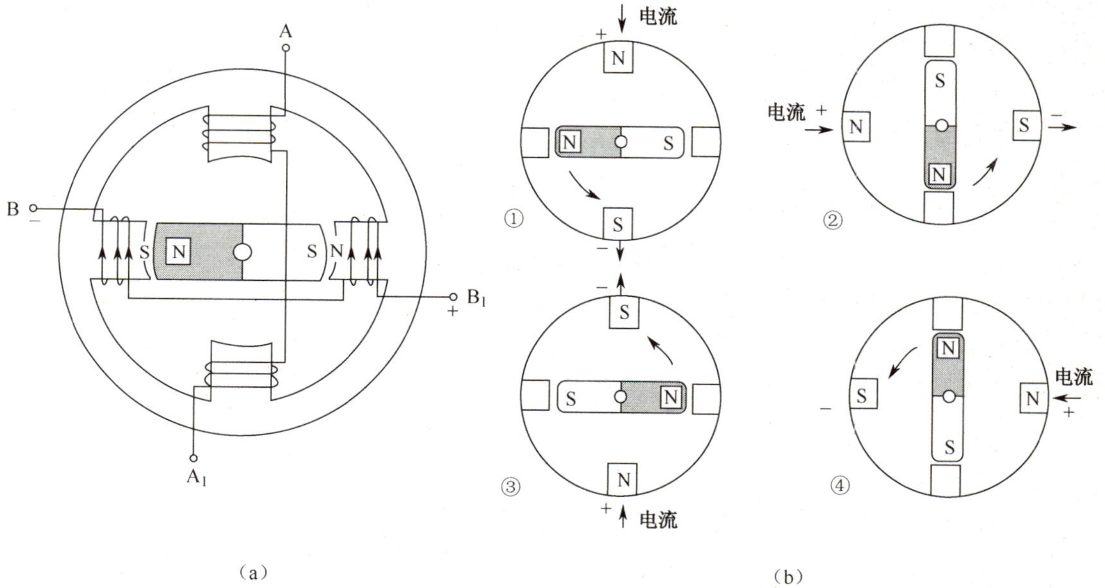

图 6-18　永磁转子式步进电动机的基本结构与步进原理

当电脉冲信号从 B_1B 绕组消失后，再给 AA_1 绕组送入电脉冲信号，电脉冲信号从 A 端进，从 A_1 端出时，AA_1 绕组产生一个磁场，根据右手螺旋定则判断出上侧为 N 极，下侧为 S 极。转子 S 极在右侧位置，N 极在左侧位置，根据磁场的同性相斥、异性相吸的原理，转子会逆时针旋转 90°，如图 6-18（b）①所示。

当电脉冲信号从 AA_1 绕组消失后，再给 BB_1 绕组送入电脉冲信号，电脉冲信号从 B 端进，从 B_1 端出时，BB_1 绕组产生一个磁场，根据右手螺旋定则判断出左侧为 N 极，右侧为 S 极。转子 S 极在上侧位置，N 极在下侧位置，根据磁场的同性相斥、异性相吸的原理，转子会逆时针旋转 90°，如图 6-18（b）②所示。

当电脉冲信号从 BB_1 绕组消失后，再给 A_1A 绕组送入电脉冲信号，电脉冲信号从 A_1 端进，从 A 端出时，A_1A 绕组产生一个磁场，根据右手螺旋定则判断出下侧为 N 极，上侧为 S 极。转子 S 极在左侧位置，N 极在右侧位置，根据磁场的同性相斥、异性相吸的原理，转子会逆时针旋转 90°，如图 6-18（b）③所示。

当电脉冲信号从 A_1A 绕组消失后，再给 B_1B 绕组送入电脉冲信号，电脉冲信号从 B_1 端进，从 B 端出时，B_1B 绕组产生一个磁场，根据右手螺旋定则判断出右侧为 N 极，左侧为 S 极。转子 S 极在下侧位置，N 极在上侧位置，根据磁场的同性相斥、异性相吸的原理，转子会逆时针旋转 90°，如图 6-18（b）④所示。

转子此时已经转过一圈，即每改变一次电脉冲信号，转子就会逆时针转动 90°。每输入一个脉冲信号使电动机转动的角度称为步进电动机的步进角，故其步进角为 90°。步进电动机的转速取决于电脉冲信号的频率，频率越高，转速越快。

要改变步进电动机的转动方向，只需要改变电脉冲信号送入两组绕组的顺序即可。步进电动机逆时针旋转时，送入电脉冲信号的顺序是 AA_1，BB_1，A_1A，B_1B。步进电动机顺时针旋转时，送入电脉冲信号的顺序是 AA_1，B_1B，A_1A，BB_1。

6.4.3 步进电动机的驱动

步进电动机不能直接接到工频交流电源或直流电源上工作，而必须使用专用的步进电动机驱动器，如图 6-16 所示的步进电动机就用到了驱动电路，其中采用的驱动芯片是 ULN2003。步进电动机驱动控制器的原理框图如图 6-19 所示。它由脉冲发生控制单元、功率驱动单元、反馈与保护单元等部分组成。图 6-19 中点画线所包围的部分可以用微机控制来实现，功率驱动单元与步进电动机直接耦合。

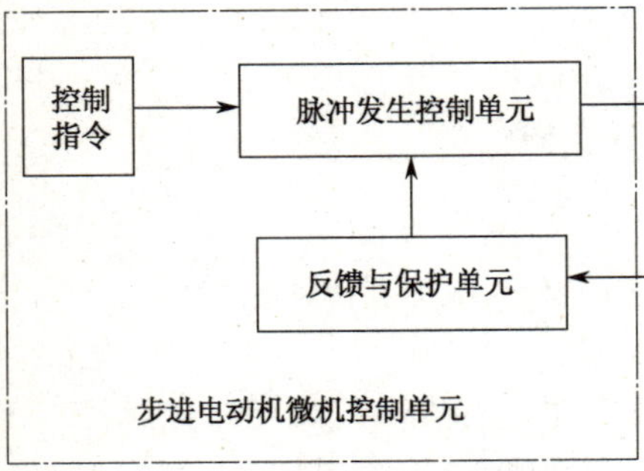

图 6-19 步进电动机驱动控制器的原理框图

目前已有多种用于小功率步进电动机的集成功率驱动接口电路可供选用。

L298 芯片是一种 H 桥式驱动器，它设计成接收标准 TTL 逻辑电平信号，可用来驱动电感性负载。H 桥可承受 46V 电压，相电流高达 2.5A。L298 的逻辑电路使用 5V 电源，功放级使用 5~46V 电压，下桥发射极均单独引出，以便接入电流取样电阻。L298 采用 15 脚双列直插式封装（DIP），工业品等级。它的内部结构如图 6-20 所示。H 桥驱动的主要特点是能够对电机绕组进行正、反两个方向通电。L298 特别适用于对二相或四相步进电动机的驱动。

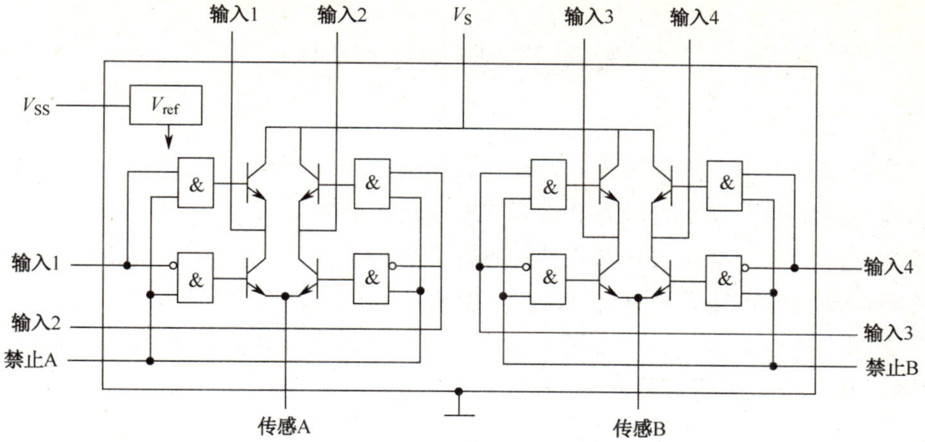

图 6-20　L298 原理框图

与 L298 类似的驱动电路还有很多，这里不再赘述，请读者根据设计需要查阅相关资料选用。

本章小结

1．直流电动机由定子和转子（电枢）构成。定子绕组通入直流电在主磁极产生恒定磁场，转子的电枢绕组通过换向器和电刷与电源相连，电枢绕组切割磁感线产生电磁转矩，使得电枢转动起来。

2．电枢的转向由电磁转矩的方向决定，电磁转矩的方向由电枢外加电源的极性和励磁绕组所产生的磁场方向决定。

3．直流电动机按其励磁方式可分为他励、并励、串励和复励四种。

4．直流电动机采用全压起动、变阻器起动和降压起动。

5．直流电动机有机械制动、电气制动和自由制动三种，电气制动有能耗制动、反接制动和回馈制动三种方法。

6．直流电动机的调速方法有电枢回路串联电阻调速法、改变励磁回路电阻的调速法和改变电枢端电压调速法三种方法。

7．改变永磁式直流电动机转向的方法有机械开关和电子电路实现。

8．步进电动机是一种把电脉冲信号转换成角位移或直线位移的执行元件，在数字控制系统中被广泛应用。步进电动机由控制脉冲通过驱动功放线路来控制电机一步一步转动。每一个控制脉冲，电动机转动一个固定角度。

本章习题与思考题

1．直流电动机由哪几部分构成？各有什么作用？

2．直流电动机的在起动时，为什么要限制起动电流？

3．直流电动机的制动方法有哪几种？各有什么特点？

4．直流电动机的调速方法有哪几种？各是什么原理？

5．什么叫步进电动机？试简要说明永磁转子式步进电动机的基本结构与步进原理。步进电动机的转速和什么因素有关？

6．什么是步进电动机的步进角？

第 7 章

电工安全知识与电工仪表

学习目标

1. 知道安全电压和安全电流。
2. 了解几种触电方式及防止触电的方法。
3. 掌握汽车安全用电常识。
4. 掌握常用电工工具的使用方法。
5. 了解常用电工仪表的工作原理，掌握仪表的使用方法和注意事项。
6. 掌握焊接技术。

随着社会的发展，电能的应用越来越广泛，因此增强安全用电知识，掌握安全用电常识非常重要。常用的电工测量主要是指电流、电压、电阻、电功率、电能等电工量的测量。通过电工测量我们能了解和掌握电气设备的特性和运行情况，对于故障设备，可以通过电工测量分析出故障原因和位置。用来测量各种电工量的仪器仪表统称为电工仪表。

本章将介绍安全用电的基本知识，如人体触电的原因，防止触电的方法及触电的急救方法，电器维修及汽车维修中经常用到的电工仪表及工具的使用方法。

7.1 常用基本安全用电知识

在用电过程中，必须特别注意电气安全，如稍有麻痹或疏忽，就可能造成严重的安全事故，造成极大的人身伤害和经济损失。

7.1.1 安全电压和电流

交流工频安全电压的上限值是指在任何情况下，两导体间或任一导体与地之间的电压都不得超过 50V。我国的安全电压的额定值为 42V、36V、24V、12V、6V。如手提照明灯或危险环境的携带式电动工具应采用 36V 安全电压，金属容器内、隧道内、矿井内等工作场合或狭窄行动不便及周围有大面积接地导体的环境，应采用 24 或 12V 安全电压，以防止因触电而造成的人身伤害。

人体触电伤害程度与通过人体的电流大小及触电时间长短有关。我们把人体触电后最大的摆脱电流称为安全电流。我国规定的安全电流为 30mA（触电时间不超过 1s）。研究证明，在触电时间不超过 1s 时，如果流经人体电流不超过 30mA 对人体无损伤，而当流经人体电流达到 50mA 时对人体有致命危险，当达到 100mA 时一般会致人死亡。

7.1.2 绝缘安全用具

绝缘安全用具是保证作业人员安全操作带电体及人体与带电体安全距离不够时所采取的绝缘防护工具。绝缘安全用具按使用功能可分为绝缘操作用具和绝缘防护用具。

绝缘操作用具主要用来进行带电操作、测量和其他需要直接接触电气设备的特定工作。常用的绝缘操作用具一般有绝缘操作杆、绝缘夹钳等。

这些操作用具均由绝缘材料制成。正确使用绝缘操作用具应注意以下两点：

① 绝缘操作用具本身必须具备合格的绝缘性能和机械强度。

② 只能在和其绝缘性能相适应的电气设备上使用。

绝缘防护用具的作用是对可能发生的有关电气伤害起到防护。主要用于对泄漏电流、接触电压、跨步电压和其他接近电气设备存在的危险等进行防护。常用的绝缘防护用具有绝缘手套、绝缘靴、绝缘隔板、绝缘垫、绝缘站台等。当绝缘防护用具的绝缘强度足以承受设备的运行电压时，才可以用来直接接触运行的电气设备，一般不直接触及带电设备。使用绝缘防护用具时，必须做到使用合格的绝缘用具，并掌握正确的使用方法。

7.1.3 触电方式及防止触电

常见的触电原因有：违章操作，缺乏安全用电知识，意外触电。

1. 触电方式

（1）单相触电

单相触电是指人体站在地面或其他接地体上，人体的某一部位触及电气装置的任一相所引起的触电，如图 7-1 所示。

（2）两相触电

两相触电是指人体同时触及任意两相带电体的触电方式，如图 7-2 所示。

（3）跨步电压触电

当人体两脚跨入触地点附近时，在前后两脚之间便存在电位差，由此形成的触电称为跨步电压触电，如图 7-3 所示。

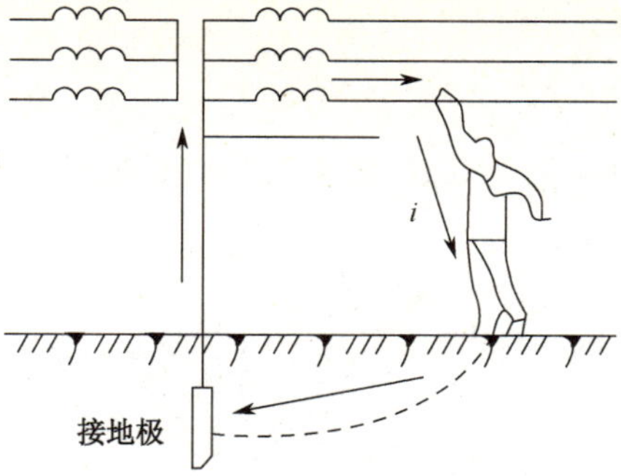

图 7-1　单相触电

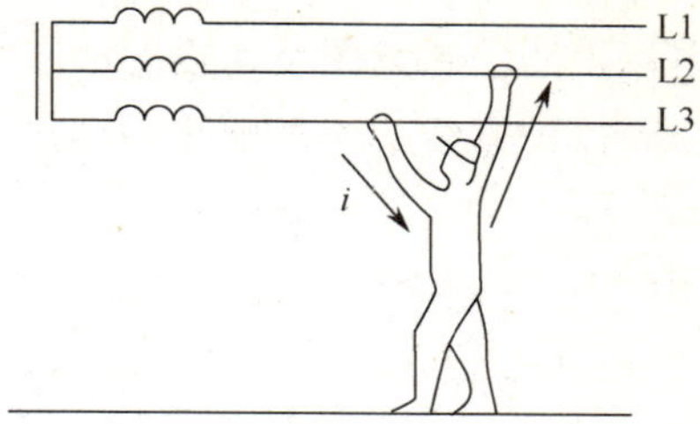

图 7-2　两相触电

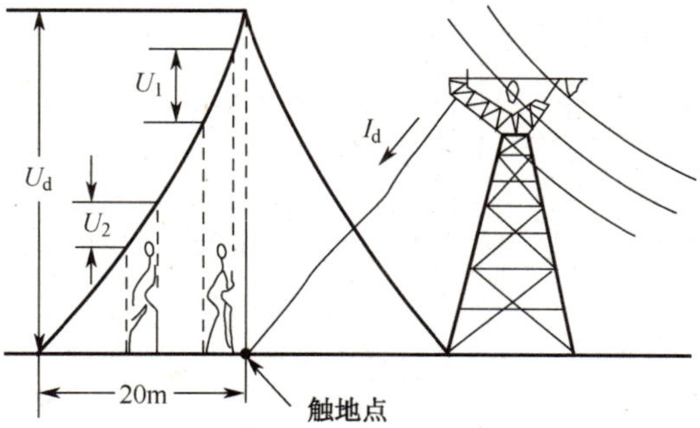

图 7-3　跨步电压触电

另外，还有高压电弧触电、接触电压触电、雷电触电、静电触电等。

2. 防止触电的安全措施

（1）保护接地和保护接零

保护接地和保护接零示意图如图 7-4 所示。在中性线接地系统中，必须采用保护接零。在同一供电线路中，不允许一部分设备采用保护接地而另一部分设备采用保护接零。

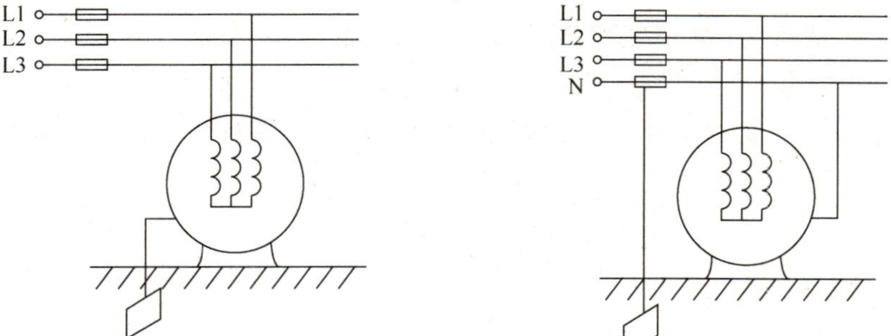

（a）保护接地　　（b）保护接零

图 7-4　保护接地和保护接零示意图

如图 7-5 所示为三头插座示意图。

（2）漏电保护

漏电保护器的示意图及实物图如图 7-6 所示。安装漏电保护器时，工作零线必须接漏电保护器，而保护零线或保护地线不得接漏电保护器。

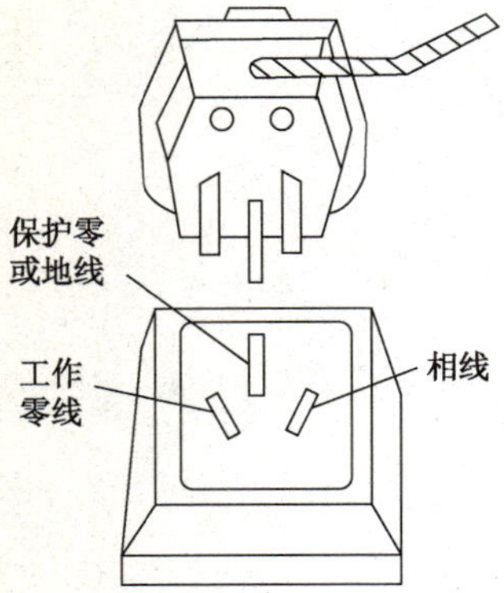

图 7-5　三头插座示意图

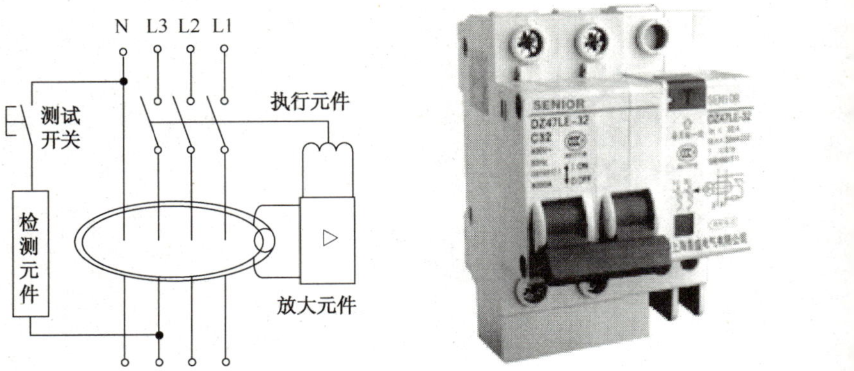

图 7-6　漏电保护器的示意图及实物图

7.1.4　其他防护措施

安装螺口灯座时，火线要与灯座中心的簧片连接，不允许与螺纹相连。

不能选额定电流很大的熔丝来保护小电流电路，更不允许以普通导线代替熔丝。

消除静电的最基本方法是接地，即将可能带静电的物体用导线连接并接地。

防雷的基本思想是疏导，即设法将雷电流导引入地。

7.1.5　其他安全用电常识

经常检测电气设备的绝缘电阻，防止其漏电；室外天线应注意避雷；不要随便触及任何电气设备，有可能带电；尽量避免带电操作，手潮湿时不要操作，注意操作工具的绝缘；“弱电”线路要与“强电”线路分开铺设，以防窜电；禁止违规随意乱接线；禁止使用“一线一地”的安装方式；雷雨天不要在大树下躲雨，也不要站在高处，更不要拿金属物品，防止雷击。

7.1.6　触电急救技术

当发生触电事故时，迅速准确地进行现场抢救是使触电者起死回生的关键。人触电以后会出现精神麻痹、呼吸中断、心脏停跳等症状，外表上呈现昏迷状态。使触电人迅速脱离电源，是救治触电人的第一步，然后依据触电人的具体情况，采取相应的急救措施。

发现触电者，首先应以最快的速度设法使其脱离电源，立即拔掉插头或断开开关，用干燥的木棒或竹竿将带电体从触电者身上移去，用绝缘良好的钢丝钳剪断电源线（应一根一根地剪，两根同时剪会将电源短路），带上绝缘手套、穿上绝缘鞋将触电者拉离电源。实在没办法时，也可强行将电源短路，以迫使电路上的保护装置动作，从而切断电源。然后根据触电者的具体情况进行施救，直至医护人员的到来。

注意：在触电解救时，不能用手直接去拉还没有脱离电源的触电者。

触电后，若触电者神志清醒，将其就地躺平，严密观察，切忌立即站立和行走。若触电者失去知觉，停止呼吸，大脑心脏微有跳动，应迅速进行人工呼吸。若触电者虽有呼吸，但心脏停止跳动，应迅速采用人工胸外挤压心脏法。若触电者心跳和呼吸都已停止，则需同时采取人工呼吸和人工胸外挤压两种方法进行。在就地抢救的同时，应设法联系医院急救。

7.1.7　汽车安全用电注意事项

（1）汽车在经过了一段时间的使用后，一般电瓶柱的桩头上都会聚集不少的氧化物，这些物质会影响电流的通过，在寒冷气候下还可能造成启动电力不足，所以平时应该注意常清洗这些氧化物。

（2）对于非免维护的蓄电池来说，还要经常注意电池上的电解液液面高度，液面过低了就要及时补充专用电解液。

（3）在夜间启动车辆时，为了集中点火电力，最好等发动机正常运转后再开启大灯、音响等用电设备。

（4）在停车后，应当尽量少用耗电量大的电器设备，特别是电动窗、天窗、大灯、音响等。

（5）车里车外的冷热温差较大，所以车窗很容易结雾影响视线，不利于安全驾车，在寒冷的季节到来之前要着重检查有关的加热装置工作是否正常，如空调风挡出风口、侧窗出风口、前后窗的加热丝等，使其均处于良好状态。

（6）不用湿手触摸电器，不用湿布擦拭电器。

（7）不用手或导电物（如铁丝、钉子、别针等金属制品）去接触、探试电源插座内部。

（8）夏天注意加油不可过满，汽车油箱盖都有通气孔，如果汽油加得过满，行驶中的颠簸会使汽油溢出，遇上静电就会引发火灾。另外不要在车内放置打火机，特别是仪表台上，因强烈的太阳光穿过弯曲的风挡玻璃后，足以使以液化气为燃料的打火机发生爆炸或自燃引发火灾。

7.2　常用电工工具的使用

常用电工工具是指一般专业电工都要运用的工具。常用的工具有验电器、电工刀、螺丝刀、活动扳手、钢丝钳、尖嘴钳、断线钳、剥线钳等，电工常用工具的正确使用对于电气操作人员来说是必不可少的基本技能，电工工具的质量的好坏，使用方法的正确与否都将直接影响电气工程的施工质量和工作效率。

7.2.1 常用电工工具

1．低压验电器

低压验电器又称为验电笔，用来检查低压导体和电气设备的金属外壳是否带电的一种常用工具，也可直接分辨交流电路中的火线和零线，它具有体积小、质量轻、携带方便、检验简单等优点。低压验电器分为笔式和螺丝刀式两种，其中笔式低压验电器由氖管、电阻、弹簧、笔身和笔尖等组成，如图 7-7 所示。现在还有电子验电笔，可显示被测电压值，其实物图如图 7-8 所示。

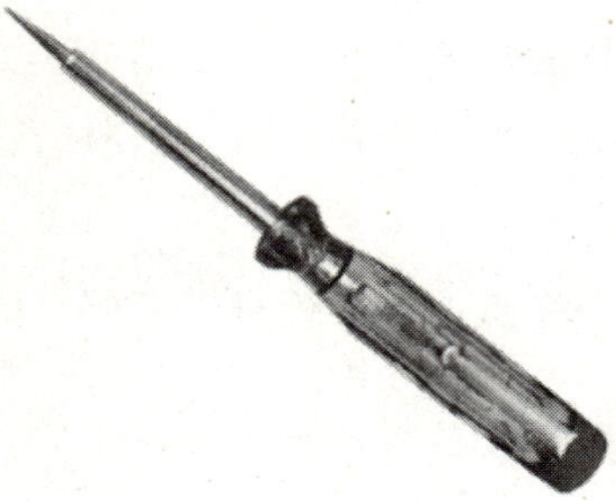

图 7-7 笔式低压验电笔

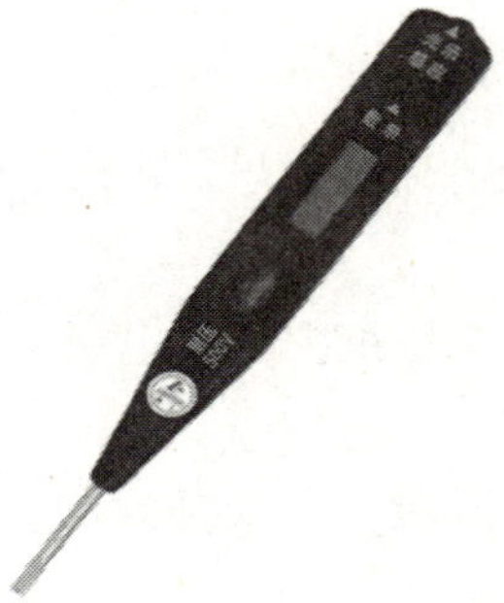

图 7-8 电子验电笔

低压验电器使用时的正确握笔方法如图 7-9 所示，以手指触及笔尾的金属体，使氖管小窗背光朝向自己。当用验电器测试带电体时，带电体经笔尖（金属体）、氖管、电阻、弹簧、笔尾端的金属体，再经过人体接入大地，形成回路。带电体与大地之间的电压超过 60V 后，氖管便会发光，指示被测带电体有电。

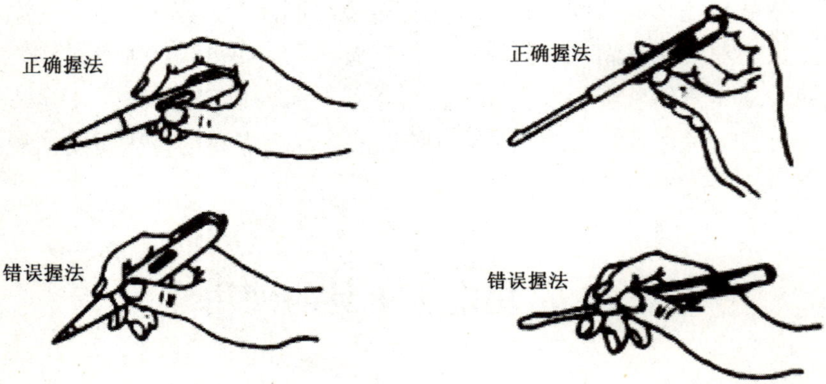

图 7-9 低压验电器的使用方法

低压验电器的测量范围在60～500V之间，低于60V时氖管可能不会发光，高于500V的电压不能用普通验电笔，避免造成人身触电，很不安全。切勿用普通验电笔测试超过500V的电压。

2. 电工刀

电工刀分为普通式和多用式，普通式电工刀有大号和小号两种，多用式电工刀增加了锯片、螺丝刀和锥子等功能，如图7-10所示为多用式电工刀外形图。

电工刀使用时的注意事项：

① 不得用于带电作业，以免触电；

② 应将刀口朝外剥削，并注意避免伤及手指；

③ 剥削导线绝缘层时，应使刀面与导线成较小的锐角，以免割伤导线；

④ 使用完毕，随即将刀身折进刀柄。

3. 尖嘴钳

尖嘴钳的头部尖细，适用于在狭小的工作空间操作。尖嘴钳有铁柄和绝缘柄两种，绝缘柄的耐压为500V，外形如图7-11所示。

图7-10 多用式电工刀外形图

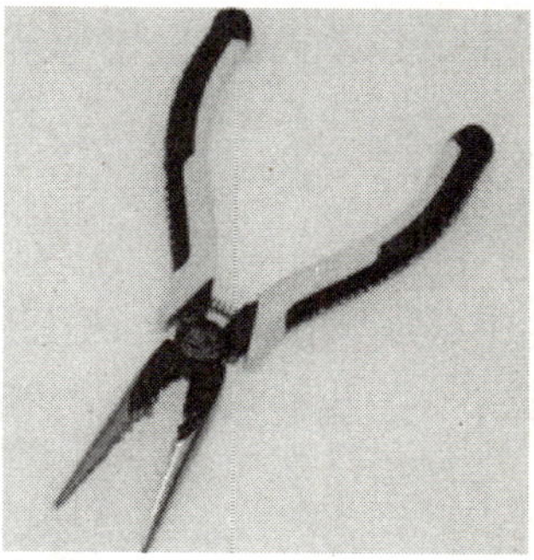

图7-11 尖嘴钳实物图

尖嘴钳的用途如下：

① 带有刀口的尖嘴钳能剪断细小金属丝；

② 尖嘴钳能夹持较小螺钉、垫圈、导线等元件；

③ 在装接控制线路时，尖嘴钳能将单股导线弯成所需的各种形状。

4. 断线钳

断线钳又称斜口钳，钳柄有铁柄、管柄和绝缘柄三种。其中电工用的绝缘柄断线钳的外形如图7-12所示。断线钳是专供剪断较粗的金属丝、线材及导线电缆时使用的。

5．剥线钳

剥线钳是用来剥削小直径导线绝缘层的专用工具，它由钳头和手柄两部分组成，钳头部分由切口和剥线口组成。剥线钳用于剥除线芯截面为 6mm^2 以下塑料线或橡胶绝缘线的绝缘层。剥线钳的切口有 0.5～3mm 多个直径切口，以适应不同规格线芯的切削。剥线钳的手柄是绝缘的，耐压为 500V。剥线钳的实物图如图 7-13 所示。使用剥线钳剥去绝缘层时，左手持导线，右手向内紧握钳柄，导线端部绝缘层被剥断自由飞出。使用时将导线放在大于线芯直径的切口上切削，以免切伤芯线。

图 7-12　绝缘柄断线钳实物图

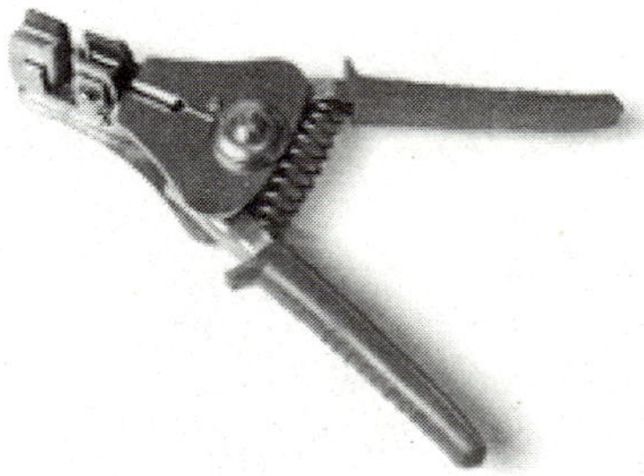

图 7-13　剥线钳实物图

6．网线钳

网线钳是现代家庭常备的工具之一，具有剥线、剪线、压水晶头等功能，其实物图如图 7-14 所示。三用网线钳能制作 RJ45 网络线接头、RJ1 电话线接头和 4P 电话线接头。

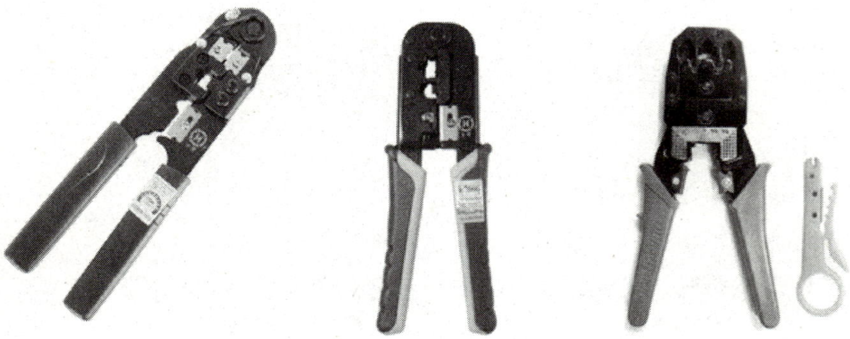

图 7-14　网线钳实物图

7.2.2　网线水晶头的压制

RJ45 接头（俗称水晶头）共有 8 根引脚。网线为四对非屏蔽双绞线电缆，颜色为橙白、橙、绿白、绿、蓝白、蓝、棕白、棕。每对双绞线两头通过安装 RJ45 连接器与网卡和集线器（或交换机）等设备相连，其实物图和引脚分布如图 7-15 所示。

双绞线（Twisted Pair）是由两条相互绝缘的导线按照一定的规格互相缠绕在一起而制成的一种通用配线，属于信息通信网络传输介质。双绞线过去主要是用来传输模拟信号的，但现在同样适用于传输数字信号，如现代汽车电控单元之间的通信向网络化时代迈进，大量汽车上已经实现 CAN-BUS 网络数字通信，该标准网络在物理层的传输介质就是双绞线，最大特点是网络连接简单，通信更加可靠，成本低，能基本消除电磁干扰。

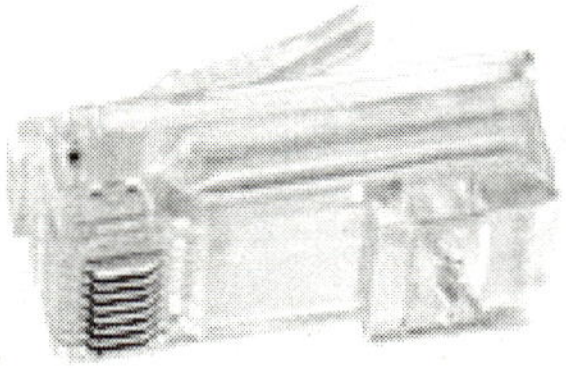

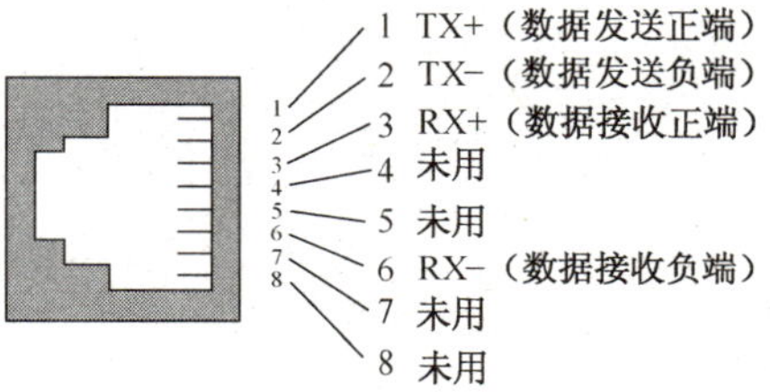

图 7-15　RJ45 接头的实物图及引脚分布

用网线钳将网线剪够需要的长度，再将网线最外层绝缘层剥离，一般为 15mm 左右，将网线里层的四对非屏蔽双绞线电缆按 T568A 或 T568B 的顺序排序后，将前端剪齐插入水晶头中，用网线钳钳口压紧。

T568A 线序为：绿白、绿、橙白、蓝、蓝白、橙、棕白、棕。

T568B 线序为：橙白、橙、绿白、蓝、蓝白、绿、棕白、棕。

网线的适用范围：

（1）直接线互连：网线的两端均按照 T568B 的线序连接，如计算机至 ADSL 猫的连接，ADSL 猫至 ADSL 路由器 WAN 口的连接，计算机至 ADSL 路由器 LAN 口的连接，计算机至集线器或交换机的连接。

（2）交叉互连：即网线的一端按照 T568B 的线序连接，另一端按照 T568A 的线序连接，如计算机至计算机的对等网连接，集线器至集线器的连接，交换机至交换机的连接。

7.2.3　视频头的连接

用电工刀剥掉同轴电缆的外层绝缘层，一般为 20mm，将其中的屏蔽线扭成两股，剪掉和中间的锡箔纸夹层，用螺丝将同轴电缆的内芯铜丝与视频线接头连接，最好压紧屏蔽线。连接时注意不要将屏蔽线与铜丝连在一起，防止线路短路对信号传输造成干扰，连接过程如

图 7-16 所示。

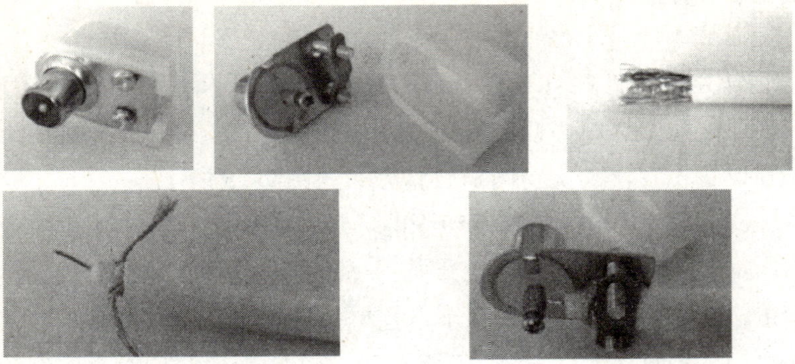

图 7-16　视频头的连接过程

7.3　常用电工仪表的使用

7.3.1　万用表

万用表是万用电表的简称，之前也称为多用表，可以实现多量程，多种电量的测量，便于携带，因此在电气测量中被广泛应用。一般万用表可测量直流电流、直流电压、交流电压、电阻等，有的还可以测量交流电流、电容量、电感量及晶体二极管、三极管的某些参数。对于电子初学者，建议使用指针式万用表，因为它对我们熟悉一些测量原理很有帮助。

万用表采用的主要原理有欧姆定律，分流原理，分压原理。

万用表分为指针式万用表（机械万用表）和数字式万用表。

1. 指针式万用表的测量方法及使用注意事项

指针式万用表是一种整流式仪表，由表盘、转换开关、表笔和测量电路（内部）四个部分组成，其实物图如图 7-17 所示。万用表的基本原理是利用一只灵敏的磁电式直流电流表（微安表）做表头，当微小电流通过表头，就会有电流指示。但表头不能通过大电流，所以，必须在表头上并联或串联一些电阻进行分流或分压，从而测出电路中的电流、电压和电阻值。

在使用前应检查指针是否指在机械零位上，如不指在零位时，可旋转表盖的调零器使指针指示在零位上。将测试笔红黑插头分别插入“+”、“-”插座中，如测量交流电压超出表盘量程，红表笔插入“2500V”插孔；如测量直流电流超出表盘量程，红表笔插入“5A”插孔。

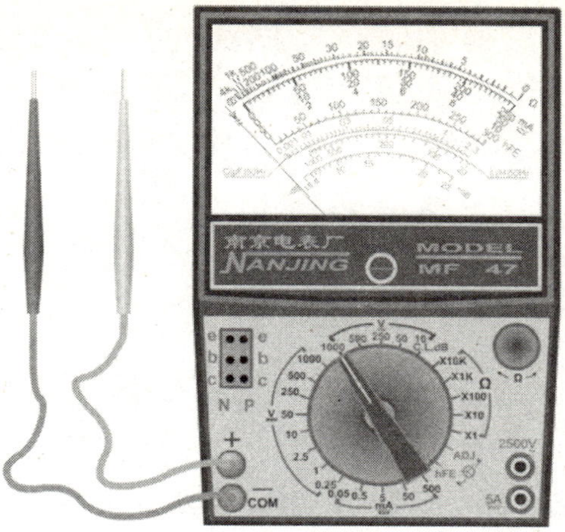

图 7-17　指针式万用表实物图

（1）电压测量

测量电压（或电流）时要选择好量程，如果用小量程去测量大电压，则会有烧表的危险；如果用大量程去测量小电压，那么指针偏转太小，读数误差大或无法读数。量程的选择应尽量使指针偏转到满刻度的 2/3 左右。如果事先不清楚被测电压的大小，应先选择最高量程挡，然后逐渐减小到合适的量程。

① 交流电压的测量

将万用表的转换开关置于交流电压挡的合适量程上，万用表两表笔和被测电路或负载并联即可。将两表笔并接在被测电压两端进行测量（交流电不分正负极），如图 7-18 所示。

② 直流电压的测量

将万用表的转换开关置于直流电压挡的合适量程上，且红表笔接到高电位处，黑表笔接到低电位处，即让电流从红表笔流入，从黑表笔流出。若表笔接反，表头指针会反方向偏转，容易撞弯指针，如图 7-19 所示。

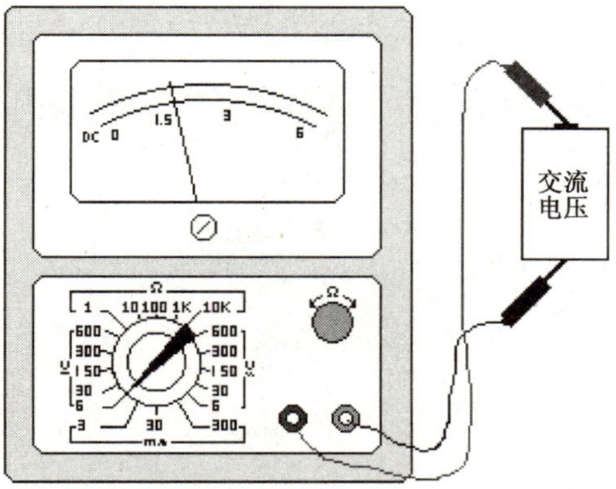

图 7-18　交流电压的测量

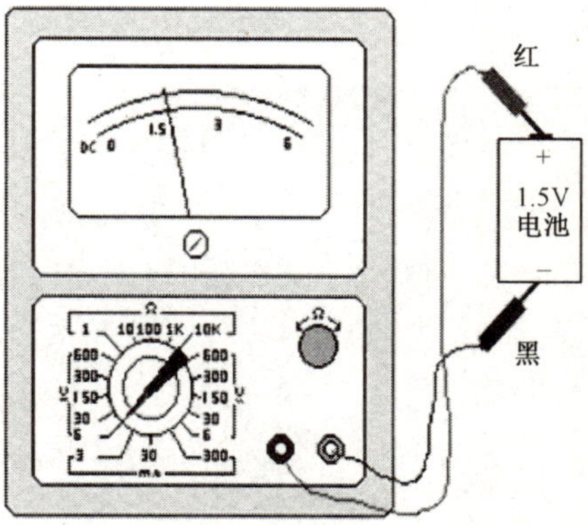

图 7-19　直流电压的测量

（2）电流测量

测量直流电流时，将万用表的转换开关置于直流电流挡的合适量程上，电流的量程选择和读数方法与电压一样。测量时必须先断开电路，然后按照电流从红表笔到黑表笔的方向，将万用表串联到被测电路中。如果误将万用表与负载并联，则因表头的内阻很小，会造成短路烧毁仪表。

（3）电阻测量

用万用表测量电阻时，应按下列方法操作：

① 机械调零

在使用之前，调节指针定位螺钉使指针在表的左侧零位置处，避免测量误差。

② 选择合适的倍率挡

万用表欧姆挡的测量原理是非线性的，刻度不均匀，一般情况下，倍率挡的选择应使指针停留在刻度线间距大的部分为宜，指针指在刻度尺的 1/3～2/3 间比较合适，如图 7-20 所示。

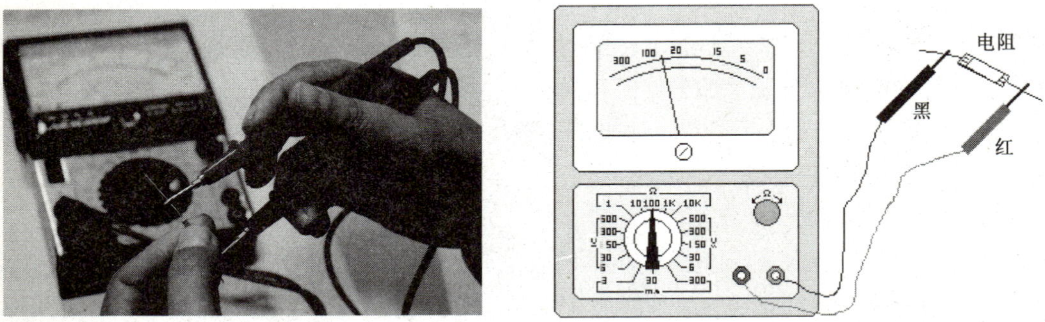

图 7-20　万用表测电阻

③ 欧姆调零

测量电阻之前，应将红黑表笔短接，同时调节“调零旋钮”，使指针刚好指在欧姆刻度线右边的零位置处。如果指针不能调到零位，说明电池电压不足或仪表内部有故障。并且每换一次倍率挡，都要再次进行欧姆调零，以保证测量准确。方法如图 7-21 所示。

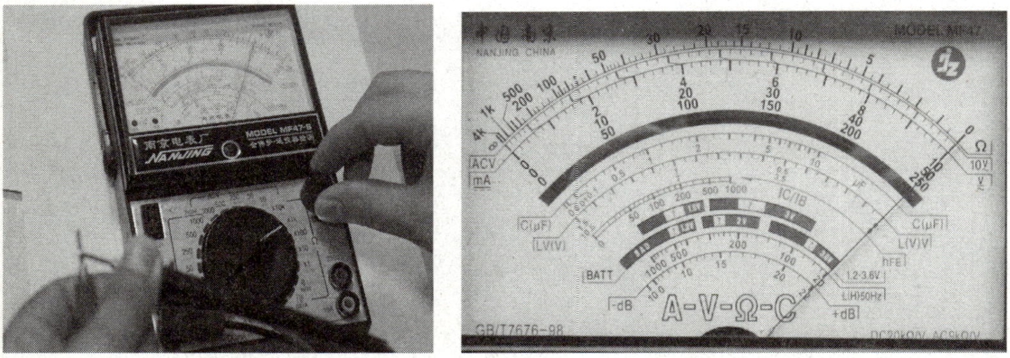

图 7-21　欧姆调零方法

④ 读数

表头的读数乘以倍率，就是所测电阻的电阻值。

阻值=刻度值×倍率

（4）电容测量

测电容主要是测其充放电的过程。调到欧姆挡，将电容器的两个极短路放电，然后用两个表笔分别接它的两个极，如果是有极性电容，黑表笔接电容的正极，红表笔接电容的负极，万用表的指针向右偏转，到一定位置后慢慢往左偏转，最后偏至左侧无穷大处，电容正常。若指针向左慢慢偏转至某一位置不再继续向左偏，说明电容有漏电，不宜使用。若指针不偏转，不能使用。

（5）电感测量

一般测电感线圈主要是测其是否导通，也是用欧姆挡，表笔接它的两个脚，阻值应该很小。测量变压器也用相同的方法。

（6）指针式万用表的使用注意事项

① 进行测量前，先检查红、黑表笔连接的位置是否正确。红色表笔接到红色接线柱或标有“+”号的插孔内，黑色表笔接到黑色接线柱或标有“-”号的插孔内，不能接反，否则在测量直流电量时会因正负极的反接而使指针反转，损坏表头部件。

② 在表笔连接被测电路之前，一定要查看所选挡位与测量对象是否相符，否则，误用挡位和量程，不仅得不到测量结果，而且还会损坏万用表。

③ 在使用万用表之前，应先进行“机械调零”，即在没有被测电量时，使万用表指针指在零电压或零电流的位置上。

④ 在使用万用表过程中，不能用手去接触表笔的金属部分，这样可以保证测量的准确性及人身安全。

⑤ 在不清楚被测电量大小的情况下选择量程时，要先选大量程，后选小量程，尽量使被测值接近于量程，不能在测量的同时换挡，如需换挡，应先断开表笔，换挡后再去测量。

⑥ 测电阻时，不能带电测量，否则可能损坏表头。注意在欧姆挡改变量程时，每次改变后都要进行欧姆调零。

⑦ 万用表使用完后，应将转换开关置于交流电压的最大挡。如果长期不使用，还应将万用表内部的电池取出来。

⑧ 测量高压时，要站在干燥绝缘板上，并一手操作，防止意外事故。

⑨ 电阻各挡用干电池应定期检查更换，以保证测量精度。

2. 数字式万用表的测量方法及使用注意事项

数字式万用表由转换开关、测量转换电路、模拟/数字量转换电路、显示逻辑电路、显示器等部分组成，通过模/数转换器将被测量值用数字形式显示出来。与指针式万用表相比，数字式万用表灵敏度高，精确度高，显示清晰，过载能力强，便于携带，使用更简单等。数字式万用表的实物图如图 7-22 所示。

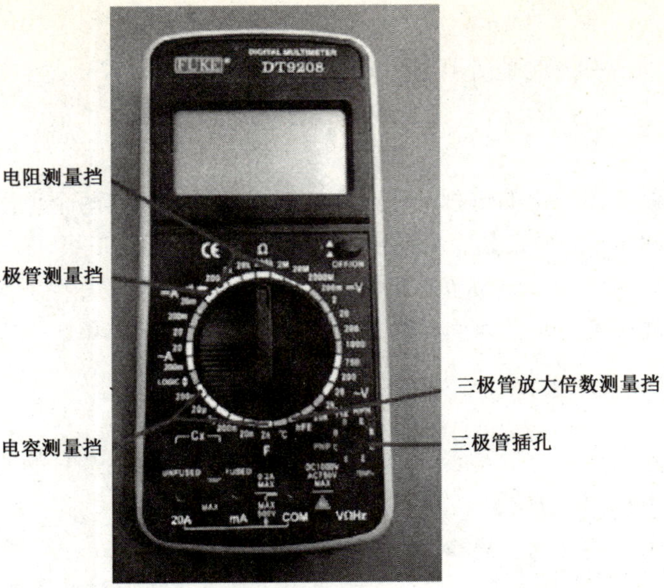

图 7-22　数字式万用表的实物图

（1）电压的测量

测量电压时，数字式万用表应与被测电路相并联，仪表具有自动转换并显示极性的功能。在测量电压时，不必考虑表笔接法；测量交流电压时，应用黑表笔接触被测电压的低电位端，以消除仪表输入端对地分布的影响。

① 直流电压的测量，如电池、随身听电源等。首先将黑表笔插进“com”孔，红表笔插进“VΩ”孔。把旋钮选到比估计值大的量程（注意：表盘上的数值均为最大量程，“V－”表示直流电压挡，“V～”表示交流电压挡，“A”是电流挡），接着把表笔接电源或电池两端；保持接触稳定。数值可以直接从显示屏上读取，若显示为“1.”，则表明量程太小，那么就要加大量程后再测量。如果在数值左边出现“-”，则表明表笔极性与实际电源极性相反，此时红表笔接的是负极。

② 交流电压的测量。表笔插孔与直流电压的测量一样，不过应该将旋钮打到交流挡“V～”处所需的量程即可。交流电压无正负之分，测量方法跟前面相同。无论测交流还是直流电压，都要注意人身安全，不要随便用手触摸表笔的金属部分。

（2）电流的测量

测量电流时，应把数字式万用表串联到被测电路中。当被测电流源的内阻很低时，应尽量选择较高的电流量限，以减小分流电阻上的压降，提高测量的准确度。

（3）电阻的测量

测量电阻时，特变是低电阻，被测试插头与插座之间必须接触良好，否则会引起测量误差或导致读数不稳定。

（4）数字式万用表的使用注意事项

① 在使用数字式万用表之前要仔细阅读使用说明书，以熟悉各部分的作用及使用方法。

② 每次测量前，应选择合适的量程和输入插孔（或专用插口）。如果无法预先估计被测电压或电流的大小，则应先拨至最高量程挡测量一次，再视情况逐渐把量程减小到合适位置。测量完毕，应将量程开关拨到最高电压挡，并关闭电源。

③ 读数时等显示值稳定后再读数。

④ 若仅仪表的最高位显示数字“1”，其他位均消隐，证明仪表已发生过载，应选择更高的量程。

⑤ 当误用交流电压挡去测量直流电压，或者误用直流电压挡去测量交流电压时，显示屏将显示“000”，或低位上的数字出现跳动。

⑥ 禁止在测量高电压（220V 以上）或大电流（0.5A 以上）时换量程，以防止产生电弧，烧毁开关触点。

⑦ 当显示“ ”、“BATT”或“LOW BAT” 时，表示电池电压低于工作电压。

⑧ 禁止在测量中旋转转换开关。

⑨ 测量完毕，应关闭电源开关。

7.3.2　钳形电流表

钳形电流表是一种用于测量正在运行的电气线路的电流大小的仪表，可在不断电的情况下测量电流，其实物图如图 7-23 所示。

钳形电流表又称钳形交流电流表，只能测量交流电流，其实质是由一只电流互感器和整流、模数转换等部分所组成，被测载流导线相当于电流互感器的一次线圈，绕在铁心上的线圈相当于电流互感器的二次线圈，当被测载流导线卡入钳口时，二次线圈便感应出电流，经过仪表内部电路转换后送入 LCD 显示器，从而指示出电流值。

图 7-23　钳形电流表的实物图

1．钳形电流表的使用方法

（1）选择合适的量程，在不清楚被测量大小时先选大量程，后选小量程，或看铭牌值估算。

（2）当使用最小量程测量，其读数还不明显时，可将被测导线绕几匝，匝数要以钳口中央的匝数为准，则读数＝指示值×量程/满偏×匝数。

（3）测量时，应使被测导线处在钳口的中央，钳口闭合紧密，以减少误差。

（4）测量完毕，要将电源开关关闭。

2．钳形电流表的使用注意事项

（1）被测线路的电压要低于钳形电流表的额定电压。

（2）测高压线路的电流时，要戴绝缘手套，穿绝缘鞋，站在绝缘垫上。

（3）钳口要闭合紧密，不能带电换量程。

7.3.3 兆欧表

兆欧表又称摇表，是一种专门用来测量被测设备的绝缘电阻和高值电阻的仪表，它由一个手摇发电机、表头和三个接线柱（L：线路端，E：接地端，G：屏蔽端）组成，其实物图如图 7-24 所示。

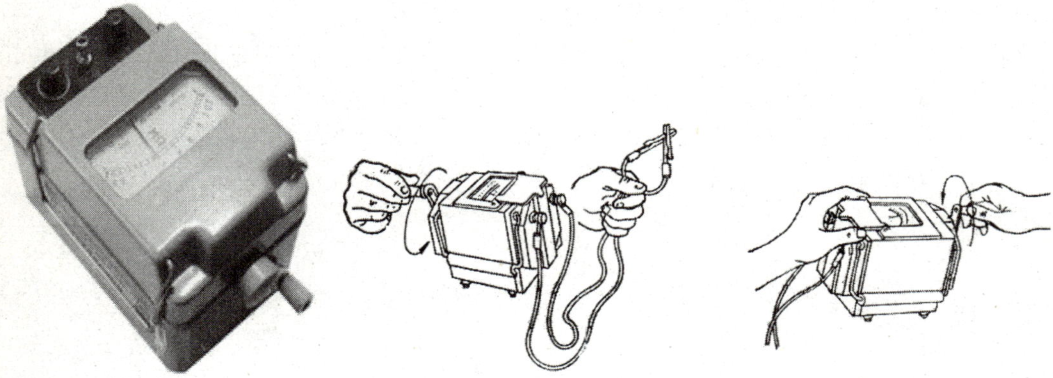

图 7-24 兆欧表的实物图

1. 兆欧表的选择

（1）额定电压等级的选择

一般情况下，额定电压在 500V 以下的设备，应选用 500V 或 1000V 的摇表；额定电压在 500V 以上的设备，选用 1000V～2500V 的摇表。

（2）电阻量程范围的选择

摇表的表盘刻度线上有两个小黑点，小黑点之间的区域为准确测量区域。所以在选表时应使被测设备的绝缘电阻值在准确测量区域内。

2. 兆欧表的正确使用与维护

（1）校表。测量前应将摇表进行一次开路和短路试验，检查摇表是否良好。将两连接线开路，摇动手柄，指针应指在“∞”处，再把两连接线短接一下，指针应指在“0”处，符合上述条件者即良好，否则不能使用。

（2）被测设备与线路断开，对于大电容设备还要进行放电。

（3）测量绝缘电阻时，一般只用“L”和“E”端，但在测量电缆对地的绝缘电阻或被测设备的漏电流较严重时，就要使用“G”端，并将“G”端接屏蔽层或外壳。线路接好后，可按顺时针方向转动摇把，摇动的速度应由慢而快，当转速达到每分钟 120 转左右时（ZC-25 型），保持匀速转动，1 分钟后读数，并且要边摇边读数，不能停下来读数。

（4）拆线放电。读数完毕，一边慢摇，一边拆线，然后将被测设备放电。放电方法是将测量时使用的地线从摇表上取下来与被测设备短接一下即可（不是摇表放电）。

3．兆欧表的使用注意事项

（1）禁止在雷电时或高压设备附近测绝缘电阻，只能在设备不带电，也没有感应电的情况下测量。

（2）摇测过程中，被测设备上不能有人工作。

（3）摇表线不能绞在一起，要分开。

（4）摇表未停止转动之前或被测设备未放电之前，严禁用手触及。拆线时，也不要触及引线的金属部分。

（5）测量结束时，对于大电容设备放电。

（6）要定期校验其准确度。

7.4　焊接工艺

在电子制作中，元器件的连接处需要焊接。焊接的质量对电路的工作稳定性影响极大。所以，学习电子制作技术，必须掌握焊接技术，练好焊接基本功。

7.4.1　焊接工具

1．电烙铁

电烙铁是最常用的焊接工具。新电烙铁在使用前，应用细砂纸将烙铁头打光亮，通电烧热，点上松香再给烙铁头上焊，使烙铁头镀上一层锡，便于焊接和防止烙铁头表面氧化。旧的烙铁头如严重氧化而发黑，可用钢锉锉去表层氧化物，使其露出金属光泽后，重新镀锡。电烙铁的实物如图 7-25 所示。

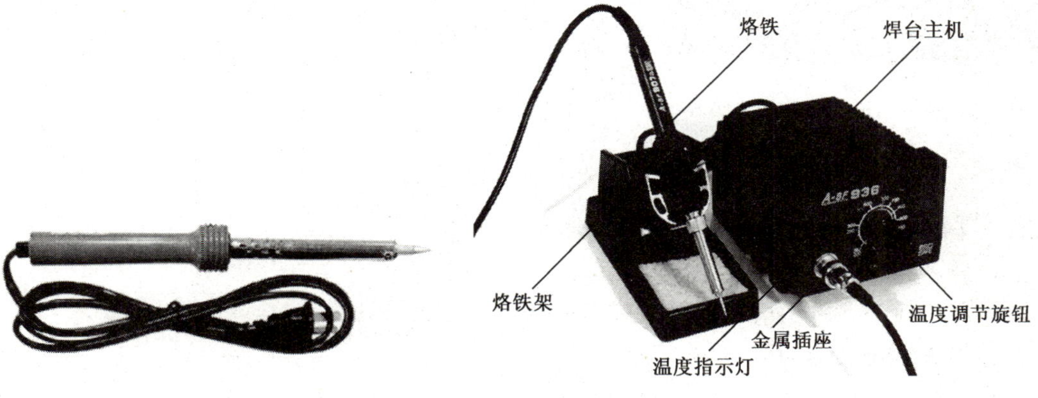

图 7-25　电烙铁和防静电恒温焊台电烙铁实物图

电烙铁要用220V交流电源，使用时要特别注意安全，应认真做到以下几点：

① 电烙铁插头最好使用三极插头，要使外壳良好接地。

② 使用前，应认真检查电源插头、电源线有无损坏，并检查烙铁头是否松动。

③ 电烙铁使用中，不能用力敲击，要防止跌落。烙铁头上焊锡过多时，可用布擦掉，不可乱甩，以防烫伤他人。

④ 焊接过程中，烙铁不能到处乱放。不焊时，应放在烙铁架上。注意电源线不可搭在烙铁头上，以防烫坏绝缘层而发生事故。

⑤ 使用结束后，应及时切断电源，拔下电源插头。冷却后，再将电烙铁收回工具箱。

2. 焊锡和助焊剂

焊接时，还需要焊锡和助焊剂。

（1）焊锡

焊接电子元件，一般采用有松香芯的焊锡丝。这种焊锡丝，熔点较低，而且内含松香助焊剂，使用极为方便。焊锡如图7-26所示。

（2）助焊剂

常用的助焊剂是松香或松香水（将松香溶于酒精中）。使用助焊剂，可以帮助清除金属表面的氧化物，利于焊接，又可保护烙铁头。焊接较大元件或导线时，也可采用焊锡膏。但它有一定腐蚀性，焊接后应及时清除残留物。松香如图7-27所示。

3. 辅助工具

为了方便焊接操作常使用尖嘴钳、斜口钳、镊子和小刀等辅助工具。应学会正确使用这些工具。

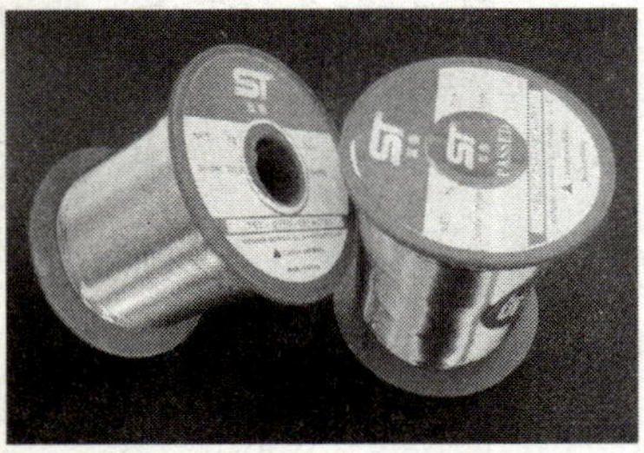

图7-26　焊锡

图7-27　松香

7.4.2　焊前处理

焊接前，应对元件引脚或电路板的焊接部位进行焊前处理。

（1）清除焊接部位的氧化层

可用断锯条制成小刀，刮去金属引线表面的氧化层，使引脚露出金属光泽。印制电路板可用细纱纸将铜箔打光后，涂上一层松香酒精溶液。

（2）元件镀锡

在刮净的引线上镀锡。用热烙铁头压在引线上，接触到焊锡丝后转动引线，即可完成镀锡。导线焊接前，应将绝缘外皮剥去，再经过镀锡处理才能正式焊接。若是多股金属丝的导线，打光后应先拧在一起，然后再镀锡。

7.4.3　焊接技术

做好焊前处理之后，就可正式进行焊接。

1．焊接方法

焊接方法如图 7-28 所示。

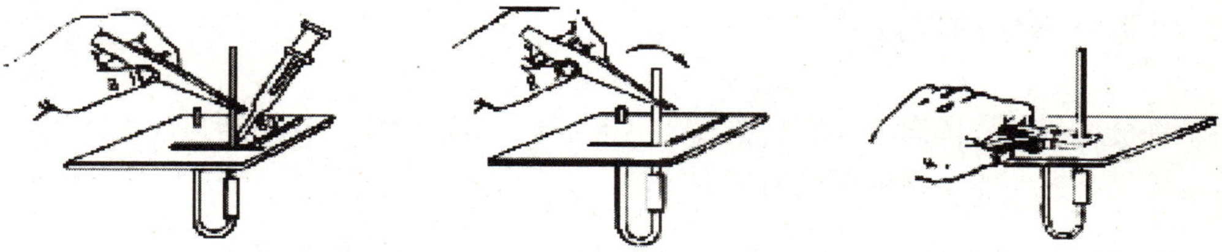

（a）焊接　（b）检查　（c）剪掉长出的引脚

图 7-28　焊接

（1）右手持电烙铁，左手用尖嘴钳或镊子夹持元件或导线。焊接前，电烙铁要充分预热。烙铁头刃面上要吃锡，即带上一定量焊锡。

（2）将烙铁头刃面紧贴在焊点处预热大约 1 秒。电烙铁与水平面大约成 60° 角。以便于熔化的锡从烙铁头上流到焊点上。烙铁头在焊点处停留的时间控制在 2 秒左右。

（3）沿着引脚向上抬开烙铁头。左手仍持元件不动，待焊点处的锡冷却凝固后，才可松开左手，焊点围绕元件引脚形成的斜面与电路板成 45° 左右。

（4）用镊子转动引线，确认不松动，然后可用偏口钳剪去多余的引线。

2．焊接质量

焊接时，要保证每个焊点焊接牢固、接触良好，要保证焊接质量。好的焊点如图 7-29 所示。

3．虚焊和假焊

虚焊是焊点处只有少量锡焊住，造成接触不良，时通时断。假焊是指表面上好像焊住了，但实际上并没有焊上，有时用手一拔，引线就可以从焊点中拔出。这两种情况将给电子制作的调试和检修带来极大的困难。只有经过大量的、认真的焊接实践，才能避免这两种情况。

焊接电路板时，一定要控制好时间。太长，电路板将被烧焦，或造成铜箔脱落。从电路板上拆卸元件时，可将电烙铁头贴在焊点上，待焊点上的锡熔化后，将元件拔出，操作时必须注意，否则可能损坏焊盘。

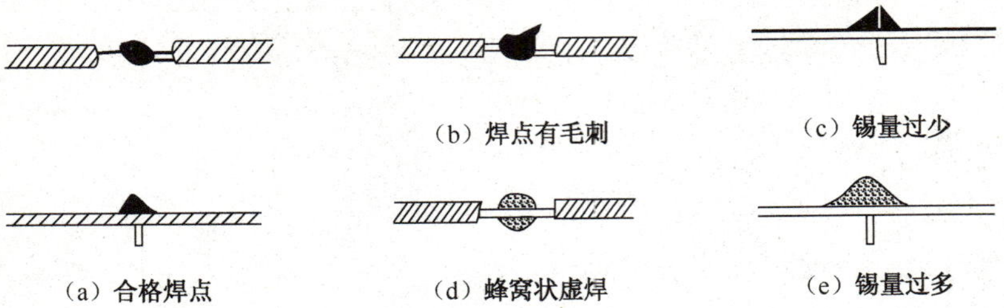

图 7-29　焊点

7.4.4　印制电路板的焊接

由于焊接质量的好坏会直接影响整机产品的各种性能，因此，在不断提高焊接工艺技能的同时，还要掌握印制电路板焊接的技术要领。

1. 焊接前的准备工作

（1）焊料与焊剂的选择

焊锡最好用售品焊锡丝。焊剂用松香或松香水（松香水的配方是：20%的松香粉末和 80%的纯酒精），绝对禁止用氯化锌、焊油等酸性焊剂。

（2）元器件的清洁处理

为了防止焊接后或时间一长引起焊点虚焊，因此在焊接前必须对所有的焊接面进行清洁。用小刀或细砂纸擦去焊接面的漆膜、油渍、氧化物，直至露出发亮的金属面为止，随后立即烫上松香，再用烙铁镀一层薄锡。

（3）烙铁的使用

电烙铁一般选用内热式，功率为 20～35W 或调温式，电烙铁的温度不宜超过 300℃并且烙铁头一定要吃锡（表面镀一层锡）。

2. 电子元器件安装工艺要求

（1）安装所有电子元器件时，其文字、数值标记应布置在易观察的位置上以便检查和维修。

（2）注意安装的先后顺序，先焊接体积较小的元件，最后焊接体积较大的元件，先焊接卧装的元件，再焊接立装的元件，也要注意元件的位置方向和电极的极性。

（3）安装相邻元器件，要有一定空隙。

（4）对于调试中需要更换的元器件，可先采用搭焊的方法加以固定。

（5）在焊接 CMOS 集成电路时，一般使电焊铁接地线与 IC 地线相接后再接地。

（6）集成电路在安装时首先要保证引脚号必须准确。

3. 焊接技术要领

（1）焊剂的用量要适当

使用焊剂时，除了必须选用焊剂的种类外，还必须根据焊接面大小和表面情况选择适量的用量。（目前有些焊料中加了适量的焊剂，这时不再加焊剂）

（2）焊料的选用

焊料的用量应根据焊点大小来确定。对于初次焊接者来讲，一般采用先将焊料放在焊点处，再将电烙铁放在焊点上，待焊点着锡熔化后先拿走焊料，将电烙铁从下向上提，拿起电烙铁，这样能保证焊点光亮、圆滑；若焊接技术已基本掌握也可以采用用电烙铁头蘸取适量焊锡再蘸取焊剂后，直接放在焊点上进行焊接。

（3）焊接的时间与温度的要求

在焊接时，为使被焊接元件达到适当温度，使固体焊料迅速熔化，产生湿润，就要有足够的热量和温度。锡焊的时间可根据被焊元件的形状大小不同而有差别，但总的原则是看被焊元件是否完全被焊料湿润的情况而定。通常情况下烙铁头与焊接点接触时间以使焊点光亮、圆滑为宜。如焊点不亮并形成粗糙面，说明温度不够，时间短。

（4）焊接时被焊件要扶稳，否则会造成虚焊。

（5）焊接时烙铁头与引线和印制铜箔同时接触。

（6）焊后引脚处理。焊接完后要将漏在印制电路板面上多余引脚剪去。并检查电路有无漏焊、错焊、虚焊。

本章小结

1．了解安全电压和安全电流。

2．正确使用绝缘操作用具。

3．触电方式有单相触电、两相触电、跨步电压触电等。

4．常见的保护措施有保护接地、保护接零、漏电保护器等。

5．触电的急救措施。

6．常用的电工工具有：验电笔，电工刀，剥线钳，斜口钳，尖嘴钳，网线钳等。认识和掌握它们的使用方法。

7．网线接头的压制方法和视频头的连接方法。

8．万用表、钳形电流表、兆欧表等仪表的工作原理，内部结构，使用方法和注意事项。

9．掌握焊接的基本工艺和焊接方法。

第 8 章

实验指导

学习目标

1. 理解实验预习的内容，掌握预习报告的设计书写。
2. 掌握每个实验的操作步骤及注意事项。
3. 掌握每个实验项目的实验原理。
4. 掌握实验相关仪器仪表的测量原理和使用方法。

电工技术实验的基本内容包括基础电量的测量、伏安关系的验证、电路分析方法的验证、三相交流电、基本电子测量仪表的使用以及基本测量方法等，其基础性、实用性决定了它在电类本、专科专业教学过程中起着提高学生专业理论水平和培养学生基本实验技能的基础性作用。

一个完整的实验过程，从相关知识的预习开始，经过理论知识学习，电子线路连接，观察测试到数据处理，直至撰写出完整的实验报告，其中各个环节均影响实验的质量。

一、实验预习

预习时，要恰当地运用基本理论阐述清楚实验原理，根据实验环境和实验条件分析实验的实施步骤或实验设计的可行性，并写出预习报告。预习内容包括以下几个方面：

（一）实验标题

实验标题可以使实验者时刻明白自己进行什么实验，并围绕这一中心内容而开展一系列的工作。

（二）实验目的

电工实验的目的是培养学生严肃认真的科学实验态度，提高学生用基本理论知识分析问题、解决问题的能力。通过实验培养连接电子线路、测量、故障排除等方面的技巧，通过实验学习常用仪器仪表的基本原理和使用方法，通过实验学习数据的采集和处理，进而对各种现象进行观察和分析等。

（三）实验原理

实验原理包括基本理论、实验线路图的设计、测量仪表的选择和实验测量的方案确定等。

（四）实验操作步骤

所设计的实验操作步骤必须细致，充分考虑各种因素，如设备和人身安全、数据测量的先后顺序等。

（五）设计实验表格

预习时必须设计好所有记录数据和有关内容的表格，对于要求首先进行理论计算的内容也要在此时完成，并且填入表格。

二、实验操作

实验操作是在详细的预习报告的指导下，在实验室进行整个实验的过程，包括熟悉、检查及使用实验仪器设备与实验器件，连接实验线路，实际测试、数据记录和实验后的整理等工作。

（一）实验的仪器仪表与实验的器件

在电工电子实验中，涉及的实验器件包括电阻器、电感器、电容器、二极管、三极管等，仪器仪表包括电压源、电流源、信号发生器、电压表、电流表、毫伏表、示波器、万用表等，这些都将在实验中认识、了解和熟悉。

（二）接实验线路

这一环节为实验系统的关键，需要注意以下3个方面：

（1）实验对象的摆放

实验用电源、负载、测量仪器仪表等应该合理摆放。一般原则为：摆放后布局合理，即位置、距离、跨线要求短；便于操作，即调整和读数方便；连线简单，即要求用线最少。

（2）连线顺序

连线顺序要根据线路的复杂程度和个人的操作熟练程度而定。对于初学的学生，要求能够按照线路图一一对应连接。对于复杂的线路一般先接串联支路，后接并联支路，最好每个接线点不要多于两根导线，最后接电源。同时，要考虑元件和仪表的极性，参考方向，公共接地端与电子线路图的对应位置等。

（3）接线检查

对照实验线路图，由左到右或从线路有明显标记处开始，逐一检查，不能漏掉任何一根连线。对于连接好的线路的细致检查也是保证实验顺利，防止事故发生的重要措施。

（三）实际测试和记录数据

这一环节为实验过程中最重要的环节。一般为了保证实验数据的可信度，需要在实际测量之前进行一下预测，此时不必仔细读数据和记录，主要观察各个被测量的变化情况和出现的现象。其目的有两个：

（1）可以通过预测发现可能出现的设备接线松动、连接导线的隐藏断点、实验接线的错误、碰线等故障，排除后可以确保实验的正常进行。

（2）通过预测可以让实验者有一个实验全过程的数量概念，了解被测量的变化范围，选择合适的仪表量程；了解被测量的变化趋势，确定实际测量时合理选取数据的策略。

预测结束后，就可以按照预习报告的实验步骤进行实验操作，观察现象，完成实验任务。实验数据应该记录在预习报告中拟定好的表格里，并注明名称和单位。如果需要重新测量，则要在原来的表格边重新记录所得到的数据，不要轻易涂改原始数据，以便比较和分析。在测量过程中，应该尽可能地及时对数据作初步分析，以便及时发现问题，当即采取措施，以提高实验的质量。

实验完成后，不要忙于拆除线路，应该先关闭电源，待检查实验所得数据没有遗憾和明显错误后再拆线。一旦发现异常，需要在原有的实验线路下查找原因，并做出相应的分析。

（四）实验结束后的整理工作

全部实验结束后，应该将所用的实验设备复归原位，导线整理成束，清理实验台桌，然后离开实验室。

三、撰写实验报告

实验报告是对于实验工作的全面总结，要对实验的目的、原理、任务、设备、实验过程和结果分析等主要方面有明确的叙述。

撰写实验报告的主要工作是实验数据的处理，此时要充分发挥曲线和图表的作用。为了保证实验的可信度，要求有实习指导老师签字的原始记录数据。

此外，实验报告中还应该有实验中发现的问题、现象及事故分析、实验收获及心得体会等，并回答思考问题。

实验报告的最重要部分是实验结论，它是实验成果。对此结论，必须有科学的根据和来自理论与实验的分析。

总之，一个高质量的实验，来自于充分的预习，认真的操作和全面的实验总结。每个环节都必须认真对待，才能达到预期的实验目的。

实验一　电位、电压的测定及电路电位图的绘制

一、实验目的

1．验证电路中电位的相对性、电压的绝对性。
2．掌握电路电位图的绘制方法。

二、原理说明

在一个闭合电路中，各点电位的高低视所选的电位参考点的不同而不同，但任意两点间的电位差（即电压）则是绝对的，它不因参考点的改变而改变。

电位图是一种平面坐标一、四两象限内的折线图。其纵坐标为电位值，横坐标为各被测点。要制作某一电路的电位图，先以一定的顺序对电路中各被测点编号。以图 8-1 的电路为例，如图中的 A～F，并在坐标横轴上按顺序、均匀间隔标上 A、B、C、D、E、F、A。再根据测得的各点电位值，在各点所在的垂直线上描点。用直线依次连接相邻两个电位点，即得该电路的电位图。

在电位图中，任意两个被测点的纵坐标值之差即为该两点之间的电压值。

在电路中电位参考点可任意选定。对于不同的参考点，所绘出的电位图形是不同的，但其各点电位变化的规律却是一样的。

三、实验设备

序号	名称	型号与规格	数量
1	直流可调稳压电源	0～30V	二路
2	万　用　表		1
3	直流数字电压表	0～200V	1
4	电位、电压测定实验电路板		1

四、实验内容

按照图 8-1 接线。

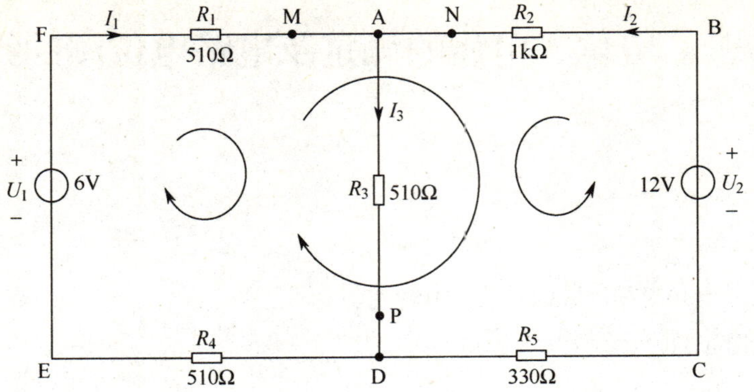

图 8-1

1．分别将两路直流稳压电源接入电路，令 U_1=6V，U_2=12V，接入前先调准输出电压值，再接入实验线路中。

2．以图 8-1 中的 A 点作为电位的参考点，分别测量 B、C、D、E、F 各点的电位值 V 及相邻两点之间的电压值 U_{AB}、U_{BC}、U_{CD}、U_{DE}、U_{EF} 及 U_{FA}，数据列于表 8-1 中。

3．以 D 点作为参考点，重复实验内容 2 的测量，测得数据列于表 8-1 中。

表 8-1

电位 / 参考点	V与 U	V_A	V_B	V_C	V_D	V_E	V_F
A	计算值						
	测量值						
	相对误差						
D	计算值						
	测量值						
	相对误差						
电位 / 参考点	V与 U	U_{AB}	U_{BC}	U_{CD}	U_{DE}	U_{EF}	U_{FA}
A	计算值						
	测量值						
	相对误差						
D	计算值						
	测量值						
	相对误差						

五、实验注意事项

测量电位时，用指针式万用表的直流电压挡或用数字直流电压表测量时，用负表棒（黑色）接参考电位点，用正表棒（红色）接被测各点。若指针正向偏转或数显表显示正值，则表明该点电位为正（即高于参考点电位）；若指针反向偏转或数显表显示负值，此时应调换万用表的表棒，然后读出数值，此时在电位值之前应加一负号（表明该点电位低于参考点电位）。数显表也可不调换表棒，直接读出负值。

六、思考题

先以 F 点为参考电位点，实验测得各点的电位值，再以 E 点作为参考电位点，试问此时各点的电位值应有何变化？

七、实验报告

1．根据实验数据，绘制两个电位图形，并对照观察各对应两点间的电压情况。两个电位图的参考点不同，但各点的相对顺序应一致，以便对照。

2．完成数据表格中的计算，对误差作必要的分析。

3．总结电位相对性和电压绝对性的结论。

4．心得体会及其他。

实验二　基尔霍夫定律的验证

一、实验目的

验证基尔霍夫定律的正确性，加深对基尔霍夫定律的理解。

二、原理说明

基尔霍夫定律包括基尔霍夫电流定律和基尔霍夫电压定律，是电路的基本定律。测量某电路的各支路电流及每个元件两端的电压，应能分别满足基尔霍夫电流定律（KCL）和电压定律（KVL）。即对电路中的任一个节点而言，应有 $\Sigma I=0$；对任何一个闭合回路而言，应有 $\Sigma U=0$。

运用基尔霍夫定律时必须注意各支路或闭合回路中电流的方向和电压的方向，此方向可预先任意设定。

三、实验设备

序号	名称	型号与规格	数量
1	直流可调稳压电源	0～30V	二路
2	万用表		1
3	直流数字电压表	0～200V	1
4	电位、电压测定实验电路板		1

四、实验内容

实验线路与实验一的图 8-1 相同。

1．实验前先任意设定三条支路和三个闭合回路的电流正方向。图 8-1 中的 I_1、I_2、I_3 的方向已设定。三个闭合回路的电流正方向可设为 ADEFA、BADCB 和 FBCEF。

2．分别将两路直流稳压源接入电路，令 U_1=6V，U_2=12V。

3．在电路中的 M、N、P 三点处分别断开，接入电流表测量电流值，并记录数据（见表 8-2）。

4．用直流数字电压表分别测两路电源及电阻上的电压值，并记录数据（见表 8-2）。

表 8-2

被测量	I_1(mA)	I_2(mA)	I_3(mA)	U_1(V)	U_2(V)
计算值					
测量值					
相对误差					
被测量	U_{FA}(V)	U_{AB}(V)	U_{AD}(V)	U_{CD}(V)	U_{DE}(V)
计算值					
测量值					
相对误差					

五、实验注意事项

1．所有需要测量的电压值，均以电压表测量的读数为准。U_1、U_2 也需测量，不应取电源本身的显示值。

2．防止稳压电源两个输出端碰线短路。

3．用指针式电压表或电流表测量电压或电流时，如果仪表指针反偏，则必须调换仪表极性，重新测量。此时指针正偏，可读得电压或电流值。若用数显电压表或电流表测量，则可直接读出电压或电流值。但应注意：所读得的电压或电流值的正确正、负号应根据设定的电流参考方向来判断。

六、预习思考题

1．根据图 8-1 的电路参数，计算出待测的电流 I_1、I_2、I_3 和各电阻上的电压值，记入表 8-2 中，以便实验测量时，可正确地选定毫安表和电压表的量程。

2．实验中，若用指针式万用表直流毫安挡测各支路电流，在什么情况下可能出现指针反偏，应如何处理？在记录数据时应注意什么？若用直流数字毫安表进行测量时，则会有什么显示呢？

七、实验报告

1．根据实验数据，选定节点 A，验证 KCL 的正确性。
2．根据实验数据，选定实验电路中的任一个闭合回路，验证 KVL 的正确性。
3．将支路和闭合回路的电流方向重新设定，重复 1、2 两项验证。
4．误差原因分析。
5．心得体会及其他。

实验三　叠加原理的验证

一、实验目的

验证线性电路叠加原理的正确性，加深对线性电路叠加性的认识和理解。

二、原理说明

叠加原理：在有多个独立电源共同作用下的线性电路中，通过每一个元件的电流或其两端的电压，可以看成是由每一个独立电源分别单独作用时在该元件上所产生的电流或电压的代数和。

三、实验设备

序　号	名　称	型号与规格	数　量
1	直流稳压电源	0～30V 可调	二路
2	万用表		1
3	直流数字电压表	0～200V	1
4	直流数字毫安表	0～200mV	1
5	叠加原理实验电路板		1

四、实验内容

实验线路如图 8-2 所示。

1．将两路稳压源的输出分别调节为 12V 和 6V，接入 U_1 和 U_2 处。

2．令 U_1 电源单独作用（将开关 S_1 投向 U_1 侧，开关 S_2 投向短路侧）。用直流数字电压表和毫安表分别测量各电阻元件两端的电压及各支路电流，数据记入表 8-3。

3．令 U_2 电源单独作用（将开关 S_1 投向短路侧，开关 S_2 投向 U_2 侧），重复实验步骤 2 的测量，数据记入表 8-3。

4．令 U_1 和 U_2 共同作用（开关 S_1 和 S_2 分别投向 U_1 和 U_2 侧），重复上述的测量，数据记入表 8-3。

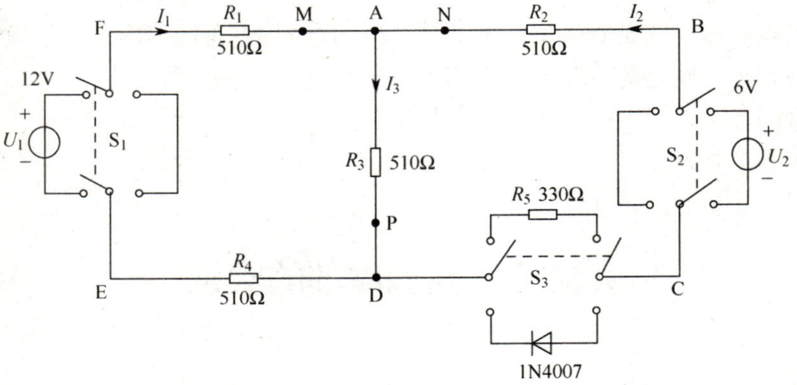

图 8-2

表 8-3

测量项目 / 实验内容	U_1(V)	U_2(V)	I_1(mA)	I_2(mA)	I_3(mA)
U_1 单独作用					
U_2 单独作用					
U_1、U_2 共同作用					
$2U_2$ 单独作用					
测量项目 / 实验内容	U_{AB}(V)	U_{CD}(V)	U_{AD}(V)	U_{DE}(V)	U_{FA}(V)
U_1 单独作用					
U_2 单独作用					
U_1、U_2 共同作用					
$2U_2$ 单独作用					

5．将 U_2 的数值调至＋12V，重复第 3 项测量并将数据记入表 8-3。

6．将 R_5（330Ω）换成二极管 1N4007（即将开关 S_3 投向二极管 1N4007 侧），重复 1～5 的测量过程，数据记入表 8-4。

表 8-4

测量项目 / 实验内容	U_1(V)	U_2(V)	I_1(mA)	I_2(mA)	I_3(mA)
U_1 单独作用					
U_2 单独作用					
U_1、U_2 共同作用					
$2U_2$ 单独作用					
测量项目 / 实验内容	U_{AB}(V)	U_{CD}(V)	U_{AD}(V)	U_{DE}(V)	U_{FA}(V)
U_1 单独作用					
U_2 单独作用					
U_1、U_2 共同作用					
$2U_2$ 单独作用					

五、实验注意事项

1．测量各支路电流时，或者测量电压降时，应注意仪表的极性，正确判断测得值的＋、－号后，记入数据表格。

2．注意仪表量程的及时更换。

六、预习思考题

1．在叠加原理实验中，要令 U_1、U_2 分别单独作用，应如何操作？可否直接将不作用的电源（U_1 或 U_2）短接置零？

2．实验电路中，若有一个电阻器改为二极管，试问叠加原理的叠加性还成立吗？为什么？

七、实验报告

1．根据实验数据表格，进行分析、比较、归纳、总结实验结论，即验证线性电路的叠加性。

2．各电阻器所消耗的功率能否用叠加原理计算得出？试用上述实验数据，进行计算并作结论。

3．通过实验内容 6 及分析表格 8-4 的数据，你能得出什么结论？

实验四　R、L、C 元件阻抗特性的测定

一、实验目的

1. 验证电阻、感抗、容抗与频率的关系，测定 $R\sim f$、$X_L\sim f$ 及 $X_C\sim f$ 特性曲线。

2. 加深理解 R、L、C 元件端电压与电流间的相位关系。

二、原理说明

1. 在正弦交变信号作用下，R、L、C 电路元件在电路中的抗流作用与信号的频率有关，它们的阻抗频率特性 $R\sim f$、$X_L\sim f$、$X_C\sim f$ 曲线如图 8-3 所示。

2. 元件阻抗频率特性的测量电路如图 8-4 所示。

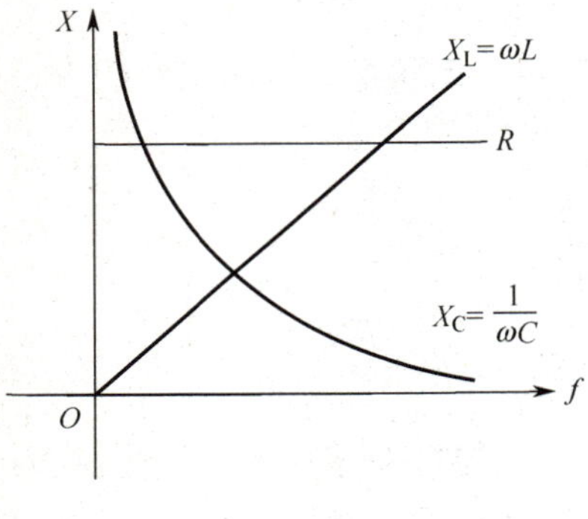

图 8-3

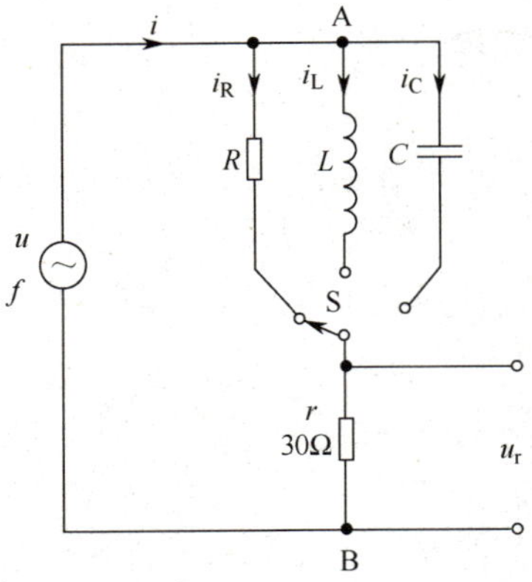

图 8-4

图 8-4 中的 r 是提供测量回路电流用的标准小电阻，由于 r 的阻值远小于被测元件的阻抗值，因此可以认为 AB 之间的电压就是被测元件 R、L 或 C 两端的电压，流过被测元件的电流则可由 r 两端的电压除以 r 所得。

用双踪示波器观察 r 与被测元件两端的电压，即可看到被测元件两端的电压和流过该元件电流的波形，从而测出电压与电流的幅值及它们之间的相位差。

3. 将元件 R、L、C 串联或并联相接，也可用同样的方法测得 $Z_{串}$与 $Z_{并}$的阻抗频率特性 $Z\sim f$，根据电压、电流的相位差可判断 $Z_{串}$或 $Z_{并}$是感性还是容性负载。

4. 元件的阻抗角（即相位差φ）随输入信号的频率变化而改变，将各个不同频率下的相位差画在以频率 f 为横坐标、阻抗角φ为纵坐标的坐标纸上，并用光滑的曲线连接这些点，即得到阻抗角的频率特性曲线。

用双踪示波器测量阻抗角的方法如图 8-5 所示。从荧光屏上数得一个周期占 n 格，相位差占 m 格，则实际的相位差φ（阻抗角）为

$$\varphi = m \times \frac{360}{n}(\text{度})$$

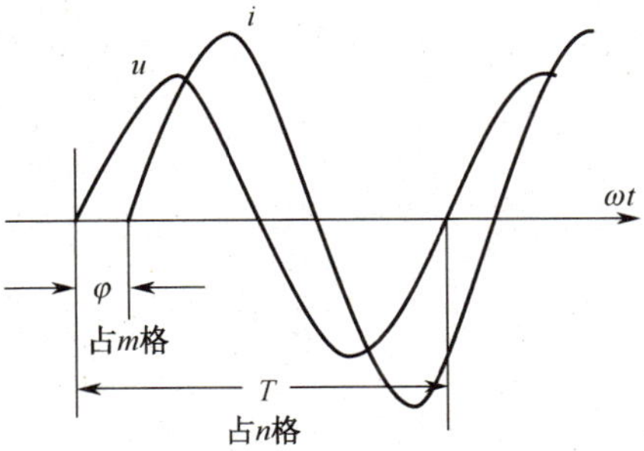

图 8-5

三、实验设备

序　号	名　称	型号与规格	数　量
1	低频信号发生器		1
2	交流毫伏表	0～600V	1
3	双踪示波器		1
4	频率计		1
5	实验线路元件	R=1kΩ，C=1μF，L≈1H	1
6	电阻	30 Ω	1

四、实验内容

1．测量 R、L、C 元件的阻抗频率特性。

通过电缆线将低频信号发生器输出的正弦信号接至如图 8-4 的电路，作为激励源 u，并用交流毫伏表测量，使激励电压的有效值为 U=3V，并保持不变。

使信号源的输出频率从 200Hz 逐渐增至 5kHz（用频率计测量），并使开关 S 分别接通 R、L、C 三个元件，用交流毫伏表测量 Ur，并计算各频率点时的 I_R、I_L 和 I_C（即 U_r/r）以及 $R=U/I_R$、$X_L=U/I_L$、$X_C=U/I_C$ 之值。

注意：在接通电容测试时，信号源的频率应控制在 200～2500Hz 之间。

2. 用双踪示波器观察在不同频率下各元件阻抗角的变化情况，按图 8-5 记录 n 和 m，算出φ。

五、实验注意事项

1. 交流毫伏表属于高阻抗电表，测量前必须先调零。
2. 测φ时，示波器的“V/div”和“t/div” 的微调旋钮应旋置“校准”位置。

六、预习思考题

测量 R、L、C 各个元件的阻抗角时，为什么要与它们串联一个小电阻？可否用一个小电感或大电容代替？为什么？

七、实验报告

1. 根据实验数据，在方格纸上绘制 R、L、C 三个元件的阻抗频率特性曲线，从中可得出什么结论？
2. 根据实验数据，在方格纸上绘制 R、L、C 三个元件的阻抗角频率特性曲线，并总结、归纳出结论。
3. 心得体会及其他。

实验五　R、L、C 串联谐振电路的研究

一、实验目的

1. 学习用实验方法绘制 R、L、C 串联电路的幅频特性曲线。
2. 加深理解电路发生谐振的条件、特点，掌握电路品质因数（电路 Q 值）的物理意义及其测定方法。

二、原理说明

1. 在图 8-6 所示的 R、L、C 串联电路中，当正弦交流信号源的频率 f 改变时，电路中的感抗、容抗随之而变，电路中的电流也随 f 而变。取电阻 R 上的电压 u_o 作为响应，当输入电压 u_i 的幅值维持不变时，在不同频率的信号激励下，测出 U_O 之值，然后以 f 为横坐标，以 U_O/U_i 为纵坐标（因 U_i 不变，故也可直接以 U_O 为纵坐标），绘出光滑的曲线，此即为幅频特性曲线，也称谐振曲线，如图 8-7 所示。

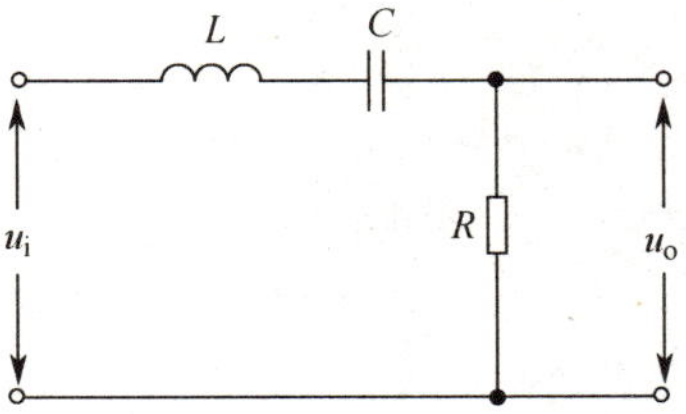

图 8-6

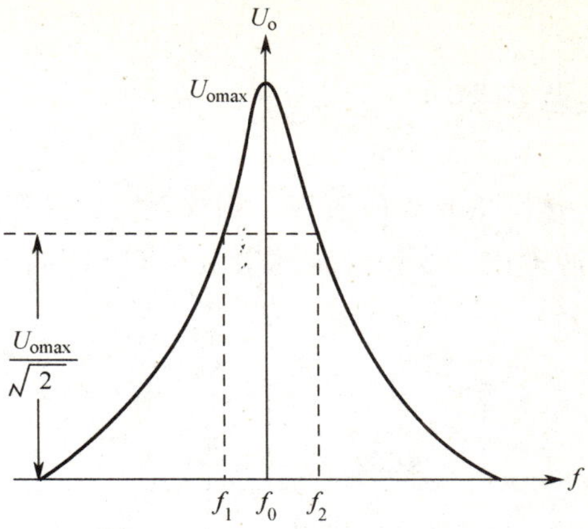

图 8-7

2. 在 $f=f_0=\dfrac{1}{2\pi\sqrt{LC}}$ 处，即幅频特性曲线尖峰所在的频率点称为谐振频率。此时 $X_L=X_C$，电路呈纯阻性，电路阻抗的模为最小。在输入电压 U_i 为定值时，电路中的电流达到最大值，且与输入电压 u_i 同相位。从理论上讲，此时 $U_i=U_R=U_o$，$U_L=U_C=QU_i$，式中的 Q 称为电路的品质因数。

3. 电路品质因数 Q 值的两种测量方法

一是根据公式 $Q=\dfrac{U_L}{U_o}=\dfrac{U_C}{U_o}$ 测定，U_C 与 U_L 分别为谐振时电容器 C 和电感线圈 L 上的电压；另一方法是通过测量谐振曲线的通频带宽度 $\Delta f=f_2-f_1$，再根据 $Q=\dfrac{f_0}{f_2-f_1}$ 求出 Q 值。式中 f_0 为谐振频率，f_2 和 f_1 是失谐时，即输出电压的幅度下降到最大值的 $1/\sqrt{2}$（=0.707）倍时的上、下频率点。Q 值越大，曲线越尖锐，通频带越窄，电路的选择性越好。在恒压源供电时，电路的品质因数、选择性与通频带只决定于电路本身的参数，而与信号源无关。

三、实验设备

序 号	名 称	型号与规格	数 量
1	低频函数信号发生器		1
2	交流毫伏表	0～600V	1
3	双踪示波器		1
4	频率计		1
5	谐振电路实验电路板	R=200Ω，1kΩ C=0.01μF，0.1μF， L≈30mH	

四、实验内容

1．按图 8-8 组成监视、测量电路。先选用 C_1、R_1。用交流毫伏表测电压，用示波器监视信号源输出。令信号源输出电压 U_i=4V_{P-P}，并保持不变。

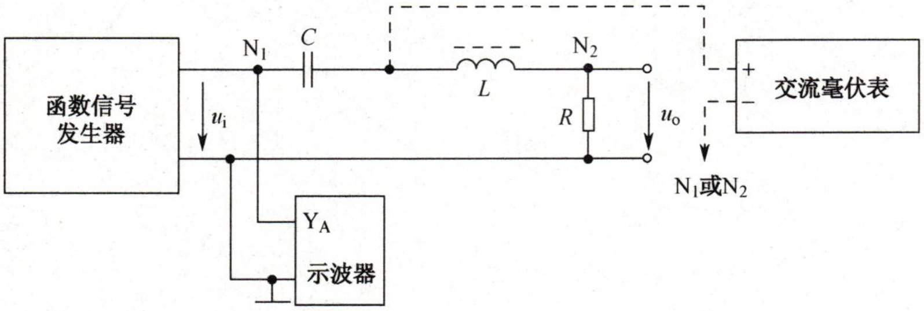

图 8-8

2．找出电路的谐振频率 f_0，其方法是，将毫伏表接在 R（200Ω）两端，令信号源的频率由小逐渐变大（注意要维持信号源的输出幅度不变），当 U_o 的读数为最大时，读得频率计上的频率值即为电路的谐振频率 f_0，并测量 U_C 与 U_L 之值（注意及时更换毫伏表的量限）。

3．在谐振点两侧，按频率递增或递减 500Hz 或 1kHz，依次各取 8 个测量点，逐点测出 U_o，U_L，U_C 之值，记入数据表格 8-5。

表 8-5

f(kHz)															
U_o(V)															
U_L(V)															
U_C(V)															
U_i=4V_{P-P}， C=0.01μF， R=200Ω， f_0= ， f_2-f_1= ， Q=															

4．将电阻改为 R_2，重复步骤 2、3 的测量过程，数据记入表 8-6。

表 8-6

f(kHz)													
U_0(V)													
U_L(V)													
U_C(V)													
U_i=4V_{P-P}， C=0.01μF， R=1kΩ， f_0= ， f_2-f_1= ， Q=													

5．选 C_2，重复 2～4。（自制表格）。

五、实验注意事项

1．测试频率点的选择应在靠近谐振频率附近多取几点。在变换频率测试前，应调整信号输出幅度（用示波器监视输出幅度），使其维持在 $4V_{P-P}$。

2. 测量 U_C 和 U_L 数值前，应将毫伏表的量限改大，而且在测量 U_L 与 U_C 时毫伏表的“＋”端应接 C 与 L 的公共点，其接地端应分别触及 L 和 C 的近地端 N_2 和 N_1。

3．实验中，信号源的外壳应与毫伏表的外壳绝缘（不共地）。如能用浮地式交流毫伏表测量，则效果更佳。

六、预习思考题

1．根据实验线路板给出的元件参数值，估算电路的谐振频率。

2．改变电路的哪些参数可以使电路发生谐振，电路中 R 的数值是否影响谐振频率值？

3．如何判别电路是否发生谐振？测试谐振点的方案有哪些？

4．电路发生串联谐振时，为什么输入电压不能太大，如果信号源给出 3V 的电压，电路谐振时，用交流毫伏表测 U_L 和 U_C，应该选择用多大的量限？

5．要提高 R、L、C 串联电路的品质因数，电路参数应如何改变？

6．本实验在谐振时，对应的 U_L 与 U_C 是否相等？如有差异，原因何在？

七、实验报告

1．根据测量数据，绘出不同 Q 值时的三条幅频特性曲线，即：

$$U_o=f(f)，U_L=f(f)，U_C=f(f)$$

2．计算出通频带与 Q 值，说明不同 R 值时对电路通频带与品质因数的影响。

3．对两种不同的测 Q 值的方法进行比较，分析误差原因。

4．谐振时，比较输出电压 U_o 与输入电压 U_i 是否相等？试分析原因。

5．通过本次实验，总结、归纳串联谐振电路的特性。

6．心得体会及其他。

实验六　三相交流电路电压、电流的测量

一、实验目的

1．掌握三相负载作星形连接、三角形连接的方法，验证这两种接法下线、相电压及线、相电流之间的关系。

2．充分理解三相四线制供电系统中中线的作用。

二、原理说明

1．三相负载可接成星形（又称“Y”连接）或三角形（又称“△”连接）。当三相对称负载作 Y 形连接时，线电压 U_L 是相电压 U_p 的 $\sqrt{3}$ 倍，线电流 I_L 等于相电流 I_p，流过中线的电流 $I_0=0$，所以可以省去中线。

当对称三相负载作△形连接时，有 $I_L=\sqrt{3}I_p$，$U_L=U_p$。

2．不对称三相负载作 Y 连接时，必须采用三相四线制接法，即 Y_0 接法。而且中线须牢固连接，以保证三相不对称负载每相电压对称不变。

倘若中线断开，会导致三相负载电压的不对称，致使负载轻的那一相的相电压过高，使负载遭受损坏；负载重的一相相电压又过低，使负载不能正常工作。尤其是对于三相照明负载，无条件地一律采用 Y_0 接法。

3．当不对称负载作△连接时，$I_L\neq\sqrt{3}I_p$，但只要电源的线电压 U_L 对称，加在三相负载上的电压仍是对称的，对各相负载工作没有影响。

三、实验设备

序号	名　称	型号与规格	数　量
1	交流电压表	0～500V	1
2	交流电流表	0～5A	1
3	万用表		1
4	三相自耦调压器		1
5	三相灯组负载	220V，15W 白炽灯	9
6	电门插座		3

四、实验内容

1．三相负载星形连接（三相四线制供电）

按图 8-9 线路组接实验电路。即三相灯组负载经三相自耦调压器接通三相对称电源。将三相调压器的旋柄置于输出为 0V 的位置（即逆时针旋到底）。经指导教师检查合格后，方可开启实验台电源，然后调节调压器的输出，使输出的三相线电压为 220V，并按下述内容完成各项实验，分别测量三相负载的线电压、相电压、线电流、相电流、中线电流、电源与负载中点间的电压。将所测得的数据记入表 8-7 中，并观察各相灯组亮暗的变化程度，特别要注意观察中线的作用。

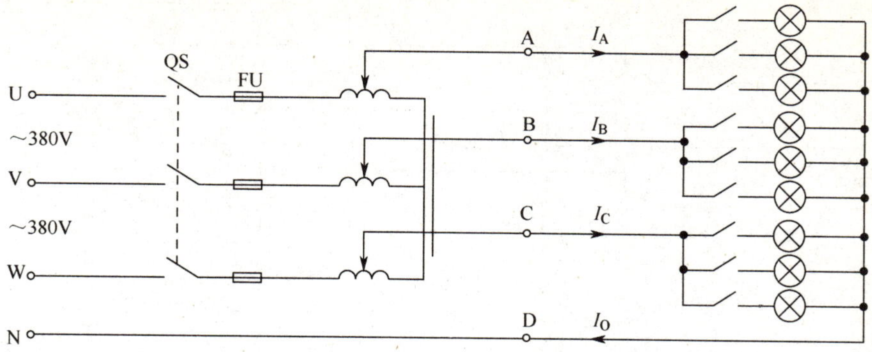

图 8-9

表 8-7

测量数据 / 实验内容（负载情况）	开灯盏数			线电流（A）			线电压（V）		
	A相	B相	C相	I_A	I_B	I_C	U_{AB}	U_{BC}	U_{CA}
Y_0 接平衡负载	3	3	3						
Y 接平衡负载	3	3	3						
Y_0 接不平衡负载	1	2	3						
Y 接不平衡负载	1	2	3						
Y_0 接 B 相断开	1		3						
Y 接 B 相断开	1		3						
Y 接 B 相短路	1		3						
测量数据 / 实验内容（负载情况）	开灯盏数			相电压（V）			中线电流 I_0(A)	中点电压 U_{N0}(V)	—
	A相	B相	C相	U_{A0}	U_{B0}	U_{C0}			
Y_0 接平衡负载	3	3	3						
Y 接平衡负载	3	3	3						
Y_0 接不平衡负载	1	2	3						
Y 接不平衡负载	1	2	3						
Y_0 接 B 相断开	1		3						
Y 接 B 相断开	1		3						
Y 接 B 相短路	1		3						

2. 负载三角形连接（三相三线制供电）

按图 8-10 改接线路，经指导教师检查合格后接通三相电源，并调节调压器，使其输出线电压为 220V，并按表 8-8 的内容进行测试。

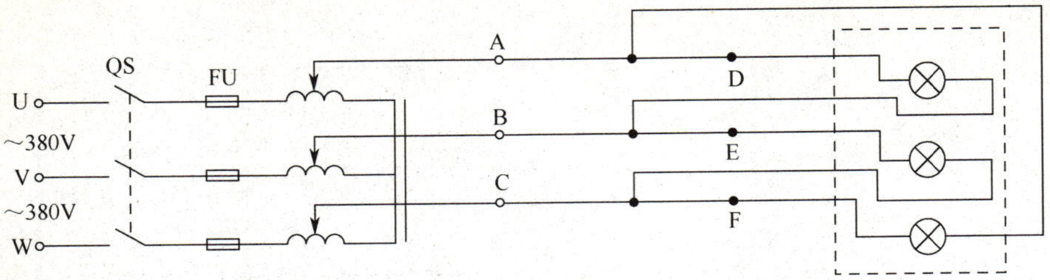

图 8-10

表 8-8

测量数据 / 负载情况	开灯盏数			线电压=相电压（V）			线电流（A）			相电流（A）		
	A-B 相	B-C 相	C-A 相	U_{AB}	U_{BC}	U_{CA}	I_A	I_B	I_C	I_{AB}	I_{BC}	I_{CA}
三相平衡	3	3	3									
三相不平衡	1	2	3									

五、实验注意事项

1．本实验采用三相交流市电，线电压为 380V，应穿绝缘鞋进实验室。实验时要注意人身安全，不可触及导电部件，防止意外事故发生。

2．每次接线完毕，同组同学应自查一遍，然后由指导教师检查后，方可接通电源，必须严格遵守先断电、再接线、后通电，先断电、后拆线的实验操作原则。

3．星形负载作短路实验时，必须首先断开中线，以免发生短路事故。

4．为避免烧坏灯泡发生危险，在做 Y 连接不平衡负载或缺相实验时，所加线电压应以最高相电压不超过 220V 为宜。

六、预习思考题

1．三相负载根据什么条件作星形或三角形连接？

2．复习三相交流电路有关内容，试分析三相星形联接不对称负载在无中线情况下，当某相负载开路或短路时会出现什么情况？如果接上中线，情况又如何？

3．本次实验中为什么要通过三相调压器将 380V 的市电线电压降为 220V 的线电压使用？

七、实验报告

1．用实验测得的数据验证对称三相电路中的 $\sqrt{3}$ 关系。

2．用实验数据和观察到的现象，总结三相四线供电系统中中线的作用。

3．不对称三角形连接的负载，能否正常工作？实验是否能证明这一点？

4．根据不对称负载三角形连接时的相电流值作相量图，并求出线电流值，然后与实验测得的线电流进行比较，并分析之。

5．心得体会及其他。

实验七　变压器的连接与测试

一、实验目的

深入了解变压器的性能，学会灵活运用变压器。

二、原理说明

一只变压器都有一个初级绕组和一个或多个次级绕组。如果一只变压器有多个次级绕组，那么，在某些情况下，通过改变变压器各绕组端子的连接方式，常可满足一些临时性的需求。

1．如图 8-11 所示的变压器，有两个 8.2V、0.5A 的次级绕组。现在，如果想得到一组稍低于 8V 的电压，用这只变压器（不能拆它），能实现吗？

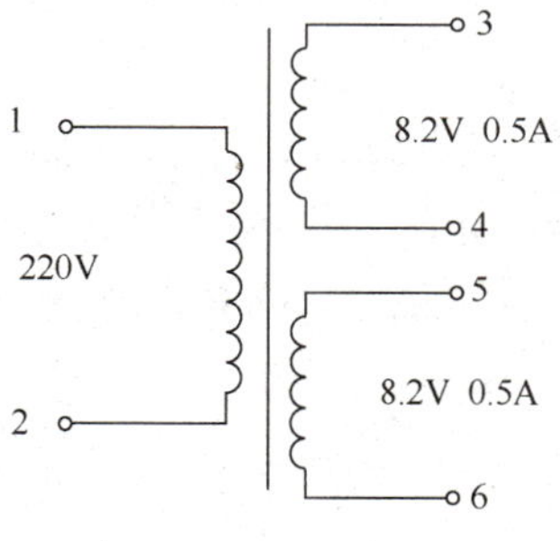

图 8-11

要降低（或升高）变压器次级绕组的输出电压，有三种方法：

（1）降低（或升高）初级输入电压——这需要用到调压器，还受到额定电压的限制。

（2）减少（或增加）次级绕组匝数。

（3）增加（或减少）初级绕组匝数。

后两种方法似乎都要拆变压器才能做到。但是，针对我们的问题，不拆变压器也能实现：只要把 15V 绕组串入初级绕组（注意同名端，应头尾相串），再接入 220V 电源，则变压器的另一个次级绕组的输出电压就会改变。

变压器初、次级绕组的每伏匝数基本上是相同的，设为 n，则该变压器原初级绕组的匝数为 $220n$ 匝，两个次级绕组的匝数分别为 $15n$ 和 $5n$ 匝。把一个次级绕组正串入初级绕组后，初级绕组就变成（220＋15）n 匝。当变压器初级绕组的匝数改变时，由于变压器次级绕组的输出电压与初级绕组的匝数成反比，所以将 15V 绕组串入初级绕组后，5V 绕组的输出电压（U_{01}）就变为：

$$U_{01}=\frac{220n}{(220+8.2)n}\times 8.2=7.91\ (\text{V})$$

同理，如果把 15V 绕组反串入初级绕组，再接入 220V 电源，则 5V 绕组的输出电压（U_{02}）就变为：

$$U_{02}=\frac{220n}{(220-8.2)n}\times 8.2=8.52(\text{V})$$

2．将此变压器的二个次级绕组头尾相串，就可以得到 U_{03}=8.2＋8.2=16.4（V）的次级输出电压。反之，如果将它的二个次级绕组反向串联，其输出电压就成为 U_{04}=8.2－8.2=0（V）。

3．还可以将两个或多个输出电压相同的次级绕组相并联（注意应同名端相并联），以获得较大的负载电流。本例中，如果将两个次级绕组同相并联，则其负载电流可增至 1A。

4．在将一个变压器的各个绕组进行串、并联使用时，应注意以下几个问题：

（1）二个或多个次级绕组，即使输出电压不同，均可正向或反向串联使用，但串联后的绕组允许流过的电流应≤其中最小的额定电流值。

（2）二个或多个输出电压相同的绕组，可同相并联使用，并联后的负载电流可增加到并联前各绕组的额定电流之和，但不允许反相并联使用。

（3）输出电压不相同的绕组，绝对不允许并联使用，以免由于绕组内部产生环流而烧坏绕组。

（4）有多个抽头的绕组，一般只能取其中一组（任意两个端子）来与其它绕组串联或并联使用。并联使用时，该两端子间的电压应与被并绕组的电压相等。

（5）变压器的各绕组之间的串、并联都为临时性或应急性使用。长期性的应用仍应采用规范设计的变压器。

三、实验设备

序　号	名　称	型号与规格	数　量
1	交流电压表	0～500V	2
2	试验变压器	220V/15V 0.3A，5V 0.3A	1

四、实验内容

1．用交流法判别变压器各绕组的同名端。

2．将变压器的 1、2 两端接交流 220V，测量并记录两个次级绕组的输出电压。

3．将 1、3 连通，2、4 两端接交流 220V，测量并记录 5、6 两端的电压。

4．将 1、4 连通，2、3 两端接交流 220V，测量并记录 5、6 两端的电压。

5．将 4、5 连通，1、2 两端接交流 220V，测量并记录 3、6 两端的电压。

6．将 3、5 连通，1、2 两端接交流 220V，测量并记录 4、6 两端的电压。

7．将 3、5 连通，4、6 连通，1、2 两端接交流 220V，测量并记录 3、4 两端的电压。

五、实验注意事项

1．由于实验中用到 220V 交流电源，因此操作时应注意安全。做每个实验和测试前，均应先将调压器的输出电压调为 0V，在接好连线和仪表，经检查无误后，再慢慢将调压器的输出电压调到 220V。测试、记录完毕后立即将调压器的输出电压调为 0V。

2．图 8-11 中，变压器两个次级绕组所标注的输出电压是在额定负载下的输出电压。本实验中所测得的各个次级绕组的电压实际上是空载电压，要比所标注的电压高。

3．实验内容 7 中，必须确保 3、5（或 4、6）为同名端，否则会烧坏变压器。

六、预习思考题

1．图 8-11 所示变压器的初级额定电流是多少（变压器效率以 85%计）？

2．U_{02} 的计算公式是如何得出的？

3．将变压器的不同绕组串联使用时，要注意什么？

七、实验报告

1．总结变压器几种连接方法及其使用条件。

2．心得体会及其他。

实验八　三相异步电动机顺序控制

一、实验目的

1．通过各种不同顺序控制的接线，加深对一些特殊要求机床控制线路的了解。

2．进一步提高学生的动手能力和理解能力，使理论知识和实际经验进行有效的结合。

二、实验设备

序号	名　称	型号与规格	数　量
1	三相鼠笼式异步电动机（△/220V）		2
2	继电接触器		2
3	灯组负载		1
4	白炽灯	220V，100W	3
5	按钮开关		4

三、实验方法

1. 三相异步电动机起动顺序控制（一）

按图 8-12 接线。本实验需用 M1、M2 两只电动机，如果只有一只电动机，则可用灯组负载来模拟 M2。图中 U、V、W 为三相调压器的输出端。

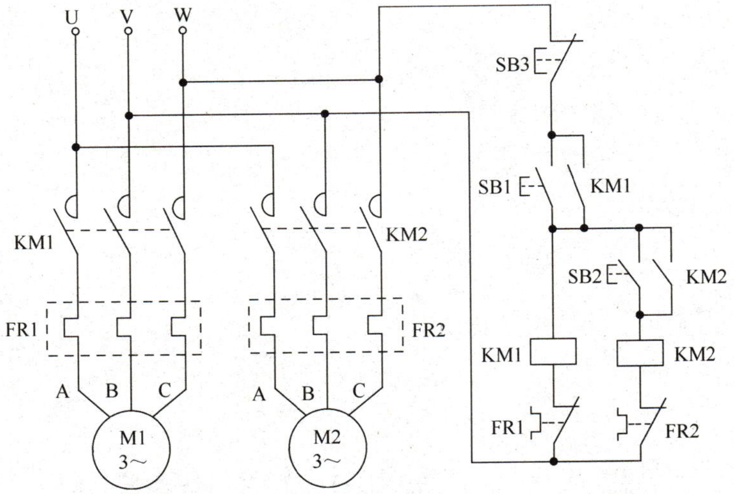

图 8-12　起动顺序控制（一）

（1）将调压器手柄逆时针旋转到底，启动电源，调节调压器使输出线电压为 220V。

（2）按下 SB1，观察电机运行情况及接触器吸合情况。

（3）保持 M1 运转时按下 SB2，观察电机运转及接触器吸合情况。

（4）在 M1 和 M2 都运转时，能不能单独停止 M2?

（5）按下 SB3 使电机停转后，按 SB2，电机 M2 是否起动？为什么？

2. 三相异步电动机起动顺序控制（二）

按图 8-13 接线。图中 U、V、W 为三相调压器的输出端。

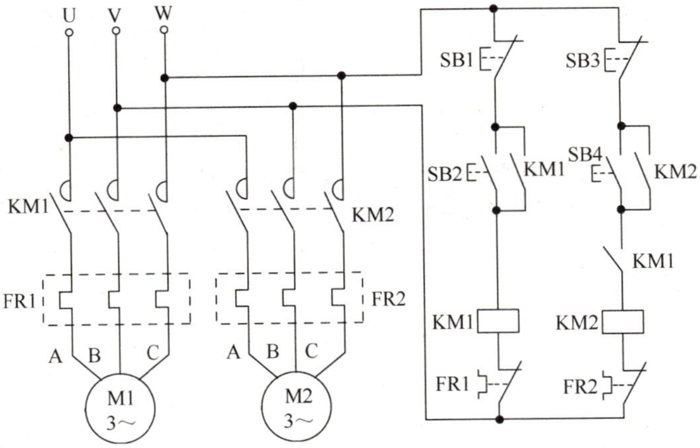

图 8-13 起动顺序控制（二）

（1）将调压器手柄逆时针旋转到底，启动电源，调节调压器使输出线电压为 220V。

（2）按下 SB2，观察并记录电机及各接触器运行状态。

（3）再按下 SB4，观察并记录电机及各接触器运行状态。

（4）单独按下 SB3，观察并记录电机及各接触器运行状态。

（5）在 M1 与 M2 都运行时，按下 SB1，观察电机及各接触器运行状态。

3. 三相异步电动机停止顺序控制

实验线路同图 8-13。

（1）接通 220V 三相交流电源。

（2）按下 SB2，观察并记录电机及接触器运行状态。

（3）同时按下 SB4，观察并记录电机及接触器运行状态。

（4）在 M1 与 M2 都运行时，单独按下 SB1，观察并记录电机及接触器运行状态。

（5）在 M1 与 M2 都运行时，单独按下 SB3，观察并记录电机及接触器运行状态。

（6）按下 SB3 使 M2 停止后再按 SB1，观察并记录电机及接触器运行状态。

四、讨论题

1. 画出图 8-12、图 8-13 的运行原理流程图。
2. 比较图 8-12、图 8-13 两种线路的不同点和各自的特点。
3. 列举几个顺序控制的机床控制实例，并说明其用途。

附录 A

电阻器的基本知识

1. 电阻元件的识别

在电子设备电路中，为了控制电路的电压和电流，或者使放大了的电压或电流实现它的工作效果，需要一种具有一定电阻数值的元件，这种元件称作电阻器，通常简称为“电阻”，在电路中常用字母“R”表示。

电阻器按照材料不同，常用的有碳膜电阻器，金属膜电阻器，金属氧化膜电阻器，合成碳膜电阻器，线绕电阻器，玻璃釉电阻器，片状电阻器等。按其结构分为固定式电阻器、半可调式电阻器（微调电阻器）和可调式电阻器（电位器）三大类。常用电阻元件的外形、特点与应用如表 A-1 所示。

表 A-1　常用电阻元件的外形、特点与应用

名称及实物图	特点与应用
碳膜电阻 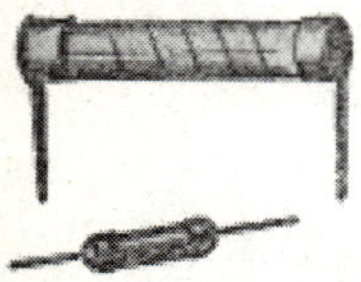	碳膜电阻稳定性较高，噪声也比较低。一般在无线电通信设备和仪表中做限流、阻尼、分流、分压、降压、负载和匹配等用途
金属膜电阻 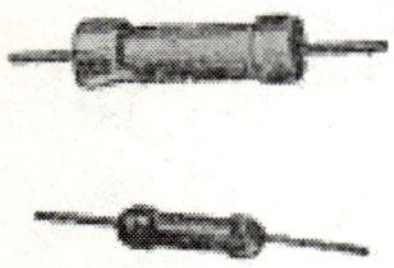	金属膜和金属氧化膜电阻具有噪声低、耐高温、体积小、稳定性和精密度高等特点
实心碳质电阻 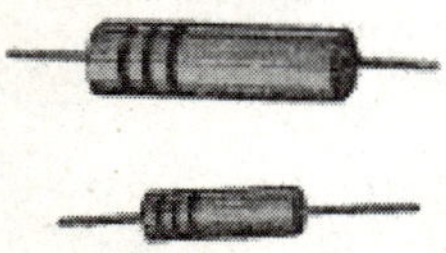	实心碳质电阻具有成本低、阻值范围广、容易制作等特点，但阻值稳定性差，噪声和温度系数大

续表

名称及实物图	特点与应用
绕线电阻 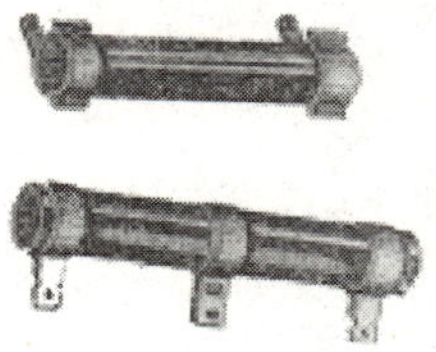	绕线电阻有固定和可调式两种。特点是稳定、耐热性能好，噪声小、误差范围小。一般在功率和电流较大的低频交流和直流电路中做降压、分压、负载等用途。额定功率大都在 1W 以上
电位器 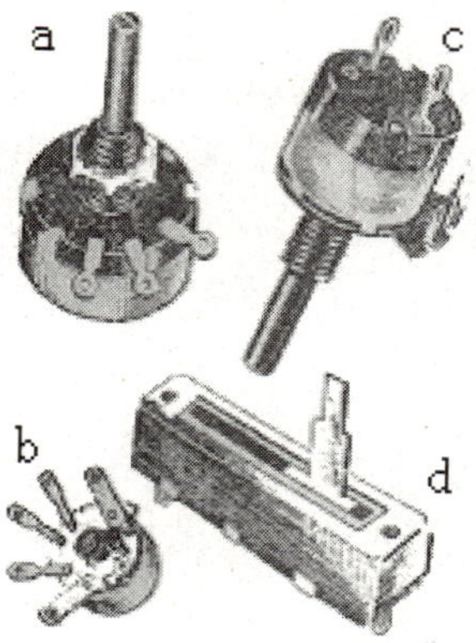	绕线电位器阻值变化范围小，功率较大；碳膜电位器稳定性较高，噪声较小；推拉式带开关碳膜电位器使用寿命长，调节方便；直滑式碳膜电位器节省安装位置，调节方便

电阻器的图形符号如图 A-1 所示。

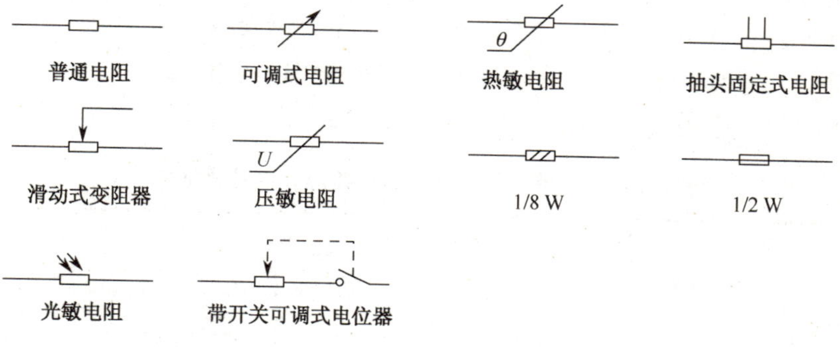

图 A-1　电阻器的图形符号

当电流通过电阻时，电阻因消耗功率而发热。如果电阻发热的功率大于它所能承受的功率，电阻就会烧坏。所以电阻发热而消耗的功率不得超过某一特定数值。这个不至于将电阻烧坏的最大功率值就称为电阻的额定功率。与电阻元件的标称阻值一样，电阻的额定功率也有标称值，通常有如 1/8W，1/4W，1/2W，1W，2W，3W，5W，10W 等。功率大于 10W 和小于 1/8W 的电阻器可以用数字及单位直接标志在电阻器上。

图 A-2 所示的电路图形符号为表明具有一定功率大小的电阻器的图形符号。

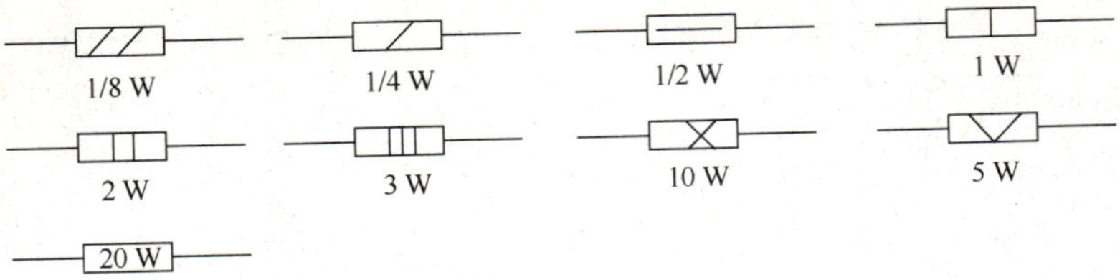

图 A-2　电阻器的功率图形符号

2. 电阻器的作用

电阻器在电路中用作负载电阻、分流器、分压器、限流器，它与电容器配合作滤波器；电阻器在电源电路中作去耦电阻，稳压电源中的取样电阻及确定晶体管工作点的偏置电阻，等等。

电阻器的基本单位是欧姆（简称欧），用符号“Ω”表示。在电路中用“R”表示，单位有欧（Ω）、千欧（kΩ）、兆欧（MΩ）。

$$1\text{T}\Omega=10^3\text{G}\Omega=10^6\text{M}\Omega=10^9\text{k}\Omega=10^{12}\Omega$$

3. 电阻器的型号命名方法

根据我国国家标准规定，电阻器型号命名由以下四部分组成：

① 第一部分，用字母“R”表示电阻器的主称。

② 第二部分，用字母表示电阻器的导电材料，如表 A-2 所示。

③ 第三部分，一般用数字表示分类，个别类型用字母表示，如表 A-3 所示。

④ 第四部分，用数字表示序号，以区别外形尺寸和性能指标。

例：RT11 型为普通碳膜电阻器，RJ71 型为精密金属膜电阻器。

表 A-2　电阻器型号中主称、材料部分符号及意义

主　称		电阻器导电材料	
符号	意义	符号	意义
R	电阻器	H	合成碳膜
		I	玻璃釉膜
		J	金属膜
		N	无机实芯
		G	沉积膜
		S	有机实芯
		T	碳膜
		X	线绕
		Y	氧化膜
		F	复合膜

表 A-3　电阻器型号中分类部分的数字和字母的含义

数字（字母）	电阻器类别	数字（字母）	电阻器类别
1	普通	7	精密
2	普通	8	高压
3	超高频	9	特殊
4	高阻	G	高功率
5	高温	T	可调

4．电阻器的规格标志方法

电阻器常用的规格标志方法有两种：直标法和色标法。

（1）电阻器的直标法

直标法是将电阻器的类别、标称电阻值及允许偏差、额定功率以及其他主要参数的数值等直接标志在电阻器外表面上，如图 A-3 所示。

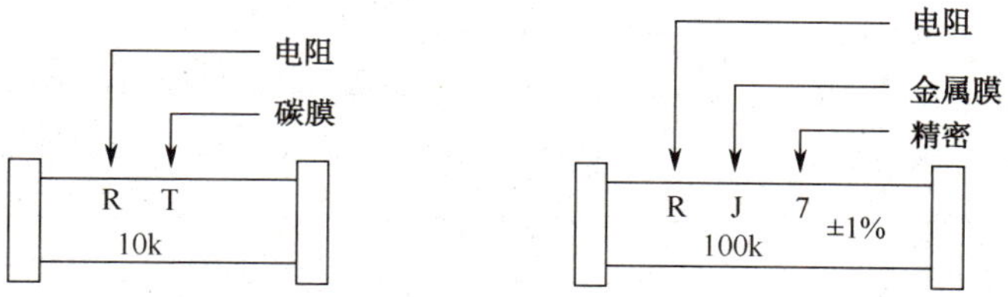

图 A-3　电阻器规格直标法实例

电阻器的直标法实际上有以下三种标志形式：

① 用数字和单位符号直接把标称电阻值和允许偏差标在电阻器的表面上，如图 A-3 所示。

② 用文字、数字符号两者有规律地组合起来标志电阻器的标称阻值，如表 A-4 所示。

表 A-4　用文字符号标志电阻器标称阻值实例

标称阻值	文字符号	标称阻值	文字符号
0.1Ω	R10	1MΩ	1M0
1Ω	1R0	3.32MΩ	3M32
3.32Ω	3R32	10MΩ	10M
1kΩ	1k0	1GΩ	1G0
3.32kΩ	3k32	33.2GΩ	33G2
10kΩ	10k	1TΩ	1T0

③ 用三位数字标志电阻器的标称阻值（多用于片状电阻），如图 A-4 所示。

该方法的前两位数字表示电阻值的有效数字，第三位数字表示有效数字后面零的个数，或者说是 10 的幂数。少数片状电阻器有用 4 位数字标志阻值的，有效数字比 3 位数阻值标志多了 1 位，第四位表示零的个数。

100	221	512	473	564
10Ω	220Ω	5.1kΩ	47kΩ	560kΩ
225	3R3	R62	392	6801
2.2MΩ	3.3Ω	0.62Ω	3.9kΩ	6.8kΩ

图 A-4　片状电阻器标称阻值标志法

（2）电阻器的色标法

色标法指的是将电阻器的参数用不同颜色的色带或色点标志在电阻体的表面上的标志方法。其各种颜色代表的意义如表 A-5 所示。

表 A-5　色标法各种颜色所表示的意义

色 别	第一色环 第一位数	第二色环 第二位数	第三色环 应乘位数	第四色环 允许误差
棕色	1	1	10^1	—
红色	2	2	10^2	—
橙色	3	3	10^3	—
黄色	4	4	10^4	—
绿色	5	5	10^5	—
蓝色	6	6	10^6	—
紫色	7	7	10^7	—
灰色	8	8	10^8	—
白色	9	9	10^9	—
黑色	0	0	10^0	—
金色	—	—	10^{-1}	±5%
银色	—	—	10^{-2}	±10%
无色	—	—	—	±20%

首先判断出电阻器的误差环，即最后一环，然后从第一环开始读数，若为四环电阻，前两环为有效数字，第三环为倍乘数，即 10 的幂次方，也即有效数字后零的个数，第四环为允许误差；若为五环电阻，则第三环也为有效数字，读法与四环电阻相同；若为三环电阻，前两位为有效数字，第三环为倍乘数，误差无色，值为±20%。五环电阻一般都是精密电阻，其误差多为±1%，所以该电阻误差环多为棕色。

误差环的确定：哪个最边上的色环离相邻的那个环距离最远时该色环是误差环；电阻体两边的两个色环与其他色环比较粗细，误差环比其他环更粗或更细。举例如图 A-5 所示。

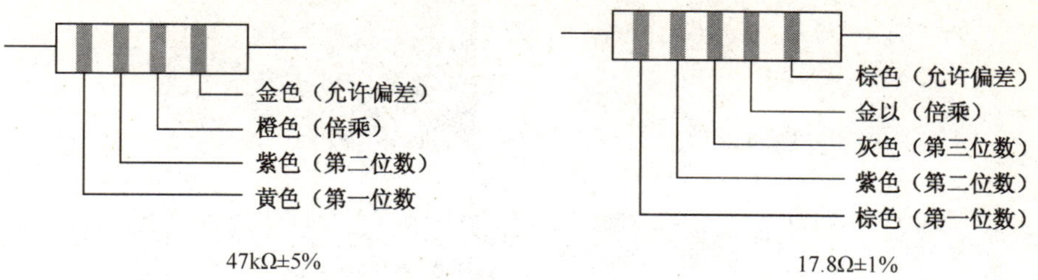

图 A-5 色环电阻的读数

常用允许误差有两种表示形式：

J— ±5%　　K— ±10%　　M— ±20%

00— ±1%　　0— ±2%　　Ⅰ— ±5%　　Ⅱ— ±10%

色环认识小窍门：从表 A-5 可知，金色，银色和本色只能是乘数和允许误差，一定放在右边，表示允许误差的色环比别的色环稍宽或更窄，离别的色环稍远。我们常用的电阻大都是精密电阻，允许误差是 0.01，用棕色环表示，因此棕色一般都在最右边。

5. 敏感电阻器

敏感电阻器是指一些对温度、对光、对电压、对外力、对气体浓度等反应敏感的电阻元件，它主要用于温度补偿、温度控制、过载保护、自动检测、自动控制等方面。

常用的敏感电阻器有：光敏、热敏、磁敏、湿敏、气敏、压敏和力敏电阻器等。如图 A-6 所示，为常用热敏电阻实物图。楼道的声光控灯里用到了光敏电阻器。汽车进气歧管压力传感器用到了力敏电阻，其功用是通过检测节气门至进气歧管之间的进气压力来检测发动机的负荷状态，并将压力信号转变为电信号输入发动机 ECU，以供 ECU 计算确定喷油时间和点火时间。工作原理是在应力作用下，半导体力敏电阻的电阻率就会发生变化而引起阻值变化，以此测量进气歧管的进气压力。热敏电阻器是利用陶瓷半导体材料的电阻值随温度变化而变化的特性制成，在汽车上主要用来测量温度，如车外温度传感器、冷却液温度传感器、空调系统温度传感器、进气温度传感器等。热敏电阻器有三种类型，负温度系数（NTC）热敏电阻（其阻值随着温度升高而降低）、正温度系数（PTC）热敏电阻（其阻值随着温度升高而升高）和临界温度热敏电阻（CTR）。如图 A-7 所示，为大众 POLO 轿车的车外温度传感器和蒸发器出风口温度传感器。

敏感电阻器型号命名由下面四部分组成：

第一部分：主称（用字母表示）；

第二部分：类别（用字母表示）；

第三部分：用途或特征（用字母或数字表示）；

第四部分：序号（用数字表示）。

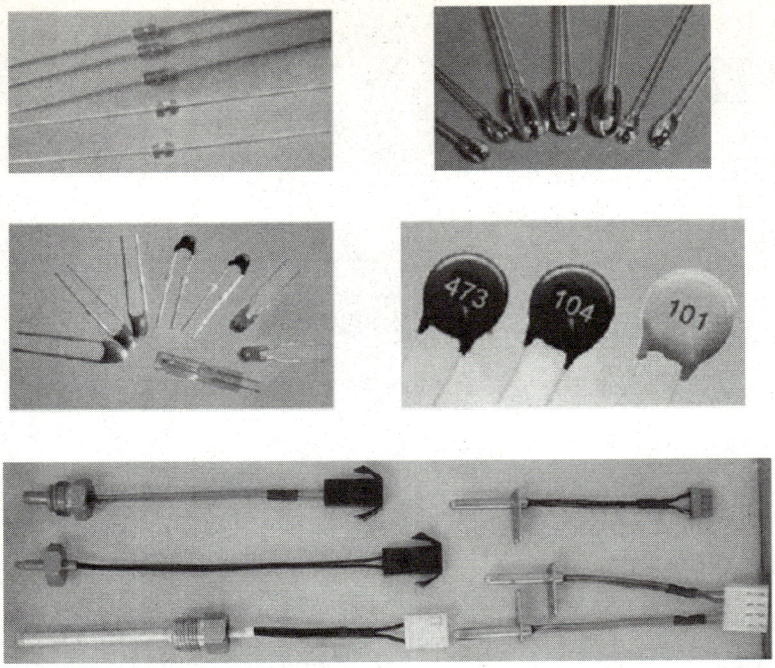

图 A-6　常用热敏电阻实物图

图 A-7　大众 POLO 轿车的车外温度传感器和蒸发器出风口温度传感器

（1）光敏电阻器

光敏电阻器大多数是由半导体材料制成的。它是利用半导体的光导电特性，使电阻器的电阻值随入射光线的强弱发生变化，当入射光线增强时，它的阻值会明显减小；当入射光线减弱时，它的阻值会显著增大。

（2）热敏电阻器

热敏电阻器大多由单晶、多晶半导体材料制成。正温度系数热敏电阻的阻值随温度增加而增加；负温度系数热敏电阻的阻值随温度减小而增加。负温度系数热敏电阻应用较多。

（3）气敏电阻器

气敏电阻器是一种新型半导体元件，它是利用金属氧化物半导体表面吸收某种气体分子时，会发生氧化反应或还原反应而使电阻值改变的特性而制成的电阻器，它可分为 N 型、P

型和结合型气敏电阻器。

（4）湿敏电阻器

湿敏电阻器是其阻值随环境相对湿度变化而变化的敏感元件。常用的有硅湿敏电阻器、陶瓷湿敏电阻器、氯化锂湿敏电阻器、高分子聚合物湿敏电阻器等。

6．贴片电阻

贴片电阻的特性：体积小，质量轻；适用于再流焊与波峰焊；电性能稳定，可靠性高；装配成本低，并与自动装贴设备匹配；机械强度高、高频特性优越。贴片电阻的实物图如图 A-8 所示。

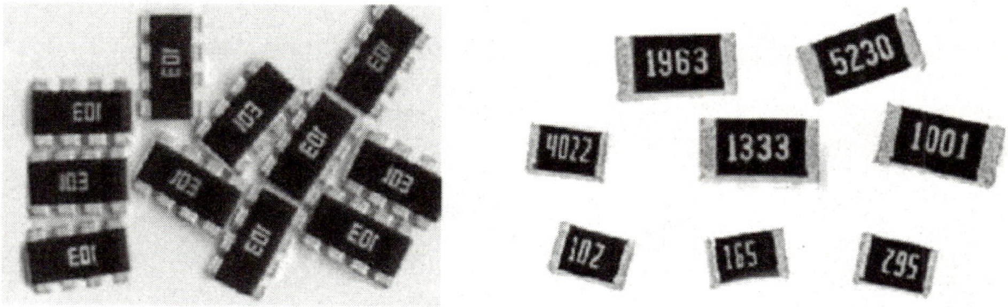

图 A-8　贴片电阻的实物图

贴片电阻阻值误差精度有±1%，±2%，±5%，±10%，常规用的最多的是±1%和±5%，±5%精度的电阻常规是用三位数来表示。例如 512，前面两位是有效数字，第三位数 2 表示倍率，即 51 后有多少个零，基本单位是 Ω，该电阻是 5100Ω。为了区分±5%和±1%精度的电阻，±1%的电阻常用 4 位数来表示，这样前三位表示有效数字，第四位表示倍率。如 4531 就是 4530Ω，即 4.53kΩ。D1B，47R，24R，30C 等不是常规的标注，必须找生产厂家的规格说明书。贴片电阻有功率的大小，如 0805、1206 等。

贴片电阻的阻值打在表面上，阻值的识别举例如下：

$103=10\times10^3=10\text{k}\Omega$

$223=22\times10^3=22\text{k}\Omega$

$122=12\times10^2=1.2\text{k}\Omega$

$301=30\times10^1=300\Omega$

$850=85\times10^0=85\Omega$

1R0=1.0Ω

精度高的就有四位数字，表示方式相同。举例如下：

1003=100kΩ

1702=17kΩ

1501=1.5kΩ

3481=3.48kΩ

R100=0.1Ω

7. 电位器的基本知识

（1）电位器简介

电位器是由一个电阻体和一个转动或滑动系统组成的。电位器的作用是用来分压、分流和用来作为变阻器。在收音机、CD 机等电器中常用电位器阻值的变化来控制音量的大小，有时也兼做开关。电位器在电路中用字母“RP”表示。

（2）常用电位器的电路图形符号

常用电位器的电路图形符号如图 A-9 所示。

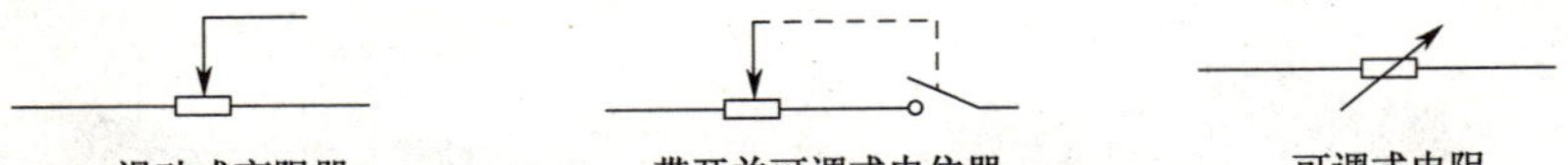

图 A-9 常用电位器的电路图形符号

（3）电位器的型号命名法

电位器产品型号一般由下列四部分组成：

第一部分：用字母“W”表示电位器的代号。

第二部分：用字母表示材料代号，如表 A-6 所示。

第三部分：用字母表示类别，如表 A-7 所示。

第四部分：用数字表示序号。

表 A-6 电位器材料代号

代 号	H	S	N	I	X
材 料	合成碳膜	有机实芯	无机实芯	玻璃釉膜	线绕
代 号	J	Y	D	F	——
材 料	金属膜	氧化膜	导电塑料	复合膜	——

表 A-7 电位器类别代号

代 号	类 别	代 号	类 别	代 号	类 别
G	高压类	Y	旋转预调类	X	旋转低功率类
H	组合类	J	单圈旋转精密类	Z	直滑式低功率类
B	片式类	D	多圈旋转精密类	P	旋转功率类
W	螺杆驱动预调类	M	直滑式精密类	T	特殊类

（4）电位器的检测

① 固定电阻器的检测

首先从外观鉴别其质量，看其电极是否完整，标志是否完整清楚，保护层是否完好无损。用万用表测量电阻值，与标称值对比相差值是否在允许误差之内。

② 不带开关的电位器的检测

先测量电位器的两个固定端间的电阻值，再测固定端与活动端间的电阻值，缓慢旋转电位器的转轴，万用表指针应该平稳移动，若出现突然变化或不动的现象，说明电位器触点接触不良或已经损坏。

③ 带开关的电位器的检测

应先检测电位器的开关开断是否良好，通过观察万用表的指针，打开开关，指针指在零刻度，关闭开关，指针不动，说明电阻为无穷大，若不符合上述测量结果，则该电位器开关已坏，阻值测量和不带开关电位器测量方法相同。

（5）电位器的主要参数

① 电位器的标称阻值和额定功率（同普通电阻）

② 电位器的阻值变化规律

电位器的阻值变化规律是指其阻值随滑动接触点旋转角度或滑动行程之间的变化关系。常用的有直线式、对数式和反转对数式，分别用A、B、C表示。

③ 电位器的分辨率

分辨率也称分辨力，对线绕电位器来讲，当动触点每移动一圈时，输出电压不连续地发生变化，这个变化量与输出电压的比值为分辨率。直线式（A）线绕电位器的理论分辨率为线组总匝数N的倒数，并以百分数表示。其电位器的总匝数越多，分辨率越高。

④ 电位器的动噪声

当电位器在外加电压作用下，其动触点在电阻体上滑动时，产生的电噪声成为电位器的动噪声。

⑤ 电位器的最大工作电压（同普通电阻）。

8. 电阻元件的检测

电阻器的主要故障有过流烧毁，变值，断裂，引脚脱焊等；电位器经常发生滑动触头与电阻片接触不良等情况。

（1）外观检查

对于电阻器，通过目测可以看出引线是否松动、折断或电阻体烧坏等外观故障。对于电位器，应检查引出端子是否松动，接触是否良好，转动转轴时应感觉平滑，不应有过松过紧等情况。

（2）阻值测量

通常可用万用表欧姆档对电阻器进行测量，需要精确测量阻值可以通过电桥进行。值得注意的是，测量时不能用双手同时捏住电阻或测试笔，否则，人体电阻与被测电阻器并联，影响测量精度。电位器也可先用万用表欧姆挡测量总阻值，然后将表笔接于活动端子和引出端子，反复慢慢旋转电位器转轴，看万用表指针是否连续均匀变化，如指针平稳移动而无跳跃、抖动现象，则说明电位器正常。

9. 常用电阻器的检测方法

（1）固定电阻器的检测

将万用表两表笔（不分正负）分别与电阻的两端引脚相接即可测出实际电阻值。为了提高测量精度，应根据被测电阻标称值的大小来选择量程。由于欧姆挡刻度的非线性关系，它的中间一段分度较为精细，因此应使指针指示值尽可能落到刻度盘的中段位置，即全刻度起始的20%～80%弧度范围内，以使测量更准确。根据电阻误差等级的不同，读数与标称阻值之间分别允许有±5%、±10%或±20%的误差。如不相符，超出误差范围，则说明该电阻值变值了。

注意：测试时，特别是在测几十千欧以上阻值的电阻时，手不要触及表笔和电阻的导电部分；被检测的电阻从电路中焊下来，至少要焊开一个头，以免电路中的其他元件对测试产生影响，造成测量误差；色环电阻的阻值虽然能以色环标志来确定，但在使用时最好还是用万用表测试一下其实际阻值。

（2）水泥电阻的检测

检测水泥电阻的方法及注意事项与检测普通固定电阻完全相同。

（3）熔断电阻器的检测

在电路中，当熔断电阻器熔断开路后，可根据经验作出判断：若其表面发黑或烧焦，可断定是其负荷过重，通过它的电流超过额定值很多倍所致。如果其表面无任何痕迹而开路，则表明流过的电流刚好等于或稍大于其额定熔断值，将熔断电阻器一端从电路上焊下，用万用表 R×1 挡来测量阻值，若为无穷大，则说明已经失效开路，若测得的阻值与标称值相差较大，表明电阻变值，不宜再使用。

（4）电位器的检测

检查电位器时，首先要转动旋柄，看看旋柄转动是否平滑，开关是否灵活，开关通、断时“喀哒”声是否清脆，并听一听电位器内部接触点和电阻体摩擦的声音，如有“沙沙”声，说明质量不好。

① 用万用表的欧姆挡测两固定端，其读数应为电位器的标称阻值，如阻值相差很多，则表明该电位器已损坏。

② 检测电位器的活动臂与电阻片的接触是否良好。用万用表的欧姆挡测一个固定端和滑动端的阻值，连续调节电位器的转轴，万用表上显示的阻值应该连续变化。如万用表的指针在电位器的轴柄转动过程中有跳动现象，说明活动触点有接触不良的故障。

③ 带开关的电位器还应该检测开关的好坏。

（5）正温度系数热敏电阻（PTC）的检测

检测时，用万用表 R×1 挡，具体可分两步操作：

① 常温检测（室内温度接近 25℃）：将两表笔接触 PTC 热敏电阻的两引脚测出其实际阻值，并与标称阻值相对比，二者相差在±2Ω内即为正常。实际阻值若与标称阻值相差过大，则说明其性能不良或已损坏。

② 加温检测：在常温测试正常的基础上，将一热源（如电烙铁）靠近 PTC 热敏电阻对

其加热，同时用万用表监测其电阻值是否随温度的升高而增大，若阻值无变化，不能继续使用。注意不要使热源与 PTC 热敏电阻靠得过近或直接接触热敏电阻，以防止将其烫坏。

（6）负温度系数热敏电阻（NTC）的检测

测量方法与测量正温度系数热敏电阻的方法基本相同。

（7）光敏电阻的检测

① 用一黑纸片将光敏电阻的透光窗口遮住，此时万用表的指针基本保持不动，阻值接近无穷大。此值越大说明光敏电阻性能越好。若此值很小或接近为零，说明光敏电阻不能继续使用。

② 将一光源对准光敏电阻的透光窗口，万用表的指针应有较大幅度的摆动，阻值明显减小。此值越小说明光敏电阻性能越好。若此值很大，不能继续使用。

③ 将光敏电阻透光窗口对准入射光线，用小黑纸片在光敏电阻的遮光窗上部晃动，使其间断受光，此时万用表指针应随黑纸片的晃动而左右摆动。如果万用表指针不摆动，说明光敏电阻已经损坏。

附录 B

电容器的基本知识

1．电容元件的构成及图形符号

两个相互靠近的导体，中间夹一层不导电的绝缘介质就构成电容器。在电容器两个极板间加上电压时，电容器储存电荷，因此电容器是充放电荷的电子元件。电容量在数值上等于一个导电极板上的电荷量与两个极板间的电压之比值。平板电容器的容量与电容器极板的面积、绝缘介质的介电常数成正比，与两个极板之间的距离成反比。

电容器电容量的基本单位是法拉，用字母“F”表示，实际应用时常用微法（μF）作为单位，有时也用皮法（pF）以及纳法（nF）和毫法（mF），其换算关系如下：

1 法拉=10^3 毫法=10^6 微法

1 微法=10^3 纳法=10^6 皮法

常用电容器的电路符号和实物图如图 B-1 和图 B-2 所示。

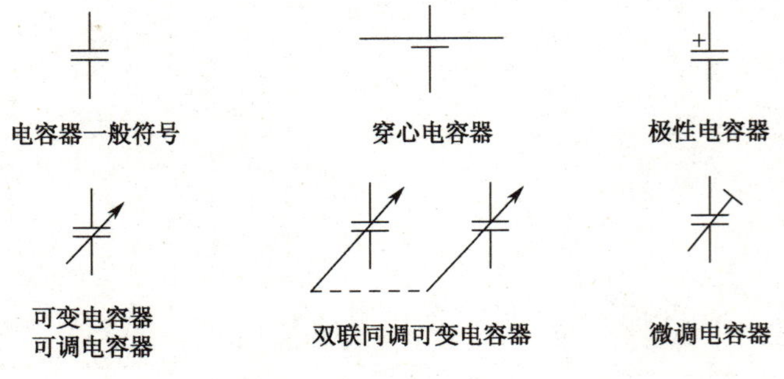

图 B-1　电容器的电路图形符号

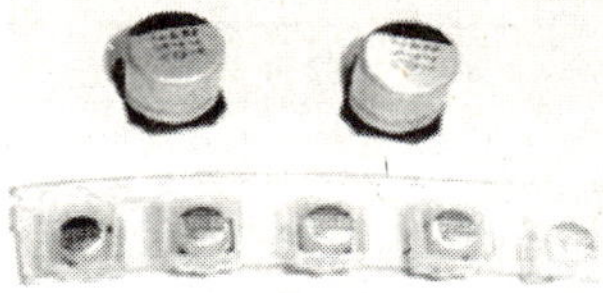

贴片电解电容

贴片电容

独石电容

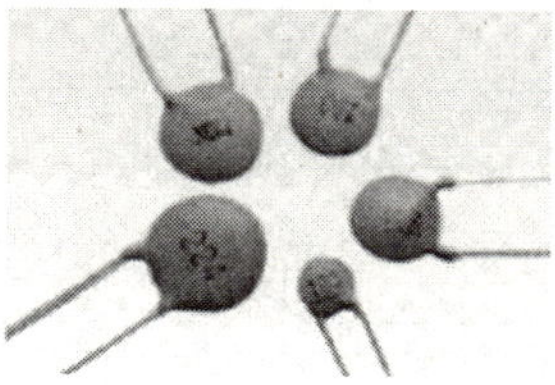

瓷片电容

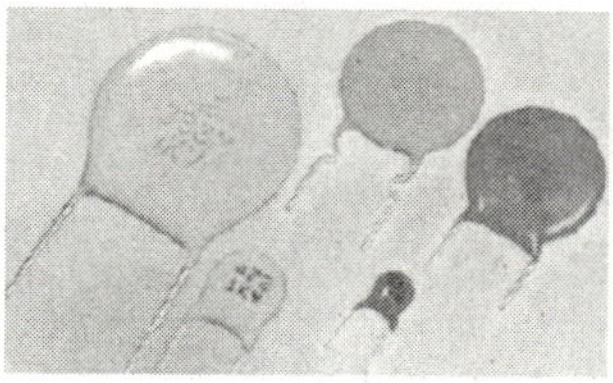

高压瓷片电容

涤纶电容

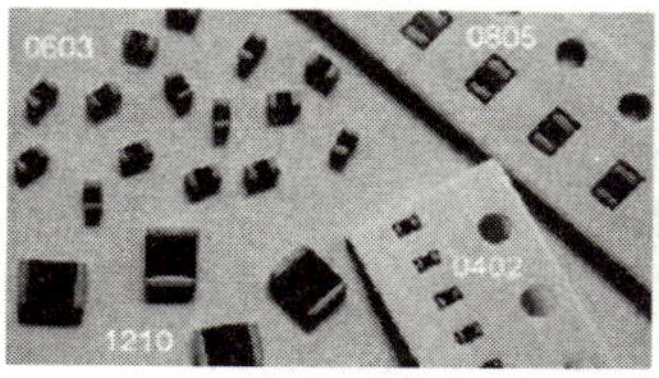

贴片电容

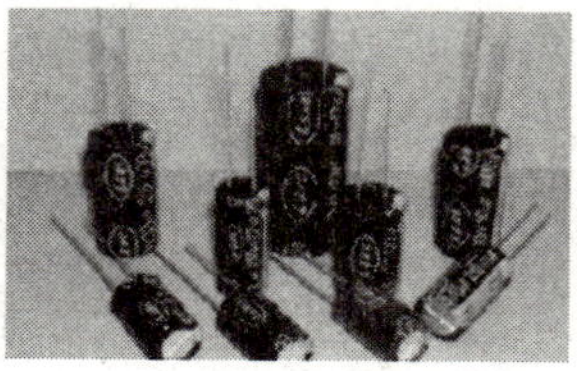

电解电容

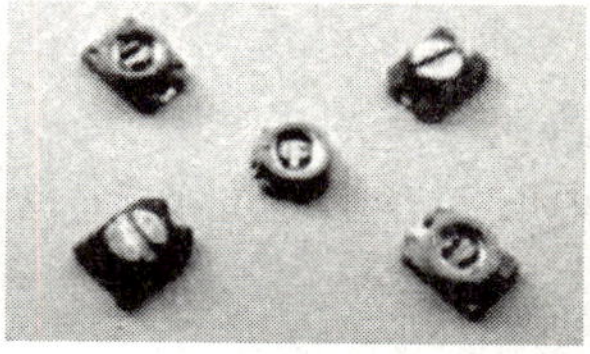

可调电容

图 B-2　电容器实物图

2. 电容器的分类和作用

按照电容器的结构分类：固定电容器、可变电容器和微调电容器三种。

按照电容器的介质分类：陶瓷电容器、云母电容器、电解电容器、纸介电容器、薄膜电容器、钽电容器、铌电容器等。

电容器在电子电路中，可用于调谐，如收音机、CD 唱机、录音机的调谐电路，都用到电容器。电容器可以隔直流、交流旁路，三极管放大电路中用到了电容器的这两个作用；可以滤波，整流稳压电路中必不可少；还可用于去耦电路，旁路高频干扰。

3. 电容器的型号命名方法

电容器的型号命名一般由以下四部分组成：

第一部分：用字母 C 表示主称代号。

第二部分：用字母表示电容器的介质材料代号，如表 B-1 所示。

第三部分：用数字表示分类，个别类型用字母表示，如表 B-2 所示。

第四部分：用数字表示序号。

例如，CB11 型为聚苯乙烯薄膜电容器；CBB11 型为非密封型聚丙烯电容器。

表 B-1 电容器型号中材料部分字母所代表的意义

字母代号	电容器介质材料	字母代号	电容器介质材料
A	钽电解	L	聚酯等极性有机薄膜
B	聚苯乙烯等非极性有机薄膜	N	铌电解
C	高频陶瓷	O	玻璃膜
D	铝电解	Q	漆膜
E	其他材料电解	T	低频陶瓷
G	合金电解	V	云母纸
H	纸膜复合	Y	云母
I	玻璃釉	Z	纸介
J	金属化纸介		

注：用 B 表示除聚苯乙烯外其他非极性有机薄膜时，在 B 后再加上一字母区分具体材料。聚四氟乙烯用“BF”表示，聚丙烯用“BB”表示等。用 L 表示除聚酯外其他极性有机薄膜材料时，在 L 后再加一个字母区分具体材料。聚碳酸酯用“LS”表示。

表 B-2 电容器型号中分类部分所代表的意义

数字代号	磁介	云母	有机	电解	字母	意义
1	圆形	非密封	非密封	箔式	G	高功率管
2	管形	非密封	非密封	箔式	J	金属化型
3	叠片	密封	密封	烧结粉非固体	Y	高压型
4	独石	密封	密封	烧结粉 固体	W	微调型
5	穿心		穿心			
6	支柱等					
7				无极性		
8	高压	高压	高压			
9			特殊	特殊		

4. 电容器的标注方法

电容器常用的规格标志方法有直标法和色标法两种。

（1）直标法

电容器的直标法与电阻器的直标法一样，在电容器外壳上直接标出标称容量和允许偏差。还有不标单位的情况，当用整数表示时，单位为 pF；用小数表示时，单位为 μF 。

① 直接用数字和字母相结合标志，如 100nF 用 100n 表示，332μF 用 332μ 表示等。如图 B-3 所示为电容器参数的直标图。

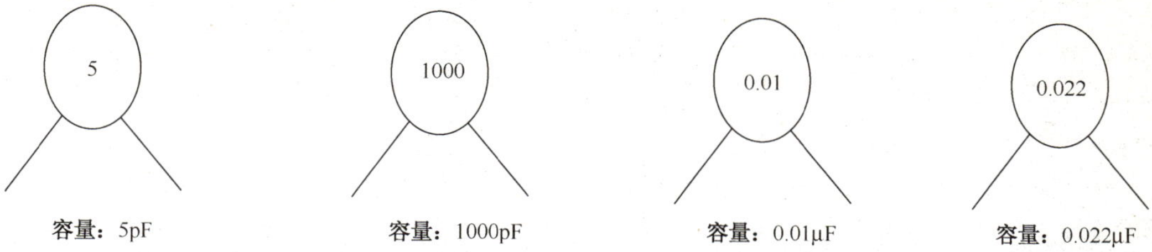

图 B-3　电容器参数的直标法

② 用文字、数字符号两者有规律组合来标志。3.32pF 用 3p32 表示，3.3μF 用 3μ3 表示等。也有用三位数字直接标志，第一、二位为容量的有效数字，第三位为倍数，表示有效数字后零的个数，单位为 pF，多标志于片状电容器。

③ 有时用小于四位数表示标称容量，如 22 为 22 pF

文字符号标志电容量的允许偏差如表 B-3 所示。

表 B-3　文字符号标志电容量的允许偏差

字　母	允许偏差（%）	字　母	允许偏差（%）	字　母	允许偏差（%）
Y	±0.001	C	±0.25	N	±30
X	±0.002	D	±0.5	H	+100，-0
E	±0.005	F	±1	R	+100，-10
L	±0.01	G	±2	T	+50，-10
P	±0.02	J*	±5	Q	+30，-10
W	±0.05	K*	±10	S	+50，-20
B	±0.1	M*	±20	Z	+80，-20

注：上标为“*”的误差等级为常见等级。

（2）色标法

电容的色标法和电阻的色标法相似，可参阅电阻器色标法，其单位为皮法（pF）。还有用色点表示电容器的主要参数，顺时针排列，第一个色点表示特性，第二个、第三个色点表示电容的有效数字，第四个色点为倍乘率，即有效数字后零的个数，常用黑、棕、红、橙分别表示×1、×10、×100、×1000pF，第五个色点表示误差，常用黑、蓝，分别表示误差为±20%、±10%，第六个色点表示工作电压，常用红、绿，分别表示耐压为 250V、500V，第七个色点表示电容等级，等级表示适用的温度范围，X 为-55℃～+85℃，Y 和 Z 为-30℃～+85℃。

（3）文字符号法

用单位作为开头字母（p、n、μ、m、F）来表示单位量，允许偏差和电阻的表示方法相同。小于 10pF 的电容，其允许偏差用字母代替：

B——±0.1%pF，C——±0.2%pF，D——±0.5%pF，F——±1%pF。

电容器文字符号法示例如表 B-4 所示。

表 B-4　电容器文字符号法示例

电　容　量	标 注 方 法	电　容　量	标 注 方 法
0.1pF	p1	1μF	1μ
0.59pF	P59	5.9μF	5μ9
1pF	1p	33μF	33μ
5.9pF	5p9	590μF	590μ
100pF	100p	1000μF	1m
1000pF	1n	5900μF	5m9
3300pF	3n3	33×10^3μF	33m
5900pF	5n9	590×10^3μF	590m
59000pF	59n	1F	1F
330000pF	330n	3.3F	3F3
590000pF	590n	5.9F	5F9

（4）数码法

用三位数来表示标称容量，再用一个字母表示允许偏差，如 104K、512M 等。前两位数是表示有效值，第三位数为倍乘，即 10 的多少次方。对于非电解电容器，其单位为 pF，而对电解电容器而言单位为μF。图 B-4 为电容器参数的数码标注法。

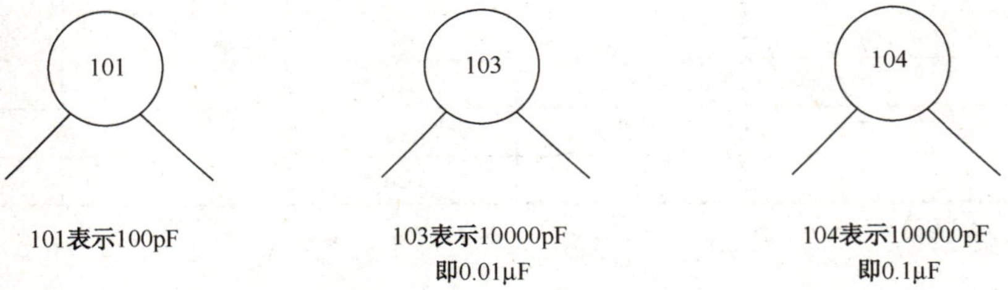

图 B-4　电容器参数的数码标注法

电容器数码标注法举例如下：

标称 100 的电容容量为：10×10^0=10pF。

标称 223 的电容容量为：22×10^3=22000pF=0.022μF。

电解电容 100 的容量为：10×10^0=10μF。

电解电容 010 的容量为：$01\times10^0=1\times10^0$=1μF。

5．电容器的检测

用万用表测量电容器的电容值，方法如下：转动旋转开关至交流 10V 位置，被测电容串接于任一测试棒，而后跨接于 10V 交流电压电路中进行测量。

（1）对于无极性电容，0.1μF 以上可以用万用表的欧姆挡（R×1k）测量电容器的两极，表针向右摆动到某一位置后迅速摆到“∞”，说明电容器是好的，若出现以下问题，说明电容器损坏。

① 万用表摆到零刻度不动，说明电容器被击穿短路；

② 万用表向右摆到一定位置后不动，该电容漏电，电阻越小，漏电越大，其质量越差。

③ 万用表指针不动，电容器内部断路。

（2）0.1μF 以下的无极性电容用欧姆挡（R×10k）来测量，质量好坏判断方法同上。

（3）检测电解电容器时，用万用表的欧姆挡（R×1k），红表笔接电容器负极，黑表笔接正极，观察指针偏转，向右偏到一定位置后向左回偏，回偏到某一数值上。指针稳定后的阻值应该是几百千欧以上，电容器是好的。

测量时若出现以下情况，说明电容器质量有问题。

① 万用表指针不偏转，电容器电解液已干涸不能使用；

② 万用表向右偏到很小数值，甚至为零且不向左回偏，说明电容器被击穿造成短路；

③ 测量时的指针回偏时阻值稳定在几百千欧以下，说明电容器漏电，一般不能使用。

6．电容器的主要参数

（1）标称容量

标称容量是指电容两端加上电压后它能储存电荷的能力。储存电荷越多，电容量越大；反之，电容量越小。标志在电容器上的电容量称为标称量程。

（2）额定耐压值

额定工作电压是表示电容接入电路后，不被击穿时能连续可靠地工作所能承受的最大直流电压。使用时绝对不允许超过这个电压值，否则电容就要损坏或被击穿。一般选择电容额定电压应高于实际工作电压的 10%～20%。

（3）允许误差

电容的容量误差一般分为三级，即：±5%、±10%、±20%，或写成 I 级、 II 级、 III 级。有的电解电容的容量误差可能大于 20%。

（4）电容器的温度系数

温度系数是指在一定温度范围内，温度每变化 1℃电容量的相对变化值。温度系数越大，电容量随温度的变化也越大，为了使电子电路稳定工作，一般情况下，我们应选用温度系数小的电容器。

（5）电容器的漏电流

电容器的介质并不是绝对绝缘的，总会有些漏电，产生漏电流。一般电解电容器的漏电流比较大，其他电容器的漏电流很小。漏电流越大，其绝缘电阻越小。当漏电流较大时，电容器发热，严重时会损坏。

（6）电容器的绝缘电阻

电容器的绝缘电阻的值等于加在电容器两端的电压与通过电容器的漏电流的比值，对于同一种介质的电容器，电容量越大，绝缘电阻越小，高质量的电容器绝缘电阻很高。

附录 C

电感器的基本知识

常见的高频阻流圈、振荡线圈、天线线圈、天线阻抗变换器、电源变压器、输出变压器等，都属于电感器件。电感线圈与电阻器、电容器及三极管等元件恰当组合后，能构成滤波器、放大器、振荡器等电子电路。

1. 电感线圈及其图形符号

电感线圈就是用漆包线或纱包线一圈靠一圈地绕在绝缘管架、磁芯或铁芯上的一种元件。电感线圈也可简称为线圈，通常在电路图中用字母“L”表示，常用的图形符号和实物图如图 C-1 和图 C-2 所示。

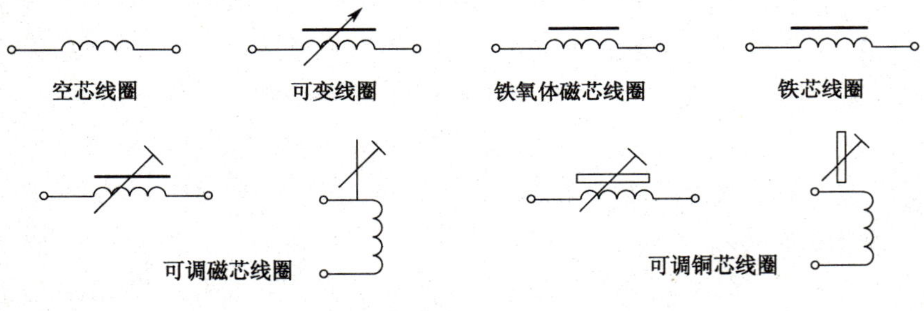

图 C-1　各种电感线圈的电路图形符号

2. 电感线圈的种类和型号命名方法

（1）电感线圈的种类

由于工作频率、绕组匝数、骨架材料等因素不同，线圈种类繁多，主要有振荡线圈、阻流线圈、电视偏转线圈和校正线圈、固定电感线圈等。

按磁体性质又分为：空芯线圈和磁芯线圈。

按线圈形式又分为：固定线圈和可变线圈。

（2）电感线圈的型号命名方法

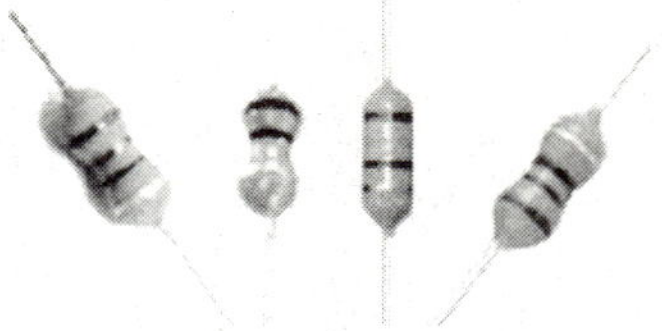

色环电感

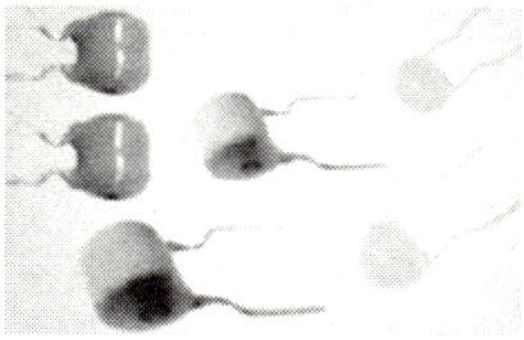

色码电感

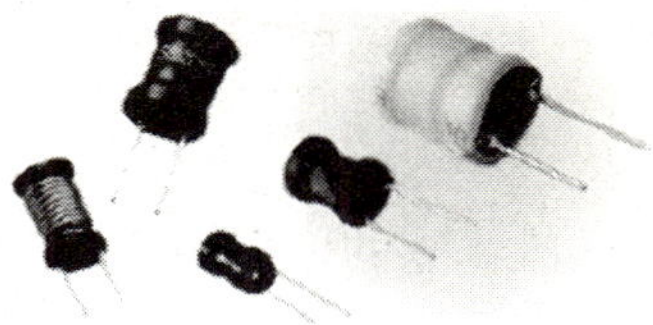

工字电感

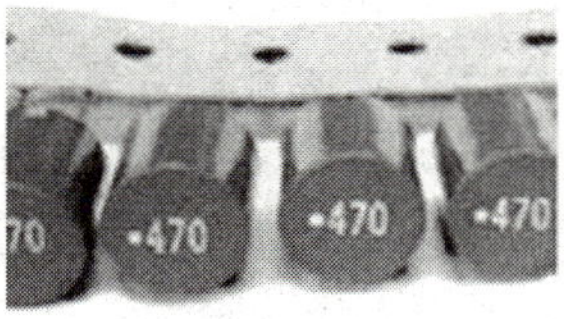

塑料工字电感

模压可调电感

磁环电感

贴片绕线电感

空心电感线圈

磁环

图 C-2　常用电感线圈实物图

电感线圈的型号命名一般由四以下部分组成：

第一部分：用字母表示主称，其中 L 代表线圈，ZL 代表阻流圈；

第二部分：用字母表示特征，其中 G 代表高频；

第三部分：用字母表示型号，其中 X 代表小型；

第四部分：用字母表示区别代号。

3．电感线圈的标志方法

常将小型固定电感线圈的主要参数采用直标法和色标法标志在其外壳上。

（1）直标法

在外壳上直接用文字标出电感线圈的电感量、偏差和最大直流工作电流等主要参数，其中最大工作电流常用字母 A、B、C、D、E 等标志，其对应关系如表 C-1 所示，误差等级和电阻器的误差等级相同。

表 C-1　小型固定电感线圈的工作电流与字母相应关系

字　母	A	B	C	D	E
最大工作电流（mA）	50	150	300	700	1600

（2）色标法

电感的色标法和电阻的色标法相似，可参阅电阻器色标法，其单位为微亨（μH）。

例如，某电感线圈的色环标志依次为：橙、橙、红、银，则表明其电感量为 33×10^{2}μH（微亨），允许偏差为±10%。

4．电感线圈的测量

要精确测量电感线圈需要用专用的电子仪表，用万用表测量电感线圈的阻值来判断其质量好坏，一般的电感阻值很小，若阻值近乎无穷大，则电感内部已断开或引出线断开。用万用表测量电感线圈电感量的方法是：转动旋转开关至交流 10V 位置，将被测电感串接于任一测试棒，而后跨接于 10V 交流电压电路中进行测量。使用时切勿随意改变电感线圈的形状、大小和线圈的疏密程度，否则会影响电感量。

5．变压器的基本知识

（1）变压器及其电路图形符号

利用两个线圈的互感作用，把初级线圈上的电能传递到次级线圈上去，利用这个原理所制作的起交连、变压作用的部件称作变压器。变压器可以用来升、降交流电压和电流，变换交流阻抗等。常用变压器的电路符号如图 C-3 所示。

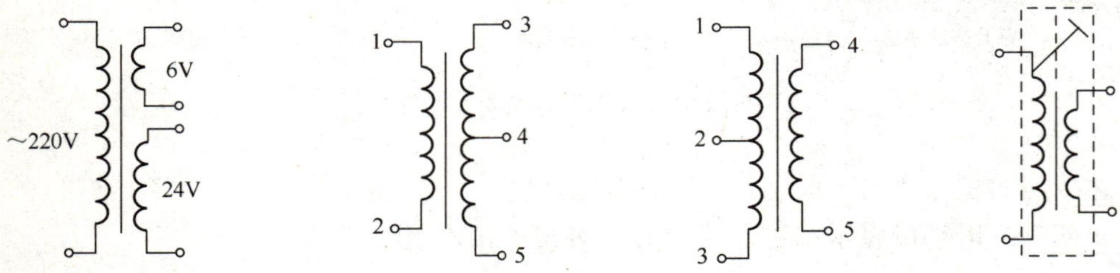

图 C-3　变压器电路符号

（2）变压器的损耗

变压器的损耗由铁损和铜损两部分构成，铜损指变压器绕组中通电后由其线圈损耗的电能，铁损指变压器铁芯损耗的电能，又分为涡流损耗和磁滞损耗。

（3）变压器的种类和型号命名识别

变压器按工作频率分类：低频变压器（电源变压器，输入变压器，输出变压器，耦合变压器等），中频变压器（收音机中频变压器，电视机中频变压器等），高频变压器（收音机中应用的天线线圈，电视机中应用的天线阻抗变换器等）。

变压器的型号命名识别：

① 低频变压器的型号命名识别

低频变压器的型号命名由三部分组成：

第一部分：用字母表示主称，如表 C-2 所示；

表 C-2　电源变压器型号的主称代号及意义

字　母	意　　义	字　母	意　　义
DB	电源变压器	HB	灯丝变压器
CB	音频输出变压器	SB 或 ZB	音频（定阻式）输送变压器
RB	音频输入变压器	SB 或 EB	音频（定压式或自耦式）输送变压器
GB	高压变压器		

第二部分：用字母表示功率，单位是 W；

第三部分：用字母表示序号。

② 调幅收音机中频变压器的型号命名识别

调幅收音机中频变压器的型号命名也由三部分组成：

第一部分：主称，用几个字母组合表示名称、特征及用途，如表 C-3 所示；

第二部分：用数字表示外形尺寸，如表 C-3 所示；

第三部分：用数字表示序号，1 表示第一级中频变压器，2 表示第二级中频变压器，3 表示第三级中频变压器。

表 C-3　调幅收音机内中频变压器的主称代号及尺寸

主　　称		尺　　寸	
字　　母	名称、特征、用途	数　　字	外形尺寸（mm×mm×mm）
T	中频变压器	1	7×7×12
L	线圈或振荡线圈	2	10×10×14
T	磁性瓷芯式	3	12×12×14
F	调幅收音机用	4	20×25×36
S	短波段		

③ 电视机中频变压器的型号命名识别

电视机中频变压器的型号命名由四部分组成：

第一部分：用数字表示底座尺寸，如 10 表示 10×10（mm）；

第二部分：用字母表示名称和用途；

第三部分：用数字表示结构，2 为调磁帽式，3 为调螺杆式；

第四部分：用数字表示生产序号。

（4）变压器的检测

选择万用表的 R×10Ω 挡，分别测两级线圈的阻值，正常情况下阻值在几欧至几百欧之间，若测出阻值为无穷大，则变压器该级内部断路。使用变压器应测出初、次级绕组，音频变压器应分清同名端，注意变压器的散热和对其他元件构成的磁场影响。

（5）变压器的特性及其主要参数

① 变压器的变压比（圈数比）

N_1、N_2 分别为变压器的初、次级线圈的圈数，初级线圈接入交流电压 V_1，次级线圈感

应出感应电动势 V_2，若 $N_1>N_2$，则 $V_1>V_2$，这种变压器叫做升压变压器；反之为降压变压器。若忽略磁芯、线圈等的损耗，则

$$\frac{V_1}{V_2}=\frac{N_1}{N_2}=n$$

这个比值 n 叫做变压器的变压比，也叫圈数比。

② 变压器电流与电压的关系

若不考虑电能损耗，输出功率和输入功率相等。$P_1=V_1I_1$，$P_2=V_2I_2$，所以 $V_1I_1=V_2I_2$，则

$$\frac{V_1}{V_2}=\frac{I_2}{I_1}=\frac{1}{n}$$

变压器初、次级电压之比等于次级电流与初级电流之比。

③ 变压器的阻抗变换作用

当变压器的次级负载阻抗 Z_2 发生变化时，初级阻抗 Z_1 会立即受到次级的反射而变化，这种变化关系叫做反射阻抗。

在忽略损耗的前提下，变压器的初、次级阻抗比等于圈数比的平方，即

$$\frac{Z_1}{Z_2}=(\frac{N_1}{N_2})^2=n^2$$

式中，Z_1 是变压器初级输入阻抗，Z_2 是次级负载阻抗，n 是变压器的变压比，即初、次级的圈数比。

④ 变压器的效率

输入功率=输出功率+损耗功率

$$\eta=\frac{P_{出}}{P_{入}}\times 100\%=\frac{P_{出}}{P_{出}+P_{损}}\times 100\%$$

⑤ 变压器具有隔直流的作用

若变压器接在直流电源上，初级将通过直流电流，产生的是强度不变的磁场，次级就得不到感应电压，这样变压器的初级和次级就能隔断直流电流。因此变压器是不能变换直流电的电压或电流的。

⑥ 额定电压和变压比

额定电压是指变压器工作时，初级线圈上允许施加的最大电压。

电源变压器初级电压与次级电压的比值称为电压比。

⑦ 额定功率和额定频率

电源变压器的额定功率是指在规定的频率和电压下，变压器长期工作而不超过限定温升时的输出功率。变压器铁芯的磁通密度与频率密度相关，设计时必须确定其使用频率，这个频率称为额定频率。

⑧ 电源变压器的电压调整率

电压调整率是表示变压器负载电压与空载电压差别的参数，即

$$电压调整率=\frac{空载电压-负载电压}{空载电压}\times 100\%$$

电压调整率数值越小，表明变压器线圈电阻越小，电压稳定性能就越好。

参考文献

[1] 常晓玲. 电工技术. 西安：西安电子科技大学出版社，2010 年 5 月

[2] 杨文革. 实用电工电子技术基础. 北京：中国铁道出版社，2010 年 8 月

[3] 张军. 汽车电工电子基础. 北京：中国铁道出版社，2011 年 1 月

[4] 毛峰. 汽车电器设备与维修. 北京：机械工业出版社，2005 年 5 月

[5] 舒华，姚国平. 汽车电控系统结构与维修. 北京：北京理工大学出版社，2009 年 1 月

[6] 廖发良. 汽车典型电控系统的结构与维修. 北京：电子工业出版社，2007 年 1 月

[7] 刘晓岩. 汽车电工电子技术. 北京：化学工业出版社，2008 年 7 月

[8] 李若英. 电工电子技术基础. 重庆：重庆大学出版社，2008 年 3 月

[9] 黄杭美. 电工电子学基础. 杭州：浙江大学出版社，2004 年 12 月

[10] 张卫，程勇. 电工电子技术. 长沙：国防科技大学出版社，2011 年 1 月

[11] 三菱电机株式会社第五代 IGBT 模块和 ITM 模块应用手册.

反侵权盗版声明

电子工业出版社依法对本作品享有专有出版权。任何未经权利人书面许可，复制、销售或通过信息网络传播本作品的行为；歪曲、篡改、剽窃本作品的行为，均违反《中华人民共和国著作权法》，其行为人应承担相应的民事责任和行政责任，构成犯罪的，将被依法追究刑事责任。

为了维护市场秩序，保护权利人的合法权益，我社将依法查处和打击侵权盗版的单位和个人。欢迎社会各界人士积极举报侵权盗版行为，本社将奖励举报有功人员，并保证举报人的信息不被泄露。

举报电话：（010）88254396；（010）88258888

传　　真：（010）88254397

E-mail:　　dbqq@phei.com.cn

通信地址：北京市万寿路 173 信箱

　　　　　电子工业出版社总编办公室

邮　　编：100036